经典与解释(54)

# 罗马的建国叙述

■ 古典文明研究工作坊 编
顾问／刘小枫 甘 阳
主编／娄 林

华夏出版社

鸣谢：本辑由北京粉笔蓝天科技有限公司赞助出版

# 目　录

### 论题　罗马的建国叙述

2　李维的罗马建城叙述的基础与思想观念 ………… 迈尔斯

57　《埃涅阿斯纪》与罗马的建构………………………… 托尔

91　新典范：《论共和国》中西塞罗的罗马政制 ……… 阿斯密斯

138　拟人化的罗马和典型化的罗马

　　——公元 5 世纪早期诗歌中的罗马形象 …………… 罗伯茨

### 古典作品研究

176　索福克勒斯的《埃勒克特拉》中有城邦吗？ …… 芬格拉斯

### 思想史发微

194　回归古典政治哲学与理解美国建国 ………………… 布鲁尔

## 旧文新刊

216 公羊稽疑 ........................................... 錢堃新

## 评 论

246 认识论的侵入与"道""德"的失守
——许渊冲英译《论语》问题之管见 ............ 蔡新乐

# 论题　罗马的建国叙述

# 李维的罗马建城叙述的基础与思想观念

迈尔斯(Gary B. Miles)撰

杨志城 译

比克尔曼(Elias Bickerman)注意到,古人所知关于罗马建城的叙述,在希腊人那里至少有25种不同版本,其中没有一种与公认的罗马传统一致。① 实际上,如果在不同版本(包括希腊和罗马)的重要变体之间进行区分,我们还可以继续发现更多版本。现代人最熟悉的版本以如下元素为基础:罗穆路斯(Romulus)和瑞穆斯(Remus)这对双胞胎兄弟的出生、他们早年生活起起伏伏、罗穆路斯最终建立罗马。②

---

① Elias Bickerman, "*Origines Gentium*", *Classical Philology* 47 (1952): 65.
② 在其《罗马古事纪》(1.73)中,哈利卡那索斯的狄奥尼修斯似乎暗示,拉丁语作家一致青睐那些以罗穆路斯和瑞穆斯为中心的叙述,而狄奥尼修斯自己选择了一个他认为"最可信的"版本(ta pithanōtata, 1.75.4),这个版本在主体线索方面与李维和普鲁塔克两人的叙述一致。现代学者现在一般都同意,关于双胞胎兄弟的故事基本上产生于罗马本土,而且早于其他(传入的、希腊的)版本,虽然有可能在不同的事情添加了不同的故事要素;参拙著第三章,

李维的相关叙述是这一故事几种变体的一种。通过对比李维的叙述和其他留存至今的关于罗穆路斯建城的叙述,比如哈利卡那索斯的狄奥尼修斯(Dionysius of Halicarnassus)和普鲁塔克,就我们可以判定的范围而言,李维叙述的侧重点与其他二人有所不同,李维强调罗穆路斯是一位英雄,这位英雄的特征在于其自足性(self-sufficiency),而且这位英雄的基本品质反映出其简朴的乡村成长经历对其成长的影响。李维强调的内容与罗穆路斯故事的几种传统因素并不一致,与其他关于这个故事的解释也不一致——这些解释更集中的关注点是,罗穆路斯作为神子所继承的资格以及作为英雄王者的家族的代表。我们在李维史书中发现的这种特有的强调内容,可以理解为他在回应(无论是自觉还是出于直觉)罗马的思想观念(Roman ideology)问题,这些问题对于李维同时代的罗马同胞而言乃当务之急。李维的叙述内部存在一种张力:他主要强调罗穆路斯属人的自足性;但又有另外的一些描述,这些描述更坚持强调罗穆路斯与众不同的继承身份,这种张力在某些情况下引出了——而在其他情况下则揭示出,当时关于罗马人对自我描述的那些思

---

注34。[译按]第三章的注34如下:比克尔曼(Elias Bickerman,"*Origines Gentium*",前揭)认为,罗穆路斯和瑞穆斯的故事产生于罗马本土,而非希腊化影响的产物,现代学者一般都接受这一看法。更充分的分析,参 C. J. Classen, "Zur Herkunft der Sage von Romulus und Remus", *Historia* 12 (1963): 447, 457; E. Gjerstadt, *Legends and Facts of Early Roman History*, Scripta minora, Regiae societatis humaniarum litterarum Ludensis, 1960—1961, Lund: Gleerup, 1962, vol. 2, pp. 38 – 39; T. J. Cornell, "Aeneas and the Twins: The Development of the Roman Foundation Legend", *Proceedings of the Cambridge Philological Society* 201 (n. s. 21) (1975): 1 – 32; T. J. Cornell, "The Value of the Literary Tradition Concerning Archaic Rome", in *Social Struggles in Archaic Rome: New Perspectives on the Conflict of the Orders*, ed. Kurt Raaflaub, Berkeley: University of California Press, 1986, pp. 52 – 76。

想观念中的种种矛盾。

一

作为作者，李维的评论勾勒了自己关于罗穆路斯及其罗马建城的叙述的框架；他的评论清楚地表明，他对罗穆路斯的成就和他治下罗马人的成就的理解，并不处于希腊化的神圣或半神圣的建城英雄传统之中，相反，他视之为纯粹属人功业的结果。在其史书前言中，李维引入了罗穆路斯的祖先及其重要性这一话题，用以特别表明那些围绕早期罗马的传说大体不可靠（前言，6－7）。① 李维随后继续直接区分了两种有效性：认为玛尔斯是罗穆路斯的父亲和罗马祖先这一传说的有效性，以及罗马人有权宣称自己是玛尔斯后裔这种说法（前言，7）的有效性。这里之所以认为宣称自己有神圣的祖先是合理的，不是因为这种说法确实真实，而是因为这种说法恰当地象征着罗马人在战争方面的成就，毕竟，无论罗马人的实际起源是什么，他们都有能力迫使其他人同意自己的说法。②

---

① J. Poucet, "Temps mythique et temps historique: Les origines et les premiers siècles de Rome", *Gerion* 5 (1987): 76－78, 85。Poucet 把李维此处的怀疑态度放在更大范围的希腊罗马历史编撰的传统之中来理解。一般观点认为，李维并不支持诸神介入人事尤其是介入罗马命运的观念，参 I. Kajanto, *God and Fate in Livy*, Annales Universitatis Turkensis 64 (Turku, 1957)，尤其 pp. 42－53。Kajanto 概述了那些相反的看法（尤其是第 10 页），我们可以辅之以 M. Rambaud 的文章："Une défaillance du rationalisme chez Tite-Live?" *Information littéraire* 7 (1975): 21－30。

② 参拙著第一章第二节。李维强调罗穆路斯的祖先的象征意义而非其字面意义，这恰恰与我们在普鲁塔克的《罗穆路斯传》中看到的内容相反。和李维一样，普鲁塔克也是在一种有意回避或理性化处理那些传说和超自然事物的

李维此处小心区分关于罗穆路斯的祖先的字面解释和象征解释,他随后在罗穆路斯死后给出的总结中呼应了这一点:

> 这些几乎是罗穆路斯统治期间在和平与战争方面所取得的功业(gesta),其中无一(nihil)与[人们]对其神圣出身和在他死后[人们]赋予他的神性的确信(fides)不一致(absonum):他夺回外祖父王权的勇气,建城及在战争与和平期间巩固城的智慧……不过,他更受民众而不是元老们的欢迎,尤其最受士兵的内心欢迎。不仅在战时,而且在和平时,他都保留三百名他称为"克勒热斯"(Celeres)的武装者作为护卫。(1.15.6-8)

此处对罗穆路斯功业的关注,再加上"无一……不一致"(nihil absonum)这种保守的说法,让我们明显注意到,叙述者李维对罗穆路斯实际具有的神性持保留态度,即便他承认其功业出类拔萃。① 李维随后说道,罗穆路斯在不同阶层受人欢迎的程度不一,而且他感到自己需要护卫护身,这些都进一步突出了他属人的局限性。正是在这个语境下,罗穆路斯的士兵,即最忠诚支持他的那些人,首先欢呼罗穆路斯为"神、神之子、国王和[罗马]城的父亲"(1.16.3),而且一位德高望重的元老宣称自己见证了罗穆路斯的成神(1.16.5-8),以此来打消民众的怀疑——民众怀疑元老们谋杀

---

史书编撰传统中写作,但普鲁塔克还试图纳入传说的那些要素,他为此据理力争道:我们应该暂时放下我们通常持有的怀疑态度,既然单单这些要素就足以解释罗穆路斯和罗马的伟大之处(《希腊罗马名人对比列传·罗穆路斯传》,8.9)。

① 按照 Kajanto 的看法(*God and Fate in Livy*,前揭,页31),这段话"丝毫没有表明李维自己相信罗穆路斯的神圣性,李维此处想表达的是,罗穆路斯功业至伟,这足以支撑罗穆路斯的同时代人相信他是神"。

了罗穆路斯。在叙述罗穆路斯成神的情形时，李维承认罗穆路斯深受罗马士兵和民众的爱戴，但他本人明显没有认可那些标榜罗穆路斯具有神性的说法。这些说法折射出激烈的派系竞争；罗穆路斯的功业完全可以理解为有死凡人成就的功业。那么，罗穆路斯的故事、他代表的这个民族的故事，被塑造成一个属人的成就，而非关于超人类的中介（superhuman agency）的故事，无论这种成就多么显赫。

然而，如此塑造这个故事，李维就难免与公认的传统背道而驰。因为罗穆路斯故事中的神话和超自然因素，不仅本身就有很强的戏剧效果且令人印象深刻，还在这些事件的叙述链条上起到必不可少的作用，它们既解释了这对孪生兄弟的出生，又解释了他们俩受弃荒野而得救的经历。这个故事的这些方面在思想观念上的意味，尤其不符合这种将罗穆路斯的成就呈现为完全属人的成就的做法。瑞娅·西尔维娅（Rhea Silvia）遭到玛尔斯强暴，这可以解释维斯塔贞女的双胞胎如何在某种程度上是正当的，或至少在社会上和宗教层面上可以接受；这还解释并维护了罗马在战争中独一无二的成功。当然，除此之外，由于为罗穆路斯提供了神圣的祖先，而且通过他，为他创建的共同体提供了神圣的祖先，这个故事同样为罗马人提供了神圣的认可。在这个语境下，一匹狼救了这对孪生兄弟，再次证实了罗穆路斯身为玛尔斯后裔所暗含的凶猛好斗的品质；它还再次证实，他的命运以及他的共同体的命运都受到一种特别天命的引导。①

李维的叙述本身就承认了这一传说，但在与罗穆路斯故事的框架奠定的方向保持一致时，这一叙述以特别小心的怀疑态度，处理

---

① 狼是玛尔斯的动物，见李维，《自建城以来》，10.27.8 和 9；维吉尔，《埃涅阿斯纪》，9.566；贺拉斯，《颂诗集》（Carmina），1.17.9；普罗佩提乌斯，《哀歌集》，4.1.55。

了这一传说中神话的和与神相关的因素。在叙述台伯河的河水泛滥为这对孪生兄弟的存活提供了条件时，作为叙述者的李维的确承认，罗马从默默无闻上升至卓越是一个非凡的过程，但他的语言之含混却引人注意：

> 由于某种出于神意的偶然，台伯河河水漫上河岸，[在河岸边上形成了]片片滞缓的水潭，使人无法从任何地方接近原本的河道，同时那些携带着婴儿的人料想着，即便在缓缓而流的水中，[婴儿]仍会溺死其中。(1.4.4)

然而，一说到故事中明确的超自然因素时，叙述者李维就一直与传说保持距离。李维语带怀疑地转述了西尔维娅的说法——她说玛尔斯强暴了她（1.4.2）。李维拒绝承认母狼哺育这对孪生兄弟的故事，他反复提醒读者，这部分叙述只代表未经批判的传说（fama），重复了"某些人认为的"东西，只是一种传说（fabula）(1.4.6 - 7)。①

在李维的叙述里，罗穆路斯一生的故事可以分成两个截然不同的阶段。第一个阶段始于其出身的环境，终于他成为新罗马城毫无争议的统治者。第二个阶段涉及其君主统治。

我们首先关注第一阶段，这一阶段强调他与其出身家庭的分离

---

① Erich Burck, *Die Erzählungskunst des T. Livius*, Berlin and Zuerich: Weidmann, 1964, p. 137: Burck 注意到，这些表达表明李维总体上不相信关于建城之前的罗马的种种传说。但 Burck 没有注意到，这些表达与那些支持罗穆路斯的神圣性的传说特别相关，尽管 Burck 的确在其他地方肯定说，"可以肯定，李维绝没有明确提及罗穆路斯和瑞穆斯的神圣出身"。相似的是，Kajanto（*God and Fate in Livy*，前揭，pp. 30 - 31）指出，李维关于罗马建城故事的叙述，与古代理性化地处理传说神话（fabulosum）的传统一致，但他没有讨论这种传说对于李维叙述里的罗穆路斯的特征描绘具有的特别含义。

以及他的社会边缘性，以此奠定了他的自足性。这一阶段始于努米托尔（Numitor）和阿穆利乌斯（Amulius）争夺其父遗留下来的王国控制权，前者是罗穆路斯的外祖父，后者是罗穆路斯的叔外祖父。阿穆利乌斯杀死了努米托尔之子，还让他的女儿瑞娅·西尔维娅成为维斯塔祭司，以断掉努米托尔的男性后裔，罗穆路斯出生的境况在这个时候就已经决定了。尽管阿穆利乌斯的阴谋诡计没法阻止瑞娅·西尔维娅生下小孩，但的确有效地剥夺了她的儿子罗穆路斯的一切家人关系，除了他的孪生弟弟瑞穆斯。由于瑞娅·西尔维娅是祭司，所以罗穆路斯不可能是合法婚生子。实际上，他不仅是私生子；在李维的叙述里，他父亲的身份完全无法猜测。李维告诉我们，瑞娅·西尔维娅称玛尔斯为自己小孩的父亲，要么是因为"由于她确信如此"，要么是因为"她觉得神作为过错的肇事者会更为体面"（1.4.2）。

值得注意的是，这些二选一的说法只涉及这位母亲如此说的动机。这一事件的实际真相可能是，叙述者李维没想明说：瑞娅·西尔维娅宣称玛尔斯是其小孩的父亲，但对叙述者而言，这对孪生兄弟自身依然是"［父亲］不确定的后代"（incertae stirpis）（1.4.2）。① 因此，这对孪生兄弟就与拉丁国王和埃涅阿斯王朝连在一起，但这种关联至多是一种较弱的关联，因为这种关联来自他们未婚的母亲与一个遭到废黜的统治者的关系。当时人优先关注男性血脉的出身，而且

---

① 可对比狄奥尼修斯的说法（《罗马古事纪》，1.77.1），他转述了不同的传说，根据这些传说的说法，可能是伊利亚（Ilia）的那些求婚者或阿穆利乌斯本人，身穿着盔甲，强暴了她，如果是后一种情况，这对孪生兄弟就通过他们的父亲获得了皇家出身，尽管这无法得到合法婚姻的认可。狄奥尼修斯还转述说，伊利亚的攻击者把自己当作神，还预言她会怀上双胞胎，这一预言的最终实现，随后被努米托尔拿来证明这对孪生兄弟不是通奸的产物，而是拥有神圣的父亲（1.78.3-4）。

罗马人要求合法婚姻,这都意味着罗穆路斯和瑞穆斯无法正式宣称在埃涅阿斯的国王血脉上占有一席之地。①

但当这对孪生兄弟与他们的母亲分离,被抛在台伯河岸上时,他们与王室祖先的这种脆弱联系也被切断了。他们与那些本来可以支持他们的亲人彻底分离,而且与可以合法化他们的权力要求的关系分离,他们获救时的不确定性和含混性以及他们养母身份的不确定性和含混性都突出了这两点。按照传说,罗穆路斯和瑞穆斯首先被一头母狼(lupa)救了,然后被王室的牧人法乌斯图鲁斯(Faustulus)救了,他把这两个男婴带回家,给自己的妻子拉伦提娅(Larentia)抚养。和其他人一样,李维给这一传说添加了一种理性化的解释:拉伦提娅是妓女,而在口语表达里,妓女就被叫作 lupae(lupa 的主格复数形式)。母狼的故事因此被理解为源于人们对术语 lupa 的口头用法的字面解释。②

根据这种说法,要么是这对孪生兄弟真是首先被一头母狼即字面意义的 lupa 哺育,要么是拉伦提娅是个妓女,即隐喻意义上的 lupa,因为只有如此,母狼的传说才可能出现。这种描述只给读者留下了两个可供选择的理解,它们都强调罗穆路斯和瑞穆斯完全与家庭以及与正常的社会分离。一方面,我们实际上把他们视作自然的产物,如奥吉尔维(Ogilvie)所言,这

> 是一种由来已久的解释,就像说火神是他们的父亲一样……用以解释一种毫无背景或毫无门第的新力量的出现。③

---

① 如 Ogilvie 在注疏李维的 4.4.12 时所言,"只有合法婚姻所生的孩子,才会继承父亲的地位"(Gaius, 1.76 – 96),参 Ogilvie, *A Commentary on Livy, Books I – V*, Oxford: Oxford University Press, 1965;同时参见盖乌斯,《法学阶梯》(*Inst.*) 1.6。

② Ogilvie, *A Commentary on Livy, Books I – V*, pp. 46 – 47, 关于李维(1.3.10 – 4)的注疏,他重新勾勒了这种传说可能的演变。

③ Ogilvie, *A Commentary on Livy, Books I – V*, p. 46.

另一方面，罗穆路斯和瑞穆斯由一位平凡的牧人和妓女抚养成人，也就是说处于社会阶层最底层的个人。① 无论哪种情况，此处强调的是，一开始，罗马的未来建城者完全没有家庭的各种资源和社会地位可利用。

明显矛盾的是，李维的叙述恰恰把这种流落社会边缘的情况视为这对孪生兄弟独特的卓越品质的条件：

> 他们就是这样来到人世，便是这般被抚养成人。他们一俟长大成人，无论在厩棚（stabulis）里，还是［在牧场照顾］畜群时，都从不懒散，同时他们还开始横穿森林进行狩猎，以此强健他们的身体和心志（animus）。（1.4.8－9）②

正是从这种社会边缘的地位，罗穆路斯和瑞穆斯最终帮助努米托尔恢复其合法的继承王权，他们也被承认为他的外孙。

到目前为止，我都一直意在表明，李维的叙述如何强调罗穆路斯和瑞穆斯作为人的自足性。第二个紧密相关的主题是，这对孪生兄弟，尤其是罗穆路斯，不仅自足，而且在根本上是白手起家（self-created）。换言之，人们承认他们的真正身份，完全是由于他们自己的成就。在这一点上，进一步比较哈利卡那索斯的狄奥尼修斯和普鲁塔克的相关叙述，有助于挑明李维叙述特有的突出点。在这两位作家笔下，罗穆路斯和瑞穆斯神般的天性的明显证据为［努米托尔］认

---

① 在其他说法中，法乌斯图鲁斯的社会地位并没有提高太多。有说法认为，他是阿穆利乌斯的管家（狄奥尼修斯，《罗马古事纪》，1.84.3）；有说法认为，他是阿穆利乌斯的猪倌（狄奥尼修斯，《罗马古事纪》，1.79.9）。因为无论哪种情况，他都很可能是个奴隶。

② stabulis 这个词突出了这对孪生兄弟在社会上的地位之低，因为它不仅可以意为"厩棚"，还是意指"妓院"的常见表达（比如西塞罗，《反腓力辞》[Phil.]，2.69），后面这一点提醒我们想起拉伦提娅那不确定的社会背景。

出他们做好铺垫，而且有可见的证据确认他们的身份。比如说，在普鲁塔克的叙述里，他告诉我们说，在瑞穆斯被逮捕时，努米托尔

> 惊讶于这个年轻人的身体，其身体在身高和力量上超出所有人，又在其脸上看到灵魂的勇气和大胆，在当时这种情境下不受屈服又不受动摇，还了解到他的事迹和所作所为与他所见之事相符，而且——似乎最重要的是——有一位帮助引导伟大事物之开端的神同在，努米托尔通过反思和机运抓住了真相，询问瑞穆斯是谁，他的出身如何。(《罗穆路斯传》, 7.5)①

瑞穆斯增强了努米托尔对这对孪生兄弟的身份的强烈感觉，因为瑞穆斯说，虽然他直到最近都认为自己是法乌斯图鲁斯的儿子，但他和他的兄弟现在听到了"关于他们自己的伟大之事"(《罗穆路斯传》, 7.6)。他接着补充说："当前这种危险可能会判定这些事情是否可信。"(《罗穆路斯传》, 7.6)

实际上，在普鲁塔克的叙述里，在确定这对孪生兄弟身份的过程中，他们自己的行为并没有决定性的作用，起作用的是这对孪生兄弟被抛弃时用的木盆（skaphe）保存下来了。瑞穆斯向努米托尔提起这个东西，作为一个证明他们身份的证据。同时，这对孪生兄弟的救命人法乌斯图鲁斯就准备拿出他的这个证据。按照普鲁塔克的叙述，这个法乌斯图鲁斯可能也是最初负责弃婴的仆人(《罗穆路斯传》, 3.5)。无论如何，法乌斯图鲁斯，这位拯救并抚养罗穆路斯和瑞穆斯的人，并非不清楚这对孪生兄弟的身份。一听到瑞穆斯遭捕，法乌斯图鲁斯就找到罗穆路斯，"向他清楚地说明他的出身"(《罗穆路斯传》, 8.1)。随后，他拿起那个木盆——显然，他保留

---

① 对比普鲁塔克，《希腊罗马名人对比列传·罗穆路斯传》, 6.3；狄奥尼修斯，《罗马古事纪》, 1.79.10, 1.81.3。

木盆以应付这种意外事件——向努米托尔证明这对孪生兄弟的身份。好像法乌斯图鲁斯自己的证词还不够,一名护卫也确证了这一点,在那些最初把这对孪生兄弟抛掉的人之中,恰巧有这名护卫,他还认出了法乌斯图鲁斯偷偷拿过去给努米托尔的木盆(8.1-3)。

因此,这对孪生兄弟的身份不由他们自己的行为确定,而是不仅基于不合理的巧合,而且基于令人信服的物证。这个证据的重要性由两个独立的见证人确证,他们的证词更加有效,这是因为他们俩代表着非常不同的利益——法乌斯图鲁斯代表努米托尔和这对孪生兄弟的利益,而护卫代表阿穆利乌斯的利益。

狄奥尼修斯叙述的细节与普鲁塔克的细节有些不同,但两者在基本内容上重合,也有相同的看法:清楚且无可辩驳的证据向所有人证实了罗穆路斯出身皇族,这个皇族自埃涅阿斯和他的特洛伊人到来就一直控制着拉提姆(Latium)。按照狄奥尼修斯的说法,法乌斯图鲁斯这位救了和养大罗穆路斯和瑞穆斯的人,并不肯定他们的身份就是阿穆利乌斯下令抛弃的那对孪生兄弟,尽管他的确如此怀疑(《罗马古事纪》,1.80.3)。类似的是,瑞穆斯关于自己被弃和被收养的说法只让努米托尔怀疑其身份的真实性,尽管他对自己的怀疑有足够的信心(或者说足够乐观),从而要瑞穆斯协助自己〔复仇〕,就好像瑞穆斯实际上就是他的外孙一样(1.81.4-82.1)。随后,瑞穆斯关于自己被弃和被收养的说法得到罗穆路斯的确认,我们得知,罗穆路斯说的话"被那些想要相信的人愉快地接受了,而且不需要很多证据"(1.82.2)。然而,证据即将出现。一如普鲁塔克的叙述,法乌斯图鲁斯在此一样带着这对皇家孪生兄弟被弃时的木盆出现,而那些抛掉这对孪生兄弟的人当中的那位护卫,现在也认出了这个证明他们身份的信物(1.82.5)。

所有这些都非常不同于李维的叙述。李维只是略微提及他们身上继承而得的品质。在李维这里,在努米托尔注意到罗穆路斯和瑞穆斯与阿穆利乌斯抛弃的那对孪生兄弟的相似之处后,他还被瑞穆斯吸引住了,"[瑞穆斯的]气质(indoles)本身毫不卑贱"(1.5.6),但如李维已经说过的,由于他们在家照顾畜群、在田里努力干活,并且打猎,所以这对孪生兄弟获得了"身体和心志的强健"(1.4.8-9)。类似的是,李维没提任何可能明确证实他们身份的信物,也没有任何目击过他们遭到抛弃的特定目击者证明他们的身份。就像普鲁塔克的叙述一样,救起这对孪生兄弟的法乌斯图鲁斯不可能同时是负责弃婴的仆人。法乌斯图鲁斯自己就怀疑这对孪生兄弟的身份,但李维的叙述表明,他的怀疑并非确凿之事。这种怀疑是受到希望(spes)驱动(1.5.5),而且只是基于他知道的事情:那对皇室的孪生兄弟就是在他发现罗穆路斯和瑞穆斯的时候被人抛弃的。

如我们所知,被捕的瑞穆斯的外貌和举止吸引了努米托尔,一听到他还有一位孪生兄弟,努米托尔也被他的年龄与那对被弃的孪生兄弟吸引。通过进一步询问,"他最终得出了这个结论,即他几乎就要承认(agnosceret,或'认出',在此语境下,我们无法解决 agnoscere 的含混性)瑞穆斯了"(1.5.6)。然而,重要的是,努米托尔实际上并没有承认或认出瑞穆斯。难道这意味着他在猜测瑞穆斯的身份,但还不确定?读者只好进行猜测。确定的是,努米托尔并没有承认或认出瑞穆斯,而且在李维叙述的这个节点,这对孪生兄弟的身份并没有得到确证。

那么,在李维的叙述里,罗穆路斯如何最终被认定为努米托尔真正的外孙呢?没有任何外在的确证或承认。毋宁说,只是在他自己成功的自我肯定(self-assertion)之后,而且是因为他自己成功的自我肯定,他才被认定为真正的外孙。罗穆路斯明显是自己主动攻击阿穆利乌斯。努米托尔对他的支持含蓄地体现在如下这一点——瑞穆斯"从努米托尔家中召集了另一伙人"前去帮助罗穆路斯(1.5.7)。"骚乱伊始"，努米托尔号召阿尔巴青年去保护镇守城堡（1.6.1），因此，他当然也参与其中。然而，只是在阿穆利乌斯被杀死之后，而且是在努米托尔看到这对孪生兄弟前来祝贺之后，所有人才第一次实际上确认罗穆路斯和瑞穆斯是努米托尔的外孙：

> 他［努米托尔］立刻召开大会，——揭露他弟弟对他的罪行，［——叙述］他外孙的出身，他们怎么出生，怎么被人抚养，又是怎么被认出，以及随后的僭主（tyrannus）之死和他对这件事的策划。（1.6.1）

从前面的叙述来看，努米托尔这一切做法非常反常，因为我们已经知道，是罗穆路斯主动要杀掉阿穆利乌斯，在他们成功杀掉阿穆利乌斯之前，李维没有说过努米托尔差不多要认出这对孪生兄弟。如果努米托尔现在担起杀死阿穆利乌斯的责任，并且承认这对孪生兄弟是他的外孙，这既因为这么做符合他自身的利益，也因为这对孪生兄弟自己通过承认努米托尔的地位，并且通过支持他的统治（"前来祝贺"），而不是通过与他争权来表明他们的祖先是谁。但只有罗穆路斯向阿穆利乌斯发起的足智多谋的攻击成功了，这才有可能。是罗穆路斯自己的行为，而非见证人的证词或证据，确定了罗穆路斯在源自埃涅阿斯的皇家谱系中的地位。

然而，即便在他们获得承认之后，李维的叙述也尽量降低这对孪生兄弟对努米托尔的依赖，继续强调他们自身的主动和足智多谋。李维记叙了他们决定离开阿尔巴·隆加（Alba Longa）去建立一座属于自己的新城（1.6.3）。罗穆路斯对城址的选择反映出他决心返回他的力量的源头，回到那种塑造了他的环境：

> 他首先在帕拉提乌姆（Palatium）山筑墙设防，那是他自己被抚养成人之地。（1.7.3）

努米托尔没有给这对孪生兄弟的开创事业提供特别的协助。①李维只是间接地用下面这个说法来说明那些跟随他们离开的人:"阿尔巴和拉丁民众过剩。"(1.6.3)李维如此叙述这对孪生兄弟的跟随者,这含蓄地预见了他随后直言不讳地把他们称为一群盲众——就像他们的领袖一样——是来自社会边缘的逃亡者。②

罗穆路斯的孤立、自足和白手起家,最清楚地体现在他创建罗马城时的最初行为,以及随之而来的兄弟争执。一开始的共同事业,却变成了相互竞争:争夺神的许可,争夺给他的城取名的权利,争夺全权(imperium)统治的权利,这引发了那次著名的鸟卜,其中

---

① 对比《罗马古事纪》,1.85.1-3,狄奥尼修斯说,是努米托尔首先想到这对孪生兄弟应该建立新城,以此来让自己避开潜在的危险因素,他给这对兄弟分配了建城用的领土,给他们提供了金钱、武器和补给品。

② 李维,《自建城以来》,1.8.1,8.6;2.1.4;同时对比狄奥尼修斯,《罗马古事纪》,1.85.3,狄奥尼修斯承认罗穆路斯和瑞穆斯的跟随者是混杂的群体,但他坚持认为,他们之中也有阿尔巴最有权势者中的杰出人物,也有那些最高贵的特洛伊人的后代;对比狄奥尼修斯进一步的说法(1.89.1-2.2.4),他说,罗马最初是个希腊城邦(1.89.1),首先定居那里的人是希腊人的后代,与蛮族混杂而居只是后来才出现的事情(1.89.3)。关于狄奥尼修斯的思想观念,参 Emilio Gabba, *Dionysius and the History of Archaic Rome*, Sather Classical Lectures 56, Berkeley: University of California Press, 1991; Emilio Gabba, "Political and Cultural Aspects of the Classicistic Revival in the Augustan Age", *Classical Antiquity* 1 (1982): 43-65; Emilio Gabba, La "storia di Roma arcaica" di Dionigi d'Alicarnasso, *ANRW* 2.30.1 (1982), pp. 799-816, 其中有 Gabba 的其他许多相关文章的文献信息; François Hartog, "Rome et la Grèce: Les choix de Denys d'Halicarnasse", in *Hellenismos*, *Quelques jalons pour une histoire de l'identité grecque*, ed. S. Said, Université des sciences humaines de Strasbourg, Travaux du centre de recherche sur le proche-orient et la Grèce antiques 11, Leiden: E. J. Brill, 1991, pp. 149-167; Cl. Schultze, "Dionysius of Halicarnassus and His Audience", in *Past Perspectives*, ed. I. S. Moxon, J. D. Smart, and A. J. Woodman, Cambridge: Cambridge University Press, 1986, pp. 121-141.

瑞穆斯首先看到给出预兆的鸟，但罗穆路斯随后很快就看到更多的鸟（1.7.1）。这结果真是令人为难。这对孪生兄弟的说法势均力敌；没办法在他们之间做出裁决。罗穆路斯和瑞穆斯都不诉诸任何宗教上的权威。他们每个人都只能向自己的跟随者求助，可预见的是，这些跟随者会支持各自的领袖（1.7.1-3）。最终，这个问题只有以瑞穆斯被杀和罗穆路斯建城的成功才得以解决。就像罗穆路斯的祖先的故事一样，这次预兆只有在被回顾时才会获得其意义，作为罗穆路斯决心的结果：神意含混；真正起决定作用的是人的行为。在之前叙述的语境中，这一段叙述证实了李维把罗穆路斯刻画成一个自己创造命运的人。

瑞穆斯被杀，这是确定罗穆路斯的合法性的最终一步。它完成了罗穆路斯朝向自足的转变，确立了他保卫自己的城的能力，标志着他个人作为罗马力量的特定源泉对罗马城完全的认同感。李维暂时承认，关于瑞穆斯之死的情况并不确定，但他又明确地把瑞穆斯被罗穆路斯杀死说成"更盛行的传说"（1.7.2），李维还把一句有力的说法归诸罗穆路斯，以此进一步发挥这个传说。① 按照李维的说法，由于瑞穆斯为了嘲弄自己的兄弟而跨过罗马尚未建好的城墙，罗穆路斯便把他杀死，还说了这句话——"从此以往，其他任何一个跨过我城墙的人都会这般［死去］"（1.7.2）。面对瑞穆斯的蓄意挑衅，曾经救过自己兄弟的罗穆路斯现在不会特殊对待自己的血亲。无论是谁，只要挑衅罗穆路斯的城，就是挑衅罗穆路斯本人。那么，

---

① 狄奥尼修斯完全不提这种说法——罗穆路斯自己杀害了瑞穆斯，实际上，他坚持认为，罗穆路斯因某个不为人知的人杀害了瑞穆斯而感到难以安抚的悲痛（1.87.2-3；1.88.1）。普鲁塔克承认存在这种关于瑞穆斯之死的说法，同时提供了另一种说法——其中一个护卫（Celer）杀死了瑞穆斯，而且他进一步暗示说，导致瑞穆斯死亡的厮杀非常混乱，因此无法确认谁杀死瑞穆斯（《罗穆路斯传》，10.2, 34.1）。

罗穆路斯成了这座城合法正当的创建者，因为他毫无争议地表明自己绝对的决心以及让自己要求占上风的能力。

作为这座新城的统治者，罗穆路斯的首要之事是表明自己拥护这条原则：英勇应该被理解为德性的产物，而不是德性的来源。如上所述，罗穆路斯纳入其新城的唯一来自希腊的祭仪就是对英雄赫拉克勒斯（Hercules）的崇拜（罗穆路斯引入的所有其他祭仪都与本地的阿尔巴祭仪相符，见1.7.3和1.7.15）。① 这个例外的决定不是因为赫拉克勒斯的神性，而是因为罗穆路斯

> 在当时已经尊崇由德性（virtus）获致的不朽，而他自己的命运（fata）正引导着他获得这种不朽。（1.7.15）

## 二

到目前为止，我想证实两个要点。首先，通过系统的描绘，李维笔下的罗穆路斯是一个自足的属人英雄，他的卓越主要源自其乡村出身的简朴（austerity）。第二点则是相对含蓄的说法——李维在对罗穆路斯的叙述中所强调的特征极具特色，即便不是独一无二；他做到这一点的方式在于，放弃或减少某些传统因素，同时强调其他的因素。我们准备对比李维的叙述和其他目前幸存的关于罗穆路斯生平的叙述（即狄奥尼修斯和普鲁塔克的叙述），以帮助我们进一步澄清李维叙述的独特所在及其程度。

在这个关节点，我想指出，李维的叙述中与众不同的重点，尤其与其同时代罗马人的思想观念中的至少三个重要主题相关。第一个观念是：罗马人是白手起家的民族，他们在道德、实践智慧和战

---

① 参本书第一章的第八节。

事方面胜过希腊。① 与此观念紧密相关的是第二个观念：罗马人更优越，这非但不与他们表面上的文化落后无关，而恰恰是因为他们表面上的文化落后——他们乡村传统中的简单质朴培养了一种坚韧的性格，希腊人的文化成就无法与之比拟。这两个主题进一步的变体，便构成第三个主题，它的出现是因为新人（novi homines）挪用这前两个主题，这些新人认为，恰恰是由于他们自己白手起家，所以比当时的贵族（nobiles）更接近罗马人的卓越的传统来源，实际上，他们自身体现的品质，正是罗马贵族的祖先最初借以追求荣誉和特权的基础。②

这三个紧密相关的主题，虽然含蓄地出现在李维关于罗穆路斯的叙述中，但在其著作的其他地方却有明确的推进。比如，我已经让读者注意前言中的那段话，李维在这段话里坚持认为，无论罗穆路斯的父系出身的真相如何，能证明罗马人有权宣称自己有神性祖先的恰恰是罗马人自己的成就。在批评把努玛（Numa）的智慧归于毕达哥拉斯教诲的传说时（1.18.1-4），李维再次肯定罗马人的德性和乡村生活的简单质朴之间的联系。③ 李维说了一番不太常见的

---

① 参拙著 *Virgil's "Georgics"*: *A New Interpretation*, Berkeley: University of California Press, 1980, pp. 1-63, 书中探究过前两个主题。关于罗马人对待希腊人的态度，更全面的研究，参 Nikos Petrocheilos, *Roman Attitudes to the Greeks*, Vivliotheke Sophias N. Saripolou 25 (Athens: National and Capodistrian University of Athens, Faculty of Arts, 1974)。

② D. C. Earl, *The Political Thought of Sallust*, Amsterdam: Adolf M. Hakkert, 1966, pp. 34-35; T. P. Wiseman, *New Men in the Roman Senate*, London: Oxford University Press, 1971, chap. 5, pt. 3 (The Ideology of Novitas), pp. 107-116.

③ 李维的批评在西塞罗的《论共和国》（2.15.28）中有相似的说法，这种说法把那种认为努玛是毕达哥拉斯的学生的看法说成一个人"经常"从老一辈那里听到的东西，说成人们"普遍相信"的东西（对比西塞罗，《图斯库路姆论辩集》，1.16.38）。狄奥尼修斯承认，这个关于努玛和毕达哥拉斯之间关系

论辩性反驳,以表明努玛和毕达哥拉斯不可能是同时代人,随后,李维如此总结:

> 因此,我更认为,努玛的灵魂由于其禀赋而受到德性的约束,并且以古萨宾人那种严厉且令人不悦的纪律而非外族的方式得到教育;没有一个民族比这个民族更纯洁。(1.18.4)

类似的是,在叙述平民和贵族斗争时,李维明确推进了这个观念:罗马诸王为承认"新人"的资历提供了先例。在那段文字里,平民保民官卡努雷乌斯(Canuleius)以"所有国王中最优秀的国王,新人中最优秀的新人"为例,以一种引人注目的时代错乱的方式抗议贵族排斥平民获得政治职务(4.3.17)。卡努雷乌斯继续以一种尤其值得注意的语言援引图利乌斯(Servius Tullius)为例,这段话之所以值得注意,是因为它几乎可以准确地适用于李维先前关于罗穆路斯的叙述:

> 难道你们不相信你们听到人们所说的事情……图利乌斯……这个没有父亲的人,只是一个来自科尔尼库鲁姆(Corniculum)的女俘所生,他是由于其禀赋(ingenio)和德性(virtute)而获得王位?(4.3.10–12)①

---

的说法有问题,而且承认自己无法就此问题下结论,尽管他对这问题的描述似乎倾向于否定的看法(2.59.1–4)。普鲁塔克同样承认这个问题难以解决,但最终给人留下的印象是,他倾向于认为努玛和毕达哥拉斯相识(《努玛传》,1;8.5–10;14.4;22.2–5)。关于古代论努玛和毕达哥拉斯有关系或无关系的传说的综述,以及重构这种关于其关系的故事的出现,参 Emilio Gabba, "Considerazioni sulla tradizione letteraria sulle origini della repubblica", in *Les origines de la République romaine*, Entretiens sur l'antiquité classique 13 (Vandoeuvres – Genève: Fondation Hardt, 1966, pp. 154–164。

① 对比图利乌斯缺少光荣的祖先背景以及像西塞罗那样的共和国新人,

此处提到的 ingenium［禀赋］和 virtus［德性］让人想起新人（如西塞罗）的说法，即他们与贵族的奠基者没什么两样，后者在罗马获得受人尊敬的地位，是基于他们自身的禀赋和德性，而非出身门第。① 那么，把罗马"最好的那些王"描绘成新人，就最有力地支持了新人的说法。这类明确援引当代思想观念的语言和主题的做法，就李维关于罗穆路斯生平和成就的叙述而言，强化了其中隐含的与思想观念的相关性。

## 三

李维叙述中对罗穆路斯和罗马的解释，前文已经有所分析，但这种解释在很多方面还是很成问题。他的解释当中还含有尚未解决的张力和矛盾，不仅让人对叙述的连贯性产生质疑，更重要的是，还会质疑这种叙述潜在的价值观和态度。下文想要说明李维建城叙述中成问题的方面，而他系统地突出罗穆路斯是完全白手起家的这种做法，有时导致、有时则加剧了这些问题。当然，任何说法在至少某个层面上都必然是成问题的，因为它暗示了另

---

西塞罗把自己说成"白手起家之人"（homo se ortus），与贵族形成对比，后者的入门大厅显眼地摆设着那些著名祖辈的胸像（西塞罗，《为璞拉恩奇乌斯辩护》[Planc.]，67；《反腓力辞》，6.17）；西塞罗还认为庞培的政治成就更加令人称赞，因为他是"一个毫无祖先庇荫、只因自己而为人所知的人"（《布鲁图斯》[Brut.]，96）。Ogilvie 在注疏李维（4.3.17）时评论说："这整段内容连同它对新人的德性的强调，本来很可能由西塞罗书写。" 见 *A Commentary on Livy, Books I–V*, p. 535。

① Wiseman 总结了贵族和新人各自的思想观念立场，参 *New Men in the Roman Senate*, pp. 107–116。参 D. C. Earl, *The Political Thought of Sallust*, 尤参 pp. 34–35。

一种可供选择的可能性：① 比如说，罗穆路斯因其严格培养获得的属人品质而出类拔萃，在突出这一点时——无论如何，不这么做便毫无意义——我们都会意识到，有可能以其他方式展现他的品格。因此，给出一种说法就是承认存在对立的说法，即便只是暗中承认。

如我们所知，李维自己的叙述，承认了某些不同的可能说法，比如，李维明确远离那些传说因素，但这些传说因素却认为罗穆路斯有神性的出身，或者把他的幸存归于超自然的介入。要断言我们无需接受玛尔斯在罗穆路斯故事中扮演的角色，或者无需按字面理解，或者无需把母狼哺乳这对孪生兄弟这个故事归于不知名的（而且完全不可靠的）传言（fama），这就不可避免地让人注意到那些解释罗穆路斯非凡命运的不同说法。实际上，这也让人注意到一个悖论：罗穆路斯属人的自足性被赋予如此非凡的成就，于是人们普遍认为这些成就是超人类的作用结果。在对瑞穆斯被杀的更盛行的传说进行推进和戏剧化处理时，李维本人正好利用了这种含混性，尽管他刚刚以一种简单机械的评论承认说，我们无法确定实际上发生了什么：就省略另一种不同说法而言，这种修辞策略甚至成为一种证明方式，在此则可以用来引入一种更受青睐的说法。

那么，在李维的叙述中，不同说法总是存在。它们的存在变得成问题，而且和李维自己的说法一起威胁到李维叙述的逻辑连

---

① 关于所有断言的成问题的性质，解构主义者直接宣称，历史和文学的研究者在特定语境中通常接受的东西，是一种核心的和普遍的原则。比如，Barbara Levick 以为，实际上，提贝里乌斯的说法的脆弱性正是通过那种用来促进这种说法的主题而暴露出来：强调"和谐同心"（concordia）就是承认存在对立；参 Barbara Levick, *Tiberius the Politician*, London: Croom Helm, 1976, p.86。

贯性，因为他自己说罗穆路斯在所有其他方面都是白手起家，然而，他却受到渴望僭政的欲望支配，这种欲望被明确地视作一种从祖辈继承而来的缺陷：

> 随后，外祖父辈的邪恶（avitum malum）——对王权的欲望（regni cupido）——扰乱了这些计划。因此，从相当温和的［争执］开端，随即生发出可耻的争斗。（1.6.4）

在其他语境里，avitum malum 这种表达或许可以限定为"永恒的"或"古老的"这种相当模糊的含义，① 但罗穆路斯的家族历史不会让我们如此模糊地解读此处的 avitum malum：罗穆路斯的叔外祖父阿穆利乌斯费尽心思从自己兄长手里夺走王权，还要杀死罗穆路斯和瑞穆斯来保住自己的王权。支配罗穆路斯的欲望可能只是具体再现了时间长河中反复出现的现象，但这也正是相同的欲望——首先发源于他的叔外祖父，然后源于他的兄弟和他本人，这种欲望从他出身的那一刻就塑造了他的一生。

因此，李维说，罗穆路斯和瑞穆斯渴望王权的欲望是一种 avitum malum，这提醒我们注意，罗穆路斯毕竟有祖先，他不只是一个地位低下的牧羊人，品格由成长环境塑造。我们在此受到提醒，罗穆路斯是诸王的后裔。即便他的父亲身份不详或有争议，但他可以把他的祖先追溯至英雄埃涅阿斯，最终追溯至女神维纳斯。在创建自己的城时，罗穆路斯和瑞穆斯正是在要求获得按照自然继承权本应该属于他们的王国。但那种夺走其合法王国的 avitum malum 也是其继承的一部分。

---

① ［译按］avitum 既有"祖父的、外祖父的"之意，又有"古老的、遗传的"之意，此处指的是，对王权的欲望以及由此引出的恶行，之前就出现在罗穆路斯和瑞穆斯的外祖父和他们的叔外祖父之间。

一旦意识到这一点,就引出了下列难题:杀死瑞穆斯,这是否代表最终彻底与过去切断联系,是否代表罗穆路斯最终和其家族的分离,这种分离确证了罗穆路斯的白手起家,还创造了一个必要的白板(tabula rasa),从这个白板中可以产生一个新的统一的共同体?或者说,这毋宁是再次展现祖先的内斗倾向,并成为持续的斗争?或者这代表了一种难以解决的两难困境,即避开 avitum malum 的唯一方式就是重来一次?这些不确定之处调动起 regnum 这个术语本身的含混性:罗马,即罗穆路斯的 regnum,是王国还是僭政?①

在随后第二阶段的叙述里,这个问题在两个不同层面得以延续和推进,这与罗穆路斯的君主统治有关。第一个层面是性格的刻画。一方面,李维执意坚持罗穆路斯身为国王的行为的卓越之处,如我已经注意到的那样,他还下结论说,这些行为与人们对他的神性的信仰并非不相符(1.15.6-7)。②另一方面,李维的叙述又展现出罗穆路斯典型的僭主特征,他受民众爱戴,遭贵族憎恨。李维对罗穆路斯的统治明确抱肯定评价——在他去世之时,"对他的钦慕和当下的恐惧广为人知"(1.16.4)。即便如此,李维也承认如下说法:

> 当时也有些人私下里说,王在元老们的手上被撕成碎片;因

---

① 关于 regnum 的这两种含义,见《牛津拉丁语辞典》(*Oxford Latin Dictionary*)的 regnum 词条。至于 regnum 作为罗马共和国晚期的政治辱骂用语,参 C. Wirszubski, *Libertas as a Political Idea at Rome*, Cambridge: Cambridge University Press, 1968, p. 23, pp. 62-64。

② 关于这一段的讨论,参看上文第一节。至于李维评论罗穆路斯的成就之价值的段落,参 1.8.6; 1.10.5-7。同时参 1.16.1,李维在此把罗穆路斯的成就总结为"这些不朽的功绩"(his immortalibus),而 Ogilvie 不顾抄本的权威,把这个短语改成 his mortalibus。

为也有这样的谣传，尽管不清晰。(1.16.4)。①

对于李维的同时代人而言，这种传闻很有暗示作用。恺撒的名声备受争议，他被元老们刺杀，葬礼上，民众对他的爱戴之情迸发而出，这些对他们来说都不是遥远的记忆。

实际上，关于罗穆路斯之死的叙述还包含其他因素，这些因素可能会强化罗穆路斯与恺撒之间的类比。罗穆路斯的成神得到确认的方式几乎与恺撒相同：元老院把某种天上的异象解释为其神化的证据——在恺撒之前，这种事情在罗马历史上还是头一回。② 除了与恺撒的相似之外，实际上，罗穆路斯在罗马共和国晚期是个争议十足的人物，他显然更经常被引为僭主类型，而非仁慈的统治者。③ 李维承认存在关于罗穆路斯的不同描绘——哪怕只是为了否定它，这样，他就保留了那些先前由罗穆路斯可能受到"外祖父辈的邪恶即对王权的欲望"的诱惑以及杀死瑞穆斯导致的问题。李维尤其保留了这个问题：罗穆路斯的建城到底是彻底远离阿穆利乌斯的僭政，还是重现呢？

此处，有人可能会说，李维只是以一种诚实的态度对待材料，

---

① 对比《自建城以来》，1.16.8.

② 关于恺撒成神的前所未有的性质，以及这件事在界定元老院在随后的罗马皇帝神化中的作用时的重要性，参 Simon Price, "From Noble Funerals to Divine Cult: The Consecration of Roman Emperors", in *Rituals of Royalty: Power and Ceremonial in Traditional Societies*, ed. David Cannadine and Simon Price (Cambridge: Cambridge University Press, 1987), pp. 71 - 76。另参 Jane Evans, *The Art of Persuasion: Political Propaganda from Aeneas to Brutus*, Ann Arbor: University Michigan Press, 1992, pp. 91 - 94。

③ C. J. Classen, "Romulus in der roemischen Republik", *Philologus* 106 (1962): 174 - 204; Evans 认为，罗穆路斯的名声恢复，始于恺撒的个人宣传，持续到奥古斯都时期 (*The Art of Persuasion: Political Propaganda from Aeneas to Brutus*, pp. 91 - 93, 102)。

承认传说中的其他说法,然后表明自己的判断而已。这种传记写作式的态度,即便不是纯属猜测,也无法解释李维叙述的含混性质,原因如下。首先,我们已知,李维自己在前言(前言,6-7)坚持认为早期罗马的传说颇成问题:他在前言中说,建城时期的传说的真相,我们既无法确证,又无法否认。因此,以李维自己的标准,叙述者明言的偏好实际上不比那些他拒绝的不同说法有更好的根据。第二,含混之处的确存在。如燕卜荪(William Empson)和某些读者反应理论的批评家所言,要拒斥某种不同说法却不先对它进行思考,这是不可能的。一旦提出这种不同说法,它就成为我们阅读文本的经验的一部分。① 第三,叙述者自身就引入了实际上支持另一种传统的判断(即罗穆路斯和瑞穆斯都受到了"对王权的欲望"的驱使,而且这种欲望是一种来自"外祖父辈的邪恶")。

最后,关于罗穆路斯建城性质的问题(即关于罗马本身的性质问题),出现在李维叙述中另一个不太容易驾驭的层面上,与这个层面关系更紧密的,不是对建城者的个人品格描绘,而是一些相互冲突的说法,它们讨论什么构成了人类最佳类型的共同体(the best kind of human community)。关于罗穆路斯的性格刻画,借助提喻法在隐喻意义上暗示了对罗马性质的判断:由于罗穆路斯本身代表了罗马的集体品格,就此而言,他尤其重要。当然,这种把思想观念议题人物化的做法是独特的,是一种罗马人特别善于用来思考的方式。② 但

---

① William Empson, *Seven Types of Ambiguity*, 3rd ed., London: Hogarth, 1984; Stanley Fish, "Interpreting the Variorum", *Critical Inquiry* 2 (1976): 465-85, repr. in *Reader-Response Criticism*, ed. Jane P. Tompkins, Baltimore: Johns Hopkins University Press, 1980, pp. 164-184.

② Daniel Selden 相当好地总结了这种倾向,而且在罗马人的文化语境中找到了这个倾向,参 "*Ceveat lector*: Catullus and the Rhetoric of Performance", in *Innovations of Antiquity*, ed. Ralph Hexter and Daniel Selden (New York: Routledge,

在李维的叙述里，罗马文明的性质的不确定性不仅仅基于其建城者成问题的身份。它基于一种根本的不确定性——关于城市文明的性质和价值本身的不确定性，这种不确定性不仅体现于对待其建城者的矛盾态度，还体现于相互竞争且不可兼容的理想共同体模式的并存。

这种矛盾态度可能会更明显——如果我们把关于罗穆路斯建立罗马的叙述看作怀特（Hayden White）所谓"浪漫剧式的情节化模式"（Romantic mode of emplotment）的范例，怀特在发展弗莱（Northrop Frye）的文学类型学（literary typologies）的基础上提出了这种模式。① 概而言之，这种"情节化模式"更关注一种乌托邦式的秩序，而非一种逐渐堕落的时代。这种变化可能呈现为一种胜利，年轻新秩序身上体现的永恒纯真战胜了堕落的古老时代。从这个角

---

1992），pp. 461–512，他认为：

> 罗马共和国后期的作者对特征描写（characterization）问题有强烈的兴趣，这是名人崇拜的一部分，这种崇拜渗透在罗马社会思想的各个层面。其他的印欧民族……倾向于把传统的政治-宗教价值观加在关于宇宙、英雄和诸神的想象力丰富的叙述上。然而，在意大利，拉丁部族把这种共同的遗产投射到人类历史的层面，这在很大程度上因为起到榜样作用的个人才出现。（p. 493–494, n. 192）

Selden 提到了 Georges Dumézil, *Servius et la fortune*, Paris：Gallimard, 1943, pp. 116–117；以及 Georges Dumézil, *L'heritage indo-européen à Rome*, Paris：Gallimard, 1949, 第三章（Maiores nostri），pp. 115–182。

① 浪漫剧在根本上是一种自我认同的戏剧，其象征是主人公超越了经验世界，他战胜了它，以及他最终从经验世界中获得解放……这是一部善战胜恶的戏剧，是一部德性战胜邪恶的戏剧，是光明战胜黑暗的戏剧，是一部关于人最终超越战胜了他因堕落而束缚在其中的世界的戏剧。（Hayden White, *Metahistory*, Baltimore：Johns Hopkins University Press, 1973, pp. 8–9）

度来看，罗穆路斯建城的故事或许可以用一系列对立来分析：

| 阿穆利乌斯和努米托尔 | 罗穆路斯和瑞穆斯 |
| --- | --- |
| 旧秩序 | 年轻的秩序 |
| 城市的 | 乡村的 |
| 中心的 | 边缘的 |
| 文明化的 | 自然的 |
| 按等级划分的 | 群体共享的 |
| 威权主义的 | 平等主义的 |
| 不虔敬的 | 虔敬的 |

李维把更老的阿穆利乌斯和努米托尔一代与更年轻的罗穆路斯和瑞穆斯一代放在一起。老一代之堕落，既在于权力的误用，也在于令这种误用可能实现的虚弱：阿穆利乌斯篡夺了努米托尔合法的地位，这既有违应给予父亲的权威又有违应给予长者的尊重（1.3.10）。阿穆利乌斯还进一步加剧了这种对父母的不虔敬和不义：谋杀了努米托尔的儿子，把他的女儿定为侍奉维斯塔女神的贞女。与阿穆利乌斯的不义以及努米托尔的虚弱相对立的，是这对孪生兄弟，他们凭着从其生活方式中获得的"身体和心志的强健"，在乡村

---

尽管 White 在此运用了专属于基督教的堕落意象，但其基本的内容涉及乌托邦式的纯真和堕落之间的对立，我随后将会论证，李维在其叙述中进一步推进了这种对立，其手段是运用某些词汇来描绘这对孪生兄弟的牧人共同体，而他的读者可能会将这些词汇与黄金时代以及廊下派的理想主义联系在一起。关于浪漫剧的模式及其在逻辑上必然的可能性的详细阐述，参 Fredric Jameson, *The Political Unconscious*: *Narrative as a Socially Symbolic Act*, Ithaca, N.Y.: Cornell University Press, 1981, 尤参 pp. 68 – 74 和 107 – 113。［译按］中译本参怀特，《元史学：十九世纪欧洲的历史想象》，陈新译，南京：译林出版社，2009，导论，页 8 – 9。

世界中维持着良好的秩序，以同样的方式追捕野兽和强盗。他们的乡村同盟者群体逐渐壮大，而强盗处境日益艰难，最终必须使用欺骗手段，并且求助于城市（1.5.3）。

在获得这对年轻的孪生兄弟的支持之前，努米托尔自己无力反对阿穆利乌斯；这对兄弟报复了阿穆利乌斯对努米托尔行的不义，帮他恢复合法地位。那么，在这个故事世界里，暴力和无序发源于文明化的中心区域，即城市的权威所在地，即便是乡村强盗，当他们因这对孪生兄弟而处境艰难时，都向城市寻求帮助和报复。秩序——即对不义的纠正，则来自社会的边缘，来自这对孪生兄弟，他们由牧人（很可能是个奴隶）及其妻子（可能是个妓女）抚养成人，在乡村通过边境那种原始的打猎和放牧来养活自己。

还有几种特定的对比突出了城市和乡村世界之间的整体差异。阿穆利乌斯堕落的一个具体迹象就是，他见利忘义地操纵利用宗教建制，任命努米托尔的女儿为侍奉维斯塔女神的贞女，以防止她为努米托尔延续后代。类似的是，那些抓住瑞穆斯并把他交给努米托尔加以处罚的乡村强盗，就是趁着瑞穆斯虔敬地参加卢佩尔卡尔（Lupercal）欢庆节日之机，伏击并抓住了他。这些强盗见利忘义地利用宗教建制和宗教场合；与此相对，乡村正上演着卢佩尔卡尔庆典，这对孪生兄弟正投入其中。

另外，在城市里，权威是集权的和分等级的，与此相对，乡村没有任何社会或政治等级的迹象。李维的叙述甚至没有说这对孪生兄弟是他们乡村伙伴的领袖。① 毋宁说，那里有分享，有对共同福

---

① 作为这一点的推论，李维并没有说，在卢佩尔卡尔节劫走瑞穆斯的强盗要单独袭击这对孪生兄弟。相反，这些强盗只是计划攻击欢庆节庆的人（1.5.3）。瑞穆斯碰巧被抓住。而罗穆路斯自己有能力逃脱。可以对比普鲁塔克的说法（《罗穆路斯传》，6.3-4），在他描绘的等级秩序中，这对孪生兄弟比其他乡里人地位更高，而罗穆路斯的地位又高于瑞穆斯。

祉的关切，这暗示了廊下派的社会理想，让人想起了黄金时代社会的一个重要方面，李维同时代人所熟悉的文学描绘过这一点。① 罗穆路斯和瑞穆斯与之交往的年轻人，在牧人之间共分他们从强盗手中夺回来的战利品，而且他们作为一个正在壮大的群体合成一体，分享他们生活中那些严肃和琐碎的事情。

> ［他们］在牧人中分派夺取之物，与这些人共谋正事、共同嬉戏，同时他们中所聚集的青年日益增多。（1.4.9）

这种一体的无组织社会反过来又属于一种更全面的对比，这是

---

① 关于廊下派思想中的公社生活（communalism），参西塞罗：

> 但是因为我们，正如柏拉图的出色表述，我们出生不只是为了自己，祖国对我们的出生有所求，朋友们对我们的出生也有所期求；又如廊下派所认为的，大地上生长的一切都是为了给人类使用，而人类是为了人类而出生，从而人们之间能互相助益，由此我们在这方面应该遵从自然作为指导者，通过互相尽义务，为公共的善贡献公共的好处。（《论义务》，1.22；参考王焕生先生的译文，有改动）

关于公社生活作为黄金时代的特征之一，见维吉尔：

> 在朱庇特之前，没有农民耕种田地：标明或划分田地有违宗教；他们寻求共同的善，土地自身在不被索取时更加自由地结出［谷物］。（《农事诗》，1.125–128）

同时参看维吉尔如何描述蜜蜂的乌托邦式社会：

> 它们警觉冬天的到来，夏天辛勤劳动，把寻到的东西放回到共同的贮藏之地。（《农事诗》，4.156–157）

在狄奥尼修斯和普鲁塔克笔下，没有任何东西暗示了这种公社生活式的平等主义，而李维笔下的罗穆路斯和瑞穆斯所从属的年轻的牧人群体有这种特征。

一个不仅原始而且"自然的"世界与一种文明社会之间的对比，文明社会暗含在城市的政治结构里，连同其核心的集会地点、其社会制度、其统治者及其扈从，还有其历史。那么，这对孪生兄弟的故事就是在赞颂一种胜利：原始的纯真胜过文明化的堕落。

但这至多是一种悖论性的胜利，因为这种胜利的顶点——即最终确定这对孪生兄弟的价值和他们乡村纯真的价值究竟是什么行为——并不是用他们在其中长大成人的道德更优越的社会来取代堕落的文明。倒不如说，这种塑造了这对孪生兄弟的生活方式，值得赞美，也值得重视，也是叙述者的实际关注所在，但这不是因为这生活方式本身的缘故，而仅仅因为它是一种更新古老秩序并使之永恒的手段。那么，罗穆路斯身上那种"外祖父辈的邪恶"，即他"对王权的欲望"，就不只体现在兄弟相争的再现上，还更广泛地和更根本地体现于文明的再造。

罗穆路斯放弃了使得他变强大的生活方式，离开了乡村，建立了一座自己当王的城。他的城，就像阿穆利乌斯的阿尔巴·隆加一样，成为权力和权威之地：罗穆路斯首先做的事情就包括建立城墙。他向这个中心引入了"整个人群毫无差别，不分自由人还是奴隶"（1.8.6）的观念，但他立刻把这群无差异的人组织成一个更为分明的社会和政治等级结构。这个过程始于他自己获得权威的象征和工具（用来威慑那群住在罗马的粗野之人，1.8.1），进而是出现政治上有特权的"元老"（patres，1.8.7），在罗马人和萨宾人结合在一起之后，这个过程结束，其结果是他把人们分成三十个"库里亚"（curiae），还设立了三百名骑兵（1.13.6–8）。

正如阿穆利乌斯操纵并利用共同体宗教以确保自己的统治，罗穆路斯也依样画葫芦。罗穆路斯在解释鸟卜的基础上建城，这种解释的唯一权威就是他自己随后获得的成功；当他在战场上鼓舞士气时，他假装自己与神沟通，以重新集结分散的军队，"好像他感觉到自己的祈祷得到回应"（1.12.7）；他还设立一次宗教庆典来诱拐萨宾女人（1.9.6-10）。所有这些都符合认为罗穆路斯的统治是僭政的观点。那么，从相关的叙述语境来看，罗穆路斯正在重新建立更古老的阿穆利乌斯和努米托尔秩序。从李维同时代人的视野来看，他们会认为罗穆路斯可能在建立君主统治这种古老的秩序，这种君主统治的最终废除和选举官员替代这种统治，则标志着罗马自由（libertas）的开端。① 罗穆路斯的君主统治终究看起来不是新秩序对旧秩序的胜利，而毋宁是在重申旧秩序的同时背叛新秩序，正如下表所示：

| 阿穆利乌斯和努米托尔 | 罗穆路斯和瑞穆斯 | 罗穆路斯 |
| --- | --- | --- |
| 旧秩序 | 年轻的秩序 | 旧秩序（当王时期） |
| 城市的 | 乡村的 | 城市的 |
| 中心的 | 边缘的 | 中心的 |
| 文明化的 | 自然的 | 文明化的 |
| 按等级划分的 | 群体共享的 | 按等级划分的 |
| 威权主义的 | 平等主义的 | 威权主义的 |
| 不虔敬的 | 虔敬的 | 不虔敬的 |

　　李维的叙述并不鼓励对罗穆路斯统治的这种解释。叙述者在几处文本中插入评论，意图让我们仔细注意罗穆路斯的政策的有效，在最明显的（但并非唯一）一段里，李维得出结论，认为罗穆路斯的成就与他的神性出身以及在死后获得的神性一致。② 实际上，鉴于这对李生兄弟与阿穆利乌斯和努米托尔最初的对比，如果读者要正面评价罗穆路斯的建城行为，李维插入的这种评论就有必要。如果没有这些插入的评论，这种青睐乡村的或原始文化胜过文明的偏

---

① 参李维，《自建城以来》，2.1.1。
② 见上文第一节和注释26，另参本文页23，注释2。

好（隐含于前面阿穆利乌斯和努米托尔堕落的君主制和这对孪生兄弟的纯真生活之间的对比）的逻辑，就会暗示对上文勾勒的罗穆路斯统治非常不同的解释。

  作者插入的评论让我们确信，根据先前的叙述看起来可能不好的品质或情况，现在必须被视为好的，那么，他的评论就要求读者重新评价自己关于先前叙述的解释。换言之，如果要接受叙述者对罗穆路斯身为国王的成就的明确评价，就要求读者重新评价不久之前对原初生活方式的描述。如果说，现在，城市的君主统治所体现的文明是好的（实际上，这是罗马未来伟大的必要基础），那么，这对孪生兄弟原初的生活方式必然缺少某些必要的方面。我们在理解李维的叙述时，仍然是从一种有缺陷的旧秩序到一种更有活力的新秩序的发展过程来理解，但是，这些秩序的实质已经反过来了。实际上，并不是一种更年轻的有活力的公社生活代替了更古老的堕落的城市君主制，相反，读者现在出乎意料地面临的情形是，一种更年轻、更有活力的君主制取代了看似必然更古老的混乱状态。下面这个表格表明了从这对孪生兄弟的世界到罗穆路斯的城市君主制的变化，这种变化要求我们重新评价、解释在叙述中提出的这两种政治和文化模式。

| 阿穆利乌斯和努米托尔 | 孪生兄弟（从阿穆利乌斯王国的角度来看） | 孪生兄弟（从罗穆路斯王国的角度来看） | 罗穆路斯 |
|---|---|---|---|
| 旧秩序 | 年轻的秩序 | 旧秩序 | 新秩序 |
| 中心的 | 边缘的 | 边缘的 | 中心的 |
| 城市的 | 乡村的 | 乡村的 | 城市的 |
| 文明化的 | 自然的 | 原始的 | 文明化的 |
| 按等级划分的 | 群体共享的 | 混乱无序的 | 按等级划分的 |
| 威权主义的 | 平等主义的 | 混乱无序的 | 威权主义的 |

续表

| 阿穆利乌斯和努米托尔 | 孪生兄弟（从阿穆利乌斯王国的角度来看） | 孪生兄弟（从罗穆路斯王国的角度来看） | 罗穆路斯 |
|---|---|---|---|
| 不虔敬的 | 虔敬的 | 野蛮的① | 虔敬的 |

---

① 李维同时代人看待卢佩尔卡尔节的态度似乎很含混，所以，他们究竟认为它是野蛮的还是值得敬重的，很大程度上取决于语境。比如说，在《岁时记》(*Fasti*) 中，奥维德用两种说法解释了卢佩尔卡尔节的祭司为什么裸体参加节庆。第一种说法（3.303－358）基于一种在文明与原始的纯真之间的滑稽对立。根据这个说法，法乌努斯（Faunus）被某个年轻女人的艳妆华服和优雅举止吸引，当时她正和赫拉克勒斯经过乡村。但当法乌努斯趁着这对情人睡觉偷偷靠近他们时，他却不小心引诱了赫拉克勒斯，因为这个年轻女人和赫拉克勒斯换了衣服；法乌努斯心生愤怒、尴尬和沮丧之情，所以命令自己的崇拜者从此应该裸体参加。

奥维德说完这种说法后，就说到另一种说法（3.359－380）：卢佩尔卡尔节的祭司之所以裸体参加，是因为第一次庆祝这一节日的人有一种原始的活力。当祭司为法乌努斯准备牺牲时，罗穆路斯及其同伴正在裸体锻炼身体；当他们听到强盗正在抢走他们的畜群时，这些年轻人来不及穿衣服就冲出去了。卢佩尔卡尔节的祭司用裸体参加的形式来纪念他们随后获得的胜利。西塞罗在《为凯利乌斯辩护》(*Cael.* 11.26) 中以相当不同的方式表达了类似的矛盾态度。西塞罗嘲笑蔑视一个当代卢佩尔卡尔节的祭司的行为，他通过假设这种行为反映了宗教团体情谊的未开化的起源：

> 实际上，下面这一点也没有烦扰到我：他（即指控凯利乌斯的那个人）说，凯利乌斯和他自己是卢佩尔卡尔节祭司团体的成员（in Lupercis sodalem）——真正的卢佩尔卡尔节祭司的情谊确实是一种野蛮的宗教团体情谊，这显然是一种牧人和乡巴佬的情谊，他们这种荒蛮的联合是在文明和法律之前形成的。实际上，这宗教团体情谊的成员不仅相互告发，甚至以控告的方式让人注意到他们的团体情谊，就好像担心人们不知道似的。

在李维自己的叙述中，这种矛盾态度体现在李维以一种并置的方式提到卢佩尔卡尔节要么是一种愚蠢可笑的事情，要么是一种神圣的事情：

> 他（厄凡德尔）设立了从阿尔卡迪亚引入的盛大祭仪，在此仪式上，赤身的青年嬉戏而淫乱地（per lusum atque lasciviam）奔跑，以崇拜来自吕凯乌斯的潘神（Lycaeus Pan），由于盛大祭仪已广为人知，当他们沉浸在这一[公共]嬉戏之时，一些强盗因丢失的掠夺物而感到愤然，便埋伏袭击[他们]。(1.5.2－3)

李维叙述导致的含混，以及叙述者角度的变化暗示的矛盾态度，在第二卷的序言中都得到了确认。李维在序言里为罗穆路斯开启的君主制传统辩护，其理由在于，这是社会化的必要阶段，这种社会化为教育罗马大众学会担负起自由的责任做好准备：

> 要知道，那些由牧人、外来者和逃离自己部族的避难者组成的平民，要是在不可侵犯的圣所的保护下获得自由或至少不受罪罚，而且要是他们不受对国王的恐惧的约束，要是他们开始受到保民官的疯狂鼓动，在一座不属于他们的城市里开始与元老们进行争论，要是在他们对妻子儿女的眷恋，在需要长时间才能养成的对土地本身的热爱把他们的心灵融合起来之前，那将会发生什么？（2.1.4–5）

在当前讨论的语境下，这段话特别发人深省。这不仅证实了作者李维看待君主制的矛盾态度，还证实了对于君主制的评价与对于原初社会的评价相互关联，对其中一个作重新评价必然会要求重新评价另一个。如果这里要为君主制辩护，就要重新把前城市时期的社会视为混乱、不稳定的社会，而非公社生活的和平等主义的社会。但如我们所知，在描写这对孪生兄弟早年的乡村生活时，这并不是乡村的情况。

李维的叙述导致的这类矛盾，在狄奥尼修斯和普鲁塔克的叙述中几乎不存在，因为在他们笔下，这对孪生兄弟的世界和城市世界之间的对比，以相似的方式受到某种程度的限制和调和，因此，在这对孪生兄弟的生活中，城市对其成长也起到重要的作用。普鲁塔克说自己赞同这一传说：努米托尔从一开始就知道这对孪生兄弟被人救了。在这种肯定的说法之后，普鲁塔克承认某些人的看法，他们认为这对兄弟被送到加比伊人（Gabii）那里接受一种适合"出身高贵之人"的正式教育（《罗穆路斯传》，6.2）。甚至他们的乡村活

动都得到调整,以适应贵族模式。在让读者注意到"高贵出身"的标志即这对兄弟的身材和举止之后(6.3),普鲁塔克写道:

> 他们把时间花在自由人的生活方式和消遣上,他们不把闲暇和安逸视作自由人的事,而把体育锻炼(gymnasia)、狩猎、赛跑、驱逐强盗、捕捉盗贼和保护不义的受害者免受暴力伤害视为自由人之事。(6.5)

我在此把希腊文 gymnasia 翻译为 gymnastics,是为了捕捉住这个希腊文语词的各种相关含义,在此语境下,这个希腊文单词可能仅仅翻译为"身体锻炼",但也可以指"体育场",因此与某种制度有很强的关联,这种制度正是希腊化世界的希腊文化的中心。① 我们可以轻易地想象到狩猎和赛跑是乡村自然而然的活动,当然,它们还是典型的贵族生活。② 那么,在这个语境下,这整段话表明,这对孪生兄弟在乡村的生活无意识地或者大体表现了他们的贵族遗产,当然也同样表现了农村的简朴生活,或许前者更甚。从这个角度来看,他们镇压强盗和盗贼,则具有一种位高任重的性质。

在狄奥尼修斯的叙述中,城市令这对孪生兄弟的独立以及农村

---

① 关于 gymnasium 在希腊文化中的核心作用,我所熟悉的最有力的分析,出现在那些关于犹太文化和希腊文化之间的冲突的研究中,既然 gymnasium 具有延续和获得希腊或希腊化的文化的中心的角色,所以它成为争议的焦点。参 Edouard Will and Claude Orrieux, *Ioudaïsmos – Hellènismos: Essai sur le judaïsme judéen à l'époque hellénistique*, Nancy: Presses universitaires de Nancy, 1986, pp. 97 – 175 and esp. pp. 120 – 124。同参 Alexander Tscherikover, *Hellenistic Civilization and the Jews* (New York: Atheneum, 1970), pp. 161 – 174。

② J. Aymard, *Essai sur les chasses romaines*, Bibliothèque des écoles françaises d'Athènes et de Rome 171, Paris: E. de Boccard, 1951. 关于狩猎在罗马共和国晚期作为一种品质堕落但依然属于贵族的消遣,同参 Ronald Syme, *Sallust*, Sather Classical Lectures 33, Berkeley: University of California, 1964, p. 44。

相形见绌，这一点更明显。在他的理性化叙述里，甚至在这对孪生兄弟被抛弃之前，努米托尔就用替身换掉了他们，还把他们送到加比伊人那里接受一种彻底的希腊教育，甚至谋划逮捕瑞穆斯——这是他报复阿穆利乌斯的阴谋的一部分（《罗马古事纪》，1.84.1–8）。

即便在狄奥尼修斯青睐的某些没有经过理性化处理的说法里，努米托尔也和阿尔巴·隆加城（或镇）一样处于情节中心，努米托尔的主动而非罗穆路斯的主动才是决定性的驱动力。当瑞穆斯被押至努米托尔面前，努米托尔认出了他，但没有向瑞穆斯透露出他完全了解情况（1.81.4–82.1）。随后，他掌控着阿穆利乌斯被推翻的整个过程。他让瑞穆斯发誓支持他对王权的诉求，说道："我会负责行动的适当时机。"（1.82.1）他让信使把罗穆路斯召到镇上；他鼓励这对孪生兄弟要勇敢；而且他带着属于他的"一群而且不是一小群"随从。直到这时，这些阴谋者才获得了来自乡村中人的帮助。就连这对孪生兄弟应该建立一座属于自己的城的想法，也来自努米托尔，也就是在他自己重新夺回自己的王国之后（1.85.1–3）。实际上，如哈托（Hartog）所示，这对孪生兄弟的计划拥有传统希腊殖民（apoikia）的所有特征。① 所以，这里也没有城市和乡村之间的重要对比，因为在这些事件的过程中，这对孪生兄弟在乡村的成长经历（如果有的话）从未作为一种独立影响出现，更不要说有决定性的影响。

但我们知道，在李维笔下，城市和乡村的对比，文明化生活和乡村生活的对比，在根本上不可调和，因为这对孪生兄弟和城市以及他们的祖先之间的联系，已被彻底切断。试图证明努米托尔和这对孪生兄弟清白的主动力量，不来自努米托尔，而是罗穆路斯本人。

---

① 参 Hartog, "Rome et la Grèce: Les choix de Denys d' Halicarnasse", 前揭，pp.149–167，尤参 p.162。

在策划和执行推翻阿穆利乌斯的攻击行动时，罗穆路斯展现出来的英勇和足智多谋，并不是神性力量的体现。罗穆路斯的这些表现是人们可以理解的，就此而言，这种主动、英勇和智慧，虽并未明言，却显然是这对孪生兄弟自身品质的延伸——他们在乡下放牧、狩猎和自我防卫的艰苦生活中培育了自己的品质。因此，城市和乡村之间的对比就有了明确界定，同时城市显然也依赖乡村。

那么，从罗穆路斯的君主制的角度出发，就必然重新界定二者的关系，这种做法导致的问题也就有了明确的界定：我们面对的是两种相互矛盾的共同体理想。两种理想之间这种悬而未决的矛盾为我们提供了一个角度，去理解李维刻画建城者时的矛盾和含混：如果这种叙述不能使我们确定应该视罗穆路斯为自足性的捍卫者还是英雄遗产的拥护者，乡村的纯真的维持者还是城市的堕落的维持者，国王还是僭主，那么，某种程度上，是由于一种关于文明本身的性质和价值的更基本的困惑影响了这一叙述。

## 四

李维的罗穆路斯形象涉及罗马人集体自我形象的某些重要方面，同样，他的叙述导致的问题，也与他同时代人政治生活中出现的思想观念问题有显著而紧密的对应之处。比如，李维的叙述导致的许多关于罗穆路斯作为建城者和领袖的问题，都类似于由奥古斯都同时作为罗马共和国的摧毁者和重建者的含混地位引出的问题。罗穆路斯杀死瑞穆斯一事引出的问题是，内斗的暴力和消灭对等之人对于罗马建城来说是不是不可避免，是不是必要的条件。同样，如下争论也颇为合理：对于罗马共同体的重建或存亡来说，奥古斯都在公元前40年代的公敌宣告以及他在随后内战中扮演的角色，是否必要呢？

罗穆路斯可能被当作新人或贵族传统的先例，与此类似，在奥古斯都的自我描绘中，同样有一种密切相关的含混。一方面，奥古斯都坚持认为，他的政治权力和荣誉都是合法的，因为人民（或其代表即元老院）自愿认可他的实际成就，从而授予他权力与荣誉。在其《功业纪》(Res Gestae) 中，奥古斯都系统阐述了这一主题，尽管这写于他生命晚期。在《功业纪》里，奥古斯都把自己看作父亲的复仇者，这是唯一提及他高贵的祖先及其神圣出身的地方，而且至多只是间接提及（《功业纪》, 2）。不如说，他的关注更与政制相关。他巨细无遗地详细列举他令人印象深刻的政治成就、军事胜利和公共施善。这些为我们理解他获得的大量官职和荣誉做好了铺垫。对自己成就的记录，以及公众的认可，解释了他罕见的权威 (auctoritas)，在《功业纪》的结尾，奥古斯都把这种权威视为自己政治权力和影响力的真正基础 (34.3)。这种以传统的共和政制角度为奥古斯都地位辩护的做法，自然就倾向于把奥古斯都描绘为具备自足和自力更生的德性之人，而这两种德性是新人的特征。

另一方面，即便奥古斯都坚持说他只不过是"第一公民" (princeps)，即在政治地位平等之人中间的第一公民，但他在艺术、建筑和硬币上把自己展现为"神圣的尤利乌斯之子" (divi filius)，他还大力宣传自己贵族祖先的传统，这不仅可以追溯至罗马人民之父埃涅阿斯，还可以通过埃涅阿斯追溯至女神维纳斯。除罗马之外，奥古斯都在罗马帝国的每个地方都接受那种崇拜并将他神化的做法。[①]

奥古斯都一再试图调和这种基本的矛盾——把自己描绘成白手起家的政治家与把自己描绘成神圣者之间的矛盾。这种想要和谐地把两种对立的东西调和在一起的做法，或许在第一门 (Prima Porta) 附近著名的奥古斯都塑像上有着最容易理解的体现。

---

① Simon Price, *Rituals and Power: The Roman Imperial Cult in Asia Minor*, Cambridge: Cambridge University Press, 1984, p. 84.

这个塑像结合了罗马统帅的装备和身体动作语言（斗篷、矛以及将军用以号令随从的往外伸展的手臂），以及让人注意到奥古斯都神性的元素（丘比特，这让人想到他和奥古斯都皆源自维纳斯；赤脚则让人想起英雄的赤裸；对立式平衡站姿，在古典希腊对诸神和英雄的描绘中经常看到）。① 这尊塑像体现的新古典主义的宁静及其

---

① 奥古斯都这只往外伸展的手臂可能源自希腊化时期关于亚历山大大帝的描绘；比如，可以参看收藏在德国慕尼黑的古代雕塑展览馆（Glyptothek）的那座头戴光芒四射的王冠的亚历山大铜像，此图可见于 Klaus Vierneisel and Paul Zanker, eds., *Die Bildnisse des Augustus*: *Herrscherbild und Politik im kaiserlichen Rom*, Munich: Glyptothek und Museums für Abgüsse klassischer Bildwerke, 1979,

审美上的成功,很容易让解读者认为它传达的信息没有问题。①

另一种解释可能会认为,它结合了一些元素,而这些元素的相互关系总不稳定,而且经常有失去平衡的危险。② 奥古斯都寻求的这种平衡在本质上的不稳定性,很好地体现在奥古斯都随后两位继任者截然不同的失败上:提贝里乌斯(Tiberius)在其统治早期没有很好地尊重元老院在共和国的特权,而卡里古拉(Caligula)想在罗马被人当作一位活生生的神从而被人崇拜,这种信念反而招致了人

---

p. 76。往外伸展的手臂早在奥古斯都之前就已经成为罗马人的身体动作语言的常规部分,比如,可参看收藏在慕尼黑的古代雕塑展览馆的一座罗马将军的无头大理石塑像,他的上半身铠甲有美杜莎(Medusa)、胜利纪念碑和胜利次数,大概制作于公元前70年;还可参看大概作于公元前1世纪早期的 Arringatore 铜像, no. 249 Museo archeologico, Florence, 此图可见于 George M. A. Hanfmann, *Roman Art*, New York:W. W. Norton, 1975, pl. 48, 以及 pp. 81 – 82 的描述。这种姿势作为罗马将军地位的标志的象征性价值,清晰地体现在某种 *sestertius*(古罗马的小银币)中,这种小银币展现了卡里古拉在第一门(Prima Porta)上摆的姿势,还有传说的 ADLOCUT [io] COH [ortium] or COH [ortis];见 BM-CRE, no. 33, p. 151, and pl. 28. 3. [译按] Io 是阿尔戈斯国王之女,宙斯的情人,被赫拉变成母牛。

① 如何赏析这尊塑像的和谐之美,参 Paul Zanker, *The Power of Images in the Age of Augustus*, trans. Alan Shapiro, Ann Arbor:University of Michigan Press, 1989, pp. 98 – 99(分析其脸部),pp. 245 – 252(分析其站姿,这种站姿成功而典型地折中体现了希腊化/晚期罗马共和国的传统以及新罗马的价值观)。

② Andrew Wallace - Hadrill, "Rome's Cultural Revolution", review of *The Power of Images in the Age of Augustus*, by Paul J. Zanker, *Journal of Roman Studies* 79 (1989):157 – 164, Wallace - Hadrill 没有特别评论 Zanker 关于这尊塑像的赏析,但我认为,他关于 Zanker 的说法的整体评论中有两点与 Zanker 的赏析有关。在页 162 – 163 ("3. The Reception of the Image"), Wallace - Hadrill 认为,人们对于奥古斯都的这种自我描绘的接受肯定比 Zanker 所说的更多样复杂。在页 163 – 164 ("4. Hellenization"), Wallace - Hadrill 声称, Zanker 夸大了奥古斯都时代希腊和罗马审美之间的冲突得到解决的程度,这种冲突在罗马共和国晚期的各种风格和价值观中都明显可见。

们的敌意。① 实际上，如果有人怀疑，奥古斯都这尊雕像的不同因素必然会引发不同阶层和不同个体有分歧的回应，这并非不可理喻，就像奥古斯都这个人既引发人们的过度赞美，又导致有些人想要刺杀他一样——这正是李维关于罗穆路斯的叙述所特有的含混。

奥古斯都的自我描绘具备许多李维在叙述罗穆路斯时呈现出的含混和不连贯，同样，奥古斯都的自我描绘具有的问题，也同样出现在关于文明性质的更大范围的不确定和矛盾之中，而且与之纠缠在一起。晚期罗马共和国和早期奥古斯都时代的罗马正经历剧烈变化，其中某些变化让人比较从乡村的原始主义向城市的复杂精巧转变的过程，李维就认为罗马建城的最早阶段是这样一种转变过程。罗马共和国晚期和奥古斯都时代早期是罗马城迅速发展的阶段。人

---

① 关于提贝里乌斯，可参 Levick, *Tiberius the Politician*, London: Croom Helm, 1976, p. 114:

> 我们已经看到，提贝里乌斯从他的前任奥古斯都那里继承了一种政治悖论，而且他试图通过教育他的主人们（即元老院）学会变得独立，从而解决这种悖论。但他之所以失败，是由于双方的过错。

更全面的评价，见第六章和第七章（"The Policy of the Princeps" and "Policy in Practice: The Senate and Its Members"），pp. 82 – 115。关于卡里古拉，参 Price, "From Noble Funerals to Divine Cult: The Consecration of Roman Emperors", 前揭，p. 85, 他说:

> 像盖乌斯、图密善和康茂德这样的皇帝，他们试图（或被人怀疑试图）在罗马城为他们自己谋得神一般的荣誉，都会招来人们的敌意，都会遭遇死亡。

如何解释卡里古拉想要在罗马被人当作神来崇拜的说法，最近关于这个问题的一种保守观点，参 Anthony A. Barrett, *Caligula*, New Haven: Yale University Press, 1989, pp. 140 – 153。

们普遍认为，奥古斯都曾经自夸把一座砖头建成的罗马城变成一座由大理石建成的罗马城（苏埃托尼乌斯，《十二罗马帝王传·奥古斯都传》，28）。实际上，上一代人就已经目睹了罗马城的转变。老普林尼回想起卢库鲁斯（Lucullus）的房子是当时（公元前78年）最奢侈豪华的，但三十五年后，罗马城就有一百间更加豪华的房子（《自然史》，36.109）。

私人生活领域的变化也同样出现在公共领域。变化不仅仅是建筑规模的扩大和数量的增加。罗马共和国最后几年和奥古斯都时代前几年在城市规划和城市建筑方面引入了一些重要创新。① 公元前55年，伟大的庞培为罗马的第一座永久剧院举行落成典礼，这是一座效仿弥提林（Mytilene）剧院而建的巨大建筑，作为一座神庙献给他的守护神胜利的维纳斯（Venus Victrix）。附属于它的是一座耗费巨资的花园，庞培在这座花园里展示他在东方征战期间从征服的十四个国家缴获的塑像。② 公元前46年，恺撒为其尤利乌斯广场举行落成典礼，这是第一个帝国广场，随后，一系列帝国广场落成。公元前29年，在罗马广场上落成了一座献给神圣尤利乌斯的神殿，在它旁边便是最有可能成为罗马城的第一座大理石拱门，庆祝屋大维在阿克提乌姆取得的胜利。③ 这些建筑是重新构建罗马广场的一部

---

① 关于我们下面列举的这些建筑的年份和基本信息，可参 S. B. Platner and T. Ashby, *A Topographical Dictionary of Ancient Rome*, Oxford：Oxford University Press, 1929, s. vv。

② 在公元前17年之前，罗马第二座重要的剧场即马尔策卢斯剧场（theater of Marcellus）正准备投入使用（尽管还没有正式举行落成仪式）。它位于恺撒为建立一座剧场而清出来的一处地方，本来恺撒准备建立这座剧场，但他没能活到那个时候。

③ 关于罗马城里以前建立的拱门的性质，参 Axel Boethius, *Etruscan and Early Roman Architecture*, 2nd ed. (New York：Penguin, 1978), p.149。

分，为把罗马广场重建为"尤利乌斯家族的旅游胜地"。①

就在同一年，陶儒斯（Statilius Taurus）的环形剧场建成，这是罗马第一个永久环形剧场。公元前25年前，阿格里帕（Agrippa）建成了罗马城第一个重要的公共洗浴场所，这个建筑群最终不仅包括浴场本身，还包括公共花园和一个大型的人工湖，湖水是由一条新建的引水渠提供的，这条引水渠在公元前19年建成，名为维尔戈水渠（Aqua Virgo）。

私人和公共领域的急剧发展，不只是意味着简单地重新装饰罗马城。这相当于在根本上重新构想城市是什么以及城市意味着什么，因为最引人注目的建筑活动，无论私人的还是公共的，在很大程度上都是那个时代政治上的"豪门望族"负责的事情，而且实际上是表达他们对政治卓越的竞争。在这个阶段最引人注目地负责改造罗马城的政治领袖，是那些人们普遍担心可能会私自称王的领袖人物。因此，罗马不只发展成一个重要的政治中心，它更是帝国的中心和已知世界伟大的丰碑之一，这种发展直接与罗马共和国的动摇瓦解有关，也与比以前更清楚地出现的君主制和僭政的可能性直接相关。②

城市的这种转变也为一种看待乡村和乡村生活的新观念提供了舞台。随着愈发明显地城市化，罗马不仅更清晰地成为帝国权力的所在

---

① 这是Zanker的概括，*The Power of Images in the age of Augustus*, p. 79; 同时参见Zanker, pp. 80 – 82。

② 最近一篇关于罗马共和国晚期和奥古斯都时期的罗马城发展的评论文章是Diane Favro, "Pater urbis: Augustus as City Father of Rome", *Journal of the Society of Architectural Historians* 50 (1992): 61 – 84。Favro从一个有些不同的角度得出了一个非常相似的结论：在公元前40年代之前，台伯河边的罗马城正在经历几种同时发生的转变。由于个人获得了前所未有的政治权力，这些个人开始把自己等同于国家。罗马成为他们个人掌握之物……随着罗马人建成了一个帝国，罗马就从联盟中的一个城市摇身一变为首都 (p. 71)。

地，也是个人权力的所在地，因此，意大利乡村被更加明确且持续地想象为不同可能性的储存地。在这个时期的文学著作里，城市和乡村之间的两个突出的对比反复出现。首先，乡村生活被描绘成一种相对城市生活来说简朴纯真的生活，尽管这种简朴和纯真可能以许多不同的形式构想，而且，唤起乡村生活也有可能只是为了批判乡村生活。① 第二，乡村被视为平等主义共同体的所在地，与城市形成对比，因为城市是集中在个体身上的权力的所在地。② 在李维笔下，那对孪生兄弟长大成人的想象世界与其之前和之后的城市文化的观念的对比中，都已经体现了这两个主题。

乡村的平等主义和城市的独裁统治之间的对比，在李维前后的同时代人的著作中比较常见。我们只需想想维吉尔《牧歌》(Eclogue)第一首，这首诗里，城市被视为暴力的源头，这种暴力扰乱了乡村的秩序和稳定，但同时，城市还是年轻救世主的家园，乡村牧人都依赖其权力和善行。相比之下，乡村是欢庆和创造共同体的歌曲所歌唱的地方。③ 我们可以参考贺拉斯（Horace），在他的诗里，乡村盛行轻松自在、毫无架子的平等主义，与之形成鲜明对比的，是他对城市生活速描中呈现的个人权力弥漫性的魅力。比如：贺拉斯回忆了他的萨宾农场里志趣相投的交往（《讽刺诗集》, 2.6），同时他又漫画式地刻画讽刺了那些想要被引荐给有权有势的迈刻纳斯（Mae-

---

① 罗马共和国晚期和奥古斯都时代早期的著作对乡村的理想化处理，参 Eleanor Winsor Leach, *Vergil's "Eclogues"*: *Landscapes of Experience*, Ithaca, N. Y. : Cornell University Press, 1974, pp. 25 – 69。关于这个时期对待乡村和乡村生活的多样态度，参拙著，*Vergil's "Georgics"*: *A New Interpretation*，前揭，pp. 1 – 63.

② 关于乡村的这种观念并不是罗马人思想的一种永久的因素。比如说，可以对比小普林尼，他更喜欢自己的劳伦图姆（Laurentum）乡下庄园的独享清静而不是那种欢快友好的气氛：我只和我自己以及和我的小书对话（《书信集》, 1.9）。

③ Paul J. Alpers, *The Singer of the "Eclogues"*, Berkeley: University of California Press, 1979.

cenas）的粗野之人（《讽刺诗集》，1.9），或不断纠缠迈刻纳斯以打听元首的消息和政策的好事之人（《讽刺诗集》，2.6.47－58）。①

从这个角度来看，如奥洛林（Michael O'Loughlin）所言，在《讽刺诗集》（1.5.1－2）里，贺拉斯甚至能够把一项重要的政治任务（签订《布伦迪西协定》[Treaty of Brundisium] 的政治家之间的会面）转写成友人交往的场合，这种场合因"离开堂皇的罗马"转向简朴的乡村生活（"我在阿里契亚暂驻，驿馆不起眼"）才有可能实现。② 我非常清楚，对于贺拉斯而言，所处之地不如心境重要（比如《书信集》[Epist.]，1.7）。然而，他的诗歌向来传达出的感觉是，城市颠覆内心平静而乡村有助于内心平静：

> 小地方适合小人物：宏伟的罗马我已经不喜欢，我更爱空旷的提布尔（Tibur）、闲逸的塔伦图姆（Tarentum）。（《书信集》，1.7.44－45）③

---

① 至于贺拉斯关于城市和乡村最全面和最经久不衰的对比，参《讽刺诗集》，2.6。

② *The Garlands of Repose*: *The Literary Celebration of Civic and Retired Leisure*, Chicago: University of Chicago Press, 1978, p. 90；更充分的讨论，参 pp. 76－154。M. J. McGann, "The Three Worlds of Horace's Satires", in *Horace*, ed. C. D. N. Costa, London: Routledge and Kegan Paul, 1973, pp. 59－93, McGann 论证说，贺拉斯的《讽刺诗集》里有一种交际的等级，这种等级从"机会主义和竞争的单调乏味的世界"上升至迈刻纳斯的圈子，最后上升至贺拉斯的萨宾农场所代表的交往（pp. 66－71）。

③ 如 O'Loughlin 的简洁论断：

> 在贺拉斯的考虑中，没有什么比看到下面这一点更重要——乡村场景的重要性不在于一个特别风景如画的场所的独特魅力，而在于它对诗人内在现实的影响，即如他在写给他的农场管理者的信中所言，它具有让他回归自我的能力。（《书信集》，1.14.1）

西塞罗关于哲学主题和修辞主题的对话，总是被描写成对话者之间志趣相投的观点交流，这些对话者以尊重和礼貌相待，尽管他们的观点可能非常不同。西塞罗经常把这些对话明确安排在一座乡村庄园。① 比如在《论共和国》（*De republica*）中，西塞罗把一群更早之前的政治家之间的讨论安排在一座乡村庄园，他们象征了共和主义精神，以一种庄重和热情友好兼而有之的方式交流想法。② 但他们关于理想国家的主题讨论之迫切，却令他们逐渐关注某个政治家的看法，这个政治家的核心地位和个人影响力超出了罗马共和国的自由（libertas）的限制（《论共和国》，5）。西塞罗写作其大部分对话时所处的环境与对话里面的乡村庄园环境形成一种反讽式的对应：写作大部分对话时，西塞罗被迫或自愿放逐，远离城市和恺撒主宰的政治生活。③

---

见 O'Loughlin, *The Garlands of Repose: The Literary Celebration of Civic and Retired Leisure*, 前揭, p. 118。[译按]中译参李永毅译文。

① 比如《图斯库路姆论辩集》（*Tusculanae disputationes*），《论命运》（*De fato*），《学园派哲学》（*Academica*），《论预言》（*De divinatione*），《论法律》（*De legibus*），《论演说家》（*De oratore*）。

② 我认为西塞罗描写的对话发生在乡村庄园，这个看法是基于西塞罗提到对话者的座位是在一块"小草坪"阳光最充足的部分（《论共和国》，1.12.18），这种背景似乎和城里的房子（domus）不搭。类似的是，《布鲁图斯》的发生背景很可能应该被理解成乡村，因为西塞罗在那里提到自己在他的 xystus[露天凉台]散步，xystus 是一片用于散步和锻炼身体的户外场地（*Brut.* 10）。

③ 西塞罗分别在公元前54年和52年写作其《论共和国》和《论法律》，当时的罗马政坛由恺撒、庞培和克拉苏（直到他死于公元前53年）三人组成的前三巨头掌控。在此期间，西塞罗在政治上的出现非常有限，而且主要是不情愿回应来自三巨头施加的压力。西塞罗的绝大部分哲学著作都写于一个非常短的时期，即在他女儿图里娅（Tullia）在公元前45年2月去世之后他完全不理政治起，到他在公元前44年9月在元老院面前发表《反腓力辞》为止。这个阶段始于恺撒延期的独裁官执政时期，终于恺撒被刺的六个月之后。

利用乡村作为共和价值观的复原之地，有助于引起或增强这种感觉——共和国与君主制之间的对立不只是政制问题，还涉及关于文明本身的相互竞争的模式，正如文明本身可能以不同的方式体现于城市和某种类型的乡村生活之上。换言之，城市和乡村之间的对立，不仅有助于把共和国与君主制之间的选择界定为一个与政制形式有关的问题，还有助于将其界定为一个与生活方式以及文化价值有关的问题。这就让共和国与君主制之间的选择更加复杂，因为它把城市视为权力之地，把乡村视为德性之地。因此，政治家不得不以某种方式结合这两种对立的生活方式，结合城市的精巧和乡村的简朴。城市德性和乡村德性的对比，还隐含着共同体以及文明本身的相互竞争的模式。成为一个真正的罗马人，结合权力和德性，结合精巧和简朴，结合城市生活和乡村生活，这些已经逐渐暗示了同时认可各种关于文明的不同观念。

我认为，我们可以在下面这种对比中感受到由此而来的必然压力。一方面，奥古斯都的陵墓作为纪念碑呈现出奢华的自我宣传，另一方面，他个人生活方式之简朴却极为夸张：他在帕拉丁山上的房子简单朴素；他坚持要求他的女儿和外孙女学习罗马传统女性的针织活动；他孜孜不倦地关注外孙的教育，履行传统的父辈职责。[①]

乡村和城市之间的对比在另一方面也是成问题的。城市的财富、权力和价值观对乡村的渗透已经很深，甚至乡村权力等级的

---

[①] 奥古斯都的陵墓，参 Zanker，前揭书，图片58和59，页74；与古代其他的陵墓比较起来，Zanker 提供了奥古斯都陵墓规模的夸张尺寸；他在帕拉丁山上的简单朴素的房子，参苏埃托尼乌斯，《十二罗马帝王传·奥古斯都传》，72.1；教育他的女儿和外孙女，见《十二罗马帝王传·奥古斯都传》，64.2；教育其外孙，《十二罗马帝王传·奥古斯都传》，64.3。

两极悬殊可能比城市还要明显,这个等级的一端是乡村中大型奢华庄园的财主,另一端则是监狱中被铁链锁在一起做苦力的囚犯。瓦罗(Varro)建议人们雇佣住在附近的农民,帮忙完成那些可能对自己的奴隶不健康或负担过重的农活,这足以说明意大利农民的品质下降(《论农业》,1.17.3),正如撒卢斯特(Sallust)把农耕和狩猎说成"奴隶的工作"(《喀提林阴谋》,4.1)。在更大范围的罗马历史内,正如在奥古斯都自己的个人生涯中,天平倾向于君主制、城市和城市的精巧;在罗马共和国晚期和奥古斯都时代早期,文学作品的典型特征是构想不同的乡村生活,但这种试验很快就结束了。而李维撰写前五卷的时期(无论我们如何界定其写作日期),正是这种试验的巅峰阶段,当时,关于城市共同体和乡村共同体的理想相互竞争,而同时代的思想就从这些竞争中造就了罗马人身份所包含的德性和特质。

## 五

前面的讨论可以让我们得出几个一般的结论。首先,我观察到李维叙述中的那些矛盾,并非李维粗心大意导致的后果,也不是他随意地、未经思考地使用史料所致,比如说,"来源研究"(Quellenforschung)就经常如此责备李维。恰恰相反。它们直接与李维系统地强调一种彻底的自足性主题有关,而这种自足性不是以继承而来的品质为基础,它的出现和发展恰恰是因为,要在文明的社会和经济边缘生存,这是一种残酷的要求。如我们所知,在李维详细阐述这一主题时,矛盾随之而来,一部分原因在于,与罗穆路斯及其罗马建城的已有传统相比,这一主题中某些基本方面很不符合。这种不相容让我们回想起本文开篇引用的奥比耶斯克勒(Gananath

Obeyesekere)的说法——神话激起争论,而且代表着过去争论的沉淀,① 因为李维虽然强调彻底的自足性,但并没有给罗马建城的故事引入全新的主题,毋宁说,如我们所知,它有选择地放弃或详细阐述那些已经存在的因素。

此外,在李维同时代的罗马人中,在关于罗马伟大的独特性质和起源的争论,以及关于那些决定罗马贵族统治阶层的身份条件的争论中,李维更为系统地突出彻底的自足性,这种做法本身就代表一种独特的立场。我们可以稍微注意一下,狄奥尼修斯和普鲁塔克各自叙述中不同的侧重点如何与他们所处的环境一致,这样,我们或许可以更好地理解李维叙述中对背后特定利益指向的关注。李维同时代的希腊人狄奥尼修斯以希腊语写书,面对对象是希腊贵族。狄奥尼修斯叙述的整体语调是辩护性的,要表明罗马和罗马人配得上进行统治。② 我

---

① 奥比耶斯克勒继续说道:

不过,并非所有神话都有这个特性。比如说,那些与一个群体的民族身份密切相关的神话可能会排斥争论,那些构成某种宗教秩序或政治秩序的毋庸置疑的基础的神话也同样如此。

② 参 *The Work of Culture*, The Lewis Henry Morgan Lectures, 1982, Chicago: University of Chicago Press, 1990, p. 133, 但他随后修正了这种说法:

我指出过,对一个群体的起源和民族身份来说,具有根本界定意义的神话几乎不让人讨论,除非由于历史上的人世变迁,人们面临着与他们的起源和身份相关的严重问题。(p. 147;强调为笔者所加)

奥比耶斯克勒的修正显然适用于罗马共和国晚期和奥古斯都时代早期的罗马人,他们正处于(重新)界定自己与希腊文化的关系的过程中,同时要与一种政治秩序的消亡和一种新政治秩序的出现达成妥协。狄奥尼修斯的听众及其偏见,参上文页16,注释1。

们知道,狄奥尼修斯欣然接受罗穆路斯是半神的建城英雄的观念,李维一直在试图削弱这种观念,但在希腊世界中,这种观念却相当为人接受。与其说狄奥尼修斯突出不同之处,毋宁说,他强调希腊贵族世界和罗马之间的相似,尤其强调罗马及其建立者的城市品质而非乡村品质。

普鲁塔克在一个半世纪之后开始写作,当时,不仅罗马城而且罗马统治都正在变成世界性的,意大利人和罗马人之间的文化差异不再显著,而且意大利人获得政治职务也不再是紧迫的问题,城市生活已经被明确视为罗马文明的特征,关于乡村生活的性质和角色的争论不再是重要问题,君主制已经被牢牢确立为罗马统治的形式,除罗马城之外,罗马皇帝的神性在罗马帝国各个地方已经在崇拜中为人接受。普鲁塔克本人就来自一个希腊贵族家庭,其家庭成员早就习惯把他们的起源追溯到诸神和英雄,其中的许多人——比如他自己,已经完全融入罗马社会和统治的最高阶层。

普鲁塔克是希腊罗马贵族社会内部的一员,一般而言倾向于支持关于其传主的正面而非负面传说,他的立场体现在他的叙述中。[①] 普鲁塔克承认罗穆路斯的传说(他杀了瑞穆斯)存在一些负面说法,但他并不同意这些说法。在比较忒修斯(Theseus)和罗穆路斯时,普鲁塔克坚持认为,罗穆路斯比忒修斯更胜一筹,因为

> 罗穆路斯从最卑微的出身而跃居显位,尽管[他和瑞穆斯]

---

① 普鲁塔克的社会地位及其和他的叙述的关系,参 C. P. Jones, *Plutarch and Rome*, Oxford: Clarendon Press, 1971,尤其是第五、六、十、十一和十三章;普鲁塔克支持正面传说的大体倾向,参 p. 94。普鲁塔克大体上倾向于把罗马政治简化为元老院和民众的斗争,这可能进一步说明普鲁塔克对意大利的新人的问题不感兴趣,参 C. B. R. Pelling, "Plutarch and Roman Politics", in *Past Perpectives*, ed. J. S. Moxon, J. D. Smart, and A. J. Woocclman, Cambridge: Cambridge University Press, 1986, pp. 159–187。

都被视为奴隶和猪倌之子,但他们在自己获得自由之前,几乎解放了所有拉丁人。(《罗穆路斯传》,33.1-2)

然而,在《罗穆路斯传》中,尽管他承认有些作家怀疑关于罗穆路斯早年生活的流行说法,普鲁塔克自己却明确赞同其中的"戏剧性的虚构因素",因为

> 没有不相信的必要,因为我们看到机运创造出何种伟大的事物,如果罗马人的起源并不神圣,而是既不伟大又不突出,那么,罗马人的事业就不会取得如此这般的权力。(《罗穆路斯传》,8.9)

普鲁塔克突出了罗穆路斯继承而得的卓越(他的高贵出身),而且(如前所述)认为城市而不是乡村在罗马及其建城者的发展过程中有深远影响。那么,相比之下,我已经注意到的李维叙述中的张力和不一致,可以被看成出于适应某种特定的政治和思想观念状况的目的,这种状况是一种本身就已够复杂的传统。由于李维的叙述明确承认关于罗马建城的传说中存在不同因素,即便李维更倾向其中的某些因素,这些张力依然更加明显。① 我认为,叙述主题和传统材料之间的复杂关系所导致的问题,同奥古斯都的自我形象隐含的问题有许多相似之处。

---

① 这种明确承认传说中的多样性的做法,在我此处思考的与传说相关的/历史性的叙述中非常常见。然而,这并不是理所当然。参 Rambaud, "Une défaillance du rationalisme chez Tite-Live?", pp. 21-30; Rambaud 指出,西塞罗的做法立下了明确的先例:他不谈那些与他自己在《论共和国》(2.1-40)中关于罗马建城的十分理性化的分析不一致的某些传说。然而,我不同意的是:Rambaud 对比西塞罗和李维,尤其对比他们各自保留或排除"传说"的做法,得出看法认为,这表明了李维"想要在罗马的发展过程中证明神圣意旨所取得的成就……从一开始由诸神确定的历史宿命所取得的成就"(p.29)。

李维叙述中典型的张力和不一致，可以被视为修辞上的比喻表达（rhetorical figuration）问题。身为建城者，罗穆路斯起到一种以部分代表整体的作用：罗穆路斯的个人品质体现并且生动表达了罗马人的集体特征。在罗马与其他共同体的关系上，把罗马共同体理解成一个自足的、白手起家的共同体，这样做很可能大有裨益。但现代学术研究得出结论认为——我认为是正确的——国家就其定义而言就是复杂的，并且按等级划分。① 把这种集体性等同于一个个体，而这个个体力量的独特来源是城市之外的社会边缘，这很可能包含一种悖论，因为既然国家与一个个体相关，那么，这个个体在政治等级中的出现又必然有问题。国家的独特德性最终被视为那些源于国家之外的品质，而且这些品质本身又依赖于那些与国家对立的条件。因此，就罗穆路斯成功建城而言，他摧毁的正是那些可以解释其非凡权力的条件；就他的国家扩大和在内部不断集中权力而言，它丢弃了它卓越的独特来源。②

我们已经看到，在李维的叙述里，这个过程发生得非常快，而

---

① Paul Wheatley, *Pivot of the Four Quarters: A Preliminary Inquiry into the Origins and Character of the Ancient Chinese City*, Chicago: University of Chicago Press, 1971, p. xviii, Wheatley 从关于早期城市的对比研究中得出结论，在每一种情况下，城市生活的特征在于

> 一套特定的在功能上密切协调的制度……意在……调节那种从相对平等的、归属性的和家族结构的群体转变成在社会上分层的、在政治上有组织的和以领土为基础的团体的过程。

② E. Dutoit, "Thème de La force qui se détruit elle – même (Hor., *Epod.* 16.2) et ses variations chez quelques auteurs latins", *Revue des études latines* 17 (1939): 365–373; Dutoit 研究了古典拉丁文学中对这种观点的明确表达，其中包括李维史书前言的第四小节（还涉及 7.29.2），他认为这是对罗马共和国晚期内战的特别回应。

且，对这对孪生兄弟的生活的理想化处理——在他们的生活被"对王权的欲望"破坏之前——强化了我们对这个过程的认识。前面的讨论至少暗示了理解这种关于前罗马乡村生活的两种理想化处理方式。这在某种程度上可以被理解为罗马贵族对剧烈变化的回应，他们自己对这种变化负有责任，换言之，可以理解为近来所谓的"帝国主义者的怀旧心态"（imperialist nostalgia）。① 这种怀旧心态对已逝之物表示悲伤和尊重，由此而拒绝为过去的价值观和生活方式的破灭承担责任。今天，我们非常熟悉这种心态，比如，殖民者对已经被他们自己的殖民活动破坏的殖民地当地生活方式的渴望，如美国人对美洲当地人或欧洲拓荒者的"简单"生活的渴望。由于这种怀旧心态并非没有利益驱动，毋宁说是受到某种需要——为尊重过去进行解释、辩护和作证明的需要——的驱动，因此，它会使人倾向于夸大过去的种种德性。

在李维的叙述里，我们发现了对过去的理想化处理，我们也可以这样理解，在一个巨变的阶段，罗马人在努力为传统价值寻找位置——或为试图借助传统来推行的某些价值寻求位置，而对过去的理想化处理便属于这种更大的努力。就此而言，在李维同时代人的著作中，我们发现，对过去的理想化以及对乡村生活的理想化处理可谓相辅相成：前者是时间性的，后者是同样的理想和问题在空间上的投射。② 二者都承认"传统"价值和生活方式的压倒性力量。

---

① 这个概念以及最近关于它的一些讨论的回顾，参名为"Imperialist Nostalgia"的那一章，收于 Renato Rosaldo, *Culture and Truth*, Boston: Beacon Press, 1989, pp. 68 - 87。

② 关于时间上的和空间上的投射潜在的相互补充作用，我特别感谢 Jonathan Z. Smith，尽管他在一种不同于我的语境中阐明这种相互补充的性质。参 Jonathan Z. Smith, *To Take Place: Toward Theory in Ritual*, Chicago: University of Chicago Press, 1987。

在空间上，这体现在把城市描绘成权力中心，把乡村描绘成城市开发的受害者或者隐退生活之地。① 在时间上，这体现在可疑的人为制作替代了更早的纯真。因此，在罗穆路斯和瑞穆斯受"对王权的欲望"支配之前共同的生活，发展到罗穆路斯建城，预示着后来从共和国到衰落的发展过程——李维在前言已有前瞻。

类似地，时间上和空间上的投射都承认，它们对所拥抱的另一种选择持有矛盾的态度。这种矛盾态度在空间上的体现是，城市居住者声称对乡村生活的向往，但同时又向乡村庄园引入城市的品位和生活方式。在时间上的体现则是，看待问题的角度随着时间的变化而变化。在李维的叙述中，我们已经看到，我们从作为社会模范的乡村原初生活推进到罗穆路斯的城市，然后再回顾性地评价罗穆路斯的君主制，并称之为混乱无序的乡村生活所必需的妥协。

尽管我们可以把这两种模式——空间和时间模式——理解成两种不同的方式，它们投射了同样的含混和相互矛盾的价值观，但是，我们也应该认识到它们有程度不同的结果。空间上投射思想观念的矛盾，这提供了选择，或至少提供了选择的错觉，即便每种选择都有它自身的局限性：前文已经提到，贺拉斯把城市的权力放在乡村的宁静和德性的对立面。时间上的投射则引人给出不同的回应。用一种选择替代另一种选择，会给下判断造成压力：事情正在变得更好还是变得更坏？它鼓励人们把现在这一刻置于一个连续变化的过程中。它把不同选项之间的选择推迟到未来，而且在这样做的时候，它也坦承，做出选择实际上是否可能都还是个问题。

在李维这里，这个问题含蓄地体现在作者前言刻意的含混之中。李维在前言中说道：

---

① 尤其参见 O'Loughlin, *The Garlands of Repose*: *The Literary Celebration of Civic and Retired Leisure*，前揭，p. 90，更充分的讨论，参 pp. 76–154。

> 然而，或是对我所承担的任务的热爱蒙蔽了我，或是从未有过一个更为伟大、更为神圣、有更多好榜样的共同体，贪婪与奢侈从未如此晚地潜入某一城邦，其中对清贫与素俭的尊崇从未如此巨大、如此长久地存在。诚然，财富愈少，欲望愈少；晚近，经由败坏与毁绝一切的奢靡和纵欲，财贿招致了贪婪，而泛滥的逸乐招致了欲望。（前言，11-12）

这些说法清楚地表明，在李维看来，罗马已经或者至少可能失去了其独特的卓越的来源，而且最终屈服于那些恶行，这些恶行逐渐削弱了此前所有强权的完整和生命力，导致新的强权不断替代旧的强权。不过，这是一个需要留待最终决定的问题。财富和逸乐的泛滥是最近出现的现象。李维使用完成时时态来表达罗马的好榜样的持续时间之长，也用完成时时态来表达这些最近出现的恶行，这表明古老的德性可能在新的毁灭性情况下继续存在。这种情况最终会如何解决，尚不确定。

这种不确定性还进一步体现在前言反映出的逃避主义态度与实用主义态度之间的张力上。一方面，李维对比了两种态度：那些只对当代事务感兴趣的人持有不耐烦的心态，他自己则因全神贯注追思更美好的过去而获得快乐：

> 与此相反，我还谋求这一劳作的酬报：至少当我全神贯注地追思那些古老事迹时，我可以避而不见我们时代这么多年来所目睹的种种灾祸，全然避开那些忧忿，这些忧忿即使无法令著述者的心神偏离真相，也仍能够使他心神不宁。（前言，5）

尽管面对罗马当下的种种问题时作者心灰意冷，但他让读者注意他的主题：

从中你要为你自己与你的共同体择出那些你当效法之事，[亦]从中择出那些你当避忌的恶始恶终之事。(前言，10)

这种态度至少保留了这种可能：如果人们愿意向过去学习，当下的恶可能终究不是无可救药的。这两种面对过去的态度（逃避或模仿）的共同出现，由于暗示着对待未来的两种不同的态度（无可救药或有希望），更让人觉得罗马人的身份特征这个最终问题尚未完全解决。①

我希望我已经说明了，我之所以得出这个结论，是因为有人不断地试图在关于罗马建城的叙述中详细阐述当代的思想观念主题，而且这个结论反映出某些不可避免的矛盾，这些矛盾内在于那种试图让传统的内容适应当代思想观念的做法之中——比如，在新人的理想（它强调自足性）与罗穆路斯的传统故事中的神性祖先和超自然的介入之间存在的张力。这种关于罗马人身份的不确定性同样体现在这一点上：李维的叙述包含了某些因素，这些因素似乎有意承认罗马当代各种思想观念的较量中内在的含混、不确定性和矛盾，比如，李维说罗穆路斯的统治可能是一种僭政，或者说是这对孪生兄弟"对王权"的欲望（这是一种外祖父辈的邪恶）。因此，这种含混、不确定性和矛盾共同反映出的，并不是李维作为一个思想者的失败之处，而是他在尽力理解其时代盛行的各种思想观念时的深度和坦率。

---

① 关于李维叙述中的不确定性的另一种不同说法，参 John Henderson, "Livy and the Invention of History", in *History as Text*, ed. Averil Cameron, Trowbridge：Duckworth, 1989, pp. 66 – 85。

# 《埃涅阿斯纪》与罗马的建构

托尔(Katharine Toll) 撰
杨美姣 译 周 行 校

较之于对奥古斯都的描述,维吉尔对罗马人的看法、对塑造了罗马民族性格的品质或信念的看法,对他的诗歌有更加重要的影响。如果局限于《埃涅阿斯纪》中维吉尔对新任统治者及其政权的态度,我们对这首诗歌的规模、范围及其追求的认识就会受到限制。为了探究《埃涅阿斯纪》关于罗马(Roman - ness)建构的观点,我将坚决不会把奥古斯都考虑在内。维吉尔谨慎地将罗马的建构看作一个开放的范畴,没有人能够解释清楚这个范畴或者勾勒其范围。因此,建构罗马的意义不得不,且也只能依赖于无数罗马人的前赴后继。拙文所要指出的是,想要了解建构罗马这一宏图伟业,我们可以将维吉尔的诗歌作为参考。

首先,为什么是埃涅阿斯?在维吉尔以及他最早的读者所处的历史环境中,什么因素激发他写下这部关于祖先故事的作品,并选择特洛伊人埃涅阿斯作为主人公?是什么样的考虑让他认为,当时是一个恰当的时机,能够取代罗穆路斯这个形象,为罗马的建城创作一个新故事？我认为，维吉尔可能觉得，当时古罗马人民族身份的发展正处在一个极其关键的形成时期，他希望自己的诗歌能够对此有所体现。因此，他的《埃涅阿斯纪》谋篇布局巧妙绝伦，以此帮助罗马人去思考，拥有一个新的民族身份所代表的责任、难题、危险和可能出现的情形。这种民族身份在哪种意义上可以上称之为"新"？① 为什么埃涅阿斯是处理这一问题的合适人选？

当维吉尔创作《埃涅阿斯纪》之时，罗马意大利（Roman Italy）时期民族身份之所以被视为"新的"，一个理由就是，意大利的统一（以及意大利之外的罗马公民的统一）是新近之事，根基尚不稳固：回溯到公元前90年代，他的读者那一代、他们的父母以及祖父母那一代，都备受越发频繁的残酷内战的摧残与折磨。不管怎样，维吉尔那一代见证了大崩溃最终的结束，而今，他们正在开始谨慎而略带怀疑地考虑重建问题。几乎每一种对《埃涅阿斯纪》的阅读，都会考虑到史诗创作时的社会环境这一事实。刚开始，我们会极其频

---

① 拙文之所以使用"民族"（nation）和"民族主义"（nationism）两个词语，因为我意识到，罗马与现代国家在形成机制方面和内在的一致性本质方面都不相同，这样二者就不会混淆。我用这两个词语描述罗马，旨在指出罗马人感受到的紧密关系和他们之间的团结一致，而且，绝大部分罗马人都认可并尊重这些特质。关于现代国家，请参安德森（Benedict Anderson），*Imagined Communities*: *Reflections on the Origin and Spread of Nationalism*, London, 1983（［译按］中译参吴叡人译，《想象的共同体：民族主义的起源与散布》，上海：上海人民出版社，2005）；关于公元前1世纪罗马的民族主义概念，参 Madeleine Bonjour, *Terre Natale*: *Etude sur une composante affective du patriotisme romain*, Paris, 1975; Gary B. Miles, *Livy*: *Reconstructing Early Rome*, Ithaca, N. Y., 1995。拙文意图传达一些我对罗马民族主义特殊之处的看法——这在《埃涅阿斯纪》中已现其端倪。

繁地想要发现，从维吉尔对奥古斯都重建罗马①的态度中能得出什么结论，而不是关注维吉尔的读者如何把自身重建为一个民族，②但无论如何，二者之间关联紧密。

认为《埃涅阿斯纪》刻画了一个"新"开端的第二个理由是：最后一次庆祝世纪节（Ludi Saeculares，为了庆祝一个世纪的终结并预兆着下一个世纪的开启）是在公元前146年，因此，典礼和他们将会铭记的新时代的开启，会在维吉尔写作的公元前20年代如期而至。③ 实际上在那一代人里，基督徒不久就迅速接受了千禧年的狂热，不过其来源十分驳杂。伊特鲁里亚预言家伏尔坎尼乌斯（Vulcanius）——还有一些其他人，④ 都认为恺撒被刺之后出现的彗星是一个新的永恒世代开端的预兆。⑤ 新毕达哥拉斯派哲人们一直在讨论，随着新年的到来，会出现全人类的下一个千禧年。⑥ 在公元前43年，

---

① 最近关于这一问题的有益研究，参 S. J. Harrison, *Oxford Readings in Vergil's Aeneid*, Oxford and New York, 1990, pp. 1 – 120; W. R. Johnson, *Darkness Visible*, Berkeley, 1976, 该书第一章也有宝贵的参考价值。

② Bonjour 是一个重要的例外。例如：

> 由于当时一些虔诚的信徒将爱国主义概念破坏得支离破碎，所以存在一个普遍的需求来重新阐释这一概念，重新统一意大利的利益和罗马公民事务。这是奥古斯都的政治任务。但是在情感基础上的重新整合呢？在文学领域，除了李维做出的崇高努力，就是维吉尔的作品了。（前揭，页475）

③ 参 James E. G. Zetzel, "ROMANE, MEMENTO: Justice and Judgment in *Aeneid* 6", *TAPA* 119, 1989, pp. 276 – 282。

④ 在他们之中，也许也有维吉尔本人，参《牧歌》9.46 – 49。

⑤ 《牧歌》9.47 提到了 Servius。参 Scott, *The Sidus Iulium and the Apotheosis of Caesar*, *CP* 36: 257 – 72, 1994, 尤参 p. 258 – 259。

⑥ Jerome Carcopino, *Virgile et le mystère de la IV Églogue*, Paris, 1930, pp. 30 – 37.

硬币成了一个新的黄金时代的象征。① 最后，随着春秋分的变动，太阳渐渐地从白羊座向双鱼座移动，维吉尔那一代人全都期盼着划时代的变化。

此外，这里要强调一个与维吉尔本人更加相关的特征，因为在思考维吉尔如何构思创作《埃涅阿斯纪》时，这是一个重要但总被忽视的因素：我们不能确认，维吉尔是否生来就具有罗马公民资格。此外，完全肯定的是，至少就行政区划而言，他并非生来就是意大利人；在他出生之时，维吉尔的家乡——波河彼岸（Transpadane）还不是意大利的一个行政区，而只是罗马的行省，名为山南高卢（Cisalpine Gaul）。公元前80年代，斯特拉波（Gnaeus Pompeius Strabo）许诺给波河彼岸地区的古拉丁殖民地人民完整的罗马公民权，给予当地的城镇居民拉丁公民权。如果我们能够知道，维吉尔是出生于一个殖民地（colonia）或者是依靠他的家族获得了公民权的话，我们就会知道他是否生来就拥有公民权。如果他并非生来具有公民权，那么，依照公元前49年恺撒时期通过的一位保民官提出的法律，维吉尔也会在二十一岁获得罗马公民权。直到七年以后，即公元前42年征服腓利比之后，② 屋大维将意大利扩张到阿尔卑斯山脉，也许从官方对罗马人定义的角度，同时根据他对山南高卢的看法，维吉尔成了意大利人，其实他也

---

① A. Alfoldi, "Der Neue Weltherrscher der Vierten Ekloge Vergils", *Hermes* 65, 1930, pp. 369–384.

② 关于这些事情发生的日期和证据，参 G. E. F. Chilver, *Cisalpine Gaul: Social and Economic History from 49 B.C. to the Death of Trajan*, Oxford, 1941, pp. 7–15。关于公元90年之前波河北岸那些殖民地，参 P. A. Brunt, *Italian Manpower 225. B.C. – A.D. 14*, Oxford, 1971, p. 168。曼图亚并不在那些殖民地之列。

一直觉得自己就是意大利人。①

需要牢记的是，大部分半岛居民和某些行省居民也是刚获得罗马公民权；② 如果维吉尔刚刚成为罗马公民，那么，这正是他与其大部分早期读者之间的共同之处。在同盟者战争③爆发期间及稍后

---

① 参 Douglas Little, "Politics in Augustan Poetry", *ANRW* Ⅱ.30.1, 1982, pp. 254 – 370：

> 因为没有出生在城市的罗马人那种狭隘独特的视角，维吉尔能感受到意大利内部本质的统一性，也能感受到恺撒对此的认知。他对恺撒的解放法令比较欣赏的部分是，法令中彰显的宽宏——给维吉尔了解意大利和罗马过去的情况提供了更加广阔的视野。在政治统一中，他能体会到一种自然正义。(p. 258)

② 关于外国的罗马公民（不管是以前的还是现在的），请参看 P. A. Brunt, *Italian Manpower 225 B. C. – A. D. 14.* 前揭, pp. 204 – 265；尤其是关于罗马的外国新移民，请参看 E. Badian, *Roman Imperialism in the Late Republic.* Ithaca, N. Y. 1968 ch. 5。

③ 参 E. Gabba 的综述, *Republican Roma, the Army and the Allies*, P. J. Cuff trans., Oxford, 1976, p. 123：

> 罗马共和国时期最后一个世纪发生的意大利同盟战争的根本重要性在于，直到那时还一直是罗马公民的身份问题的那些政治问题，本质上已经变成了意大利人的身份问题。如果问题本身没有改变且没有成为整个罗马政治事件的话，这一发展变化就不会产生，因为新人（novi cives）的引入没有也不可能按照罗马之前实行过的政治发展模式的轨迹发展。

Friedrich Klingner (*Römische Geisteswelt: Essay zur lateinischen Literatur*, Stuttgart, 1979, pp. 23 – 25) 讲到，直到那场战争之后，除了卡图，没有人可以感受到一种可以称之为意大利的观念，并且正是在那之后的那一代人中，一些罗马人才开始思考他们的身份问题以及生存的要义。他说，虽然西塞罗、小卡图、塞勒斯特、瓦罗彼此之间思想各异，但是在这个问题上他们能达成共识，在这方面，奥古斯都时代的史学家和诗人都是他们的追随者。

不久，随着大量意大利人获得罗马公民权，更确切地说，随着公元前70年①的人口普查，他们被登记在册，并最终获得了投票权，其中一部分人还获得了竞选公职的权利，这时，罗马意大利人作为一个民族而诞生的时刻到了。那些认为自己属于罗马公民并有权参与罗马政府活动的人口大幅增长：有权竞选罗马地方法官的人数甚至可能翻了三倍。② 从历史角度来看，刚获得公民权的人很少考虑或者没有理由去考虑他们自身以及相互之间成为单一民族的问题。意大利民族主义根深蒂固的传统其实并不存在。③ 实际上只存在相反的情况：罗马在自己与不同的意大利民族之间建立各自不同的联系，阻碍了他们彼此之间建立关联。

罗马一直采用一种分而治之的政策，反对同盟之间建立联系，

---

① 公元前86/85年的人口普查中，并没有登记刚获得公民权的人，他们只得等到下一次的普查，相关讨论参 P. A. Brunt, *The Fall of the Roman Republic and Related Essays*. Oxford, 1988, pp. 135 – 136。E. Gabba（*Republican Roma, the Army and the Allies*, 前揭, p. 99）认为，"公元前89年之后，意大利人就立即大量参与罗马人的政治生活"。但是，这一进程开始的时候还是有所耽搁，并且其中酝酿着一种不断增长的势头，这两件事都需要一些时日才能解释人口普查的数据。参下文注解。

② 在公元前70年和公元前28年之间，罗马公民的人口普查数据变成了原来的四倍。现代学者都不承认这些数据的真实性，然而，这些数据虽然夸大了罗马公民的人口增长，但不可否认，具体数字确实有可能很庞大。如果想要了解 P. A. Brunt 对阻碍正确计算公民人口之不可估量的因素之讨论的话，参 P. A. Brunt, *Italian Manpower*：*225 B. C. – A. D. 14* Oxford., 1971, 尤其是 6 – 9 章。另参 P. A. Brunt and J. M. Moore, *Res Gestae Divi Augusti*：*The Achievements of the Divine Augustus*. Oxford, 1967, p. 51。Claude Nicolet 判断，罗马公民人口可能增长了三倍，参 Claude Nicolet, *The world of the Citizen in Republican Rome*. P. S. Falla trans. Berkeley, 1980, p. 23。

③ 参 Joshua Whatmough, *The Foundations of Roman Italy*, New York, 1971。

并通过许多法律和政治上的纽带让单个的同盟和自己联系。虽然在不同的小城镇精英之间存在一些政治和个人联系，但是由于当地和地区间的竞争，由于意大利精英阶层和罗马的不同贵族家庭之间彼此独立的庇护关系的发展，这些联系都大受制约。①

此外，意大利人之间已经存在的这种联合的具体事件和趋势，更可能造就他们与罗马的分裂，而不是帮助他们和老罗马人之间就新联盟采取温和的、联合的姿态，不是帮助他们之间达成协议、建立伙伴关系，以防止新的政治组织在内战中突然出现。

［原为脚注］我以为意大利没有民族主义的传统，但是这个说法有两个例外，这二者都会反对而非支持意大利和罗马意大利这个新实体的顺利合并。第一，意大利人以"意大利人"（Italici）的铭文证明了他们自己的身份（出土于西西里，年代也许早在公元前193年），铭文中所有的意大利民社和人民都使用这同一个名字（参 P. A. Brunt, *The Fall of the Roman Republic and Related Essays*, 前揭，p. 117，n. 80）；但这种凝聚力仅限于半岛之外的人们。他们的贸易伙伴则不加区别地称呼他们为 Rhomaioi，这是他们看待自己的方式与非意大利人看待他们的方式之间的一个有意思的差异。但是，在他们和罗马的关系中，未获得公民权的人仍然认为自己是他们所在部族的一分子（比如 Marsi，Paeligni，Vestni 等等），或者认为自己是 Asculans，Nolans 等等，是他们所在城邦的城邦民；在异族人面前，他们是统一的，但是在罗马面前，他们仍具有多重身份。第二个例外是，意大利同盟者战争当然证明意大利人同宗同源；但是因为意大利同盟是专门反对罗马的，而且极其强烈，所以这个联合就不会轻易地发展成罗马意大利人的联合，这种联盟很难取得什么成效，也就不足为奇："在同盟

---

① Stephen L. Dyson, *Community and Society in Roman Italy*, 1992, Baltimore, p. 59："在罗马称霸整个半岛之前，意大利的身份还没有被消灭。"参 Pallottino, *A History of Earliest Italy. Martin Ryle and Kate Soper trans. Ann Arbor*. 1991, p. 139；另参 Klingner, *Römische Geisteswelt: Essay zur lateinischen Literatur*, 前揭，p. 21。

中,离心的、分离主义的军队占据主导地位。" E. Gabba, *Republican Roma, the Army and the Allies*,前揭, p. 77(关于 Rhomaioi), p. 101。

虽然大量刚获得公民权的罗马人长久以来一直依附于罗马军团,但是他们与罗马的其他事务并无关联,① 尤其是在政治和行政事务方面,他们从未有过任何合作。在大量给予公民权和维吉尔开始创作《埃涅阿斯纪》的40年间,许多事情阻碍或阻止了意大利和罗马之间认同的进程。新获得公民权的人几乎感受不到他们已经是完全意义上的罗马公民。②

与这种缺乏交融的传统同时发生的情形是,放逐、没收和重新安置导致的离心离德行为仍旧一触即发。罗马的精英阶层扩大自己的圈子,或者压榨能干的行政官员的意大利乡土,这些举动都延缓了意大利的一体化进程。不那么重要但可能更显著的是,在罗马和

---

① 在行省中,罗马和意大利的商人在海外有共同利益,也经常合作。参 E. Badian, "Roman Politics and the Italians (133 - 91 B.C.)", *DArch* 2 - 3, 1970—1971, pp. 373 - 421, p. 402; E. Gabba, *Republican Roma, the Army and the Allies*,前揭, pp. 70 - 96。但是,国内合作在政治上不可行。参 Mary Beard and Michael Crawford, *Rome in the Late Republic*. Ithaca, N. Y., 1985, p. 7881。

② 参 Martin Syme, *The Roman Revolution*, Oxford, 1939, p. 88:

在十年战争之后,意大利统一了,但只是在名义上而非情感上统一了。首先,新公民被许诺的公民权只是一种欺骗,这一许诺从未真实履行;许多意大利人从未行使过公民权。忠诚仍然是个人的、地方的和局部的事情。十万退伍军人驻扎在苏拉敌军的土地上,支持他的统治,促进了意大利的罗马化,使得失败与受折磨的记忆保持鲜活。很可能需要很长时间才能达成和解。

"同盟者战争之后,在罗马的官阶体系(cursus honorum)里,从城镇(municipia)级别降到更低一级的人,相对而言还是很少。" (Stephen L. Dyson, *Community and Society in Roman Italy*,前揭, p. 65)

意大利的其他地区之间存在着根深蒂固的地位差别,罗马人一直感觉很优越,也扮演着优越者的角色。

[原为脚注] 例如,在很长一段时间内,相对于罗马人而言,有更多的意大利人应征入伍,虽然他们同样是在军队中,但是他们的生存条件要比那些罗马士兵恶劣(通常当有罗马士兵被解雇的时候他们才会被雇佣,他们仍然会遭受毒打之类的体罚,并且当分配土地之时,意大利士兵所得奖赏也较差)。甚至在公元167年,罗马人已经摆脱赋税(tributum)的压力之后,意大利的城市和行政区还是不得不继续缴税。在这种背景下,在特阿诺(Teanum Sidicinum)城中,出现下面这种情况就太过寻常了:该城没能迅速地给一位来访的罗马执政官妻子提供洗浴服务,导致整城权贵遭受一顿毒打。参 C. Gracchus frr. 48 – 49, in Henrica Malcovati, *Oratorum Romanorum Fragmenta*, 3rd ed., Torino, 1953, pp. 191 – 192(Aulus Gellius《阿提卡之夜》10. 3 转引)。另参 John H. D'Arms, *Upper Class Attitudes toward Viri Municipales and their Towns in the Early Roman Empire*. Athenaeum n. s, 62, 1984, pp. 440 – 467, 尤参 pp. 440 – 441。

意大利人在持轻蔑态度的、傲慢的罗马人面前感受到的冒犯,很明显地体现于帕特库卢斯(Velleius Paterculus)的一则短语:"罗马人鄙视这些与他们同源同种的人。"① 意大利人长久以来一直臣服于罗马(因此无疑对罗马满怀怨恨),所以,在他们获得罗马公民权之后,仍然迟迟不愿把自己当作罗马人,也不愿意以新获得的民族

---

① Velleius Paterculus 2. 15. 这种表达格外生动,因为通过"鄙视"(fastidire)一词,人们可以了解到,意大利人如何受到自称优越的人的屈辱对待,而形成这些优越感的战争,却是意大利同盟所赢得的(Velleius 说,"他们从他们用武器保卫的帝国那里寻求公民权"),并且,他们具有相同的宗族和血统(eiusdem gentis et sanguinis),所以,当罗马人看不起这些他们本应该视为同胞的人们时,这些事变得更加讽刺了。P. A. Brunt(*The Fall of the Roman Republic and Related Essays.*, Oxford, 1988, p. 126)认为,在同盟战争期间,任何体现意大利人不满的资料中,意大利人强烈渴望地位和尊严的想法都应该获得最大的重视。

身份参加什么活动。正如塞姆（Ronald Syme）所言：

> 虽然意大利战争（Bellum Italicum）之后整个国家都获得了公民权，但是获胜的城市并没有在情感上联合起来以形成一个民族（nationhood）。因为对世仇的记忆，因为最近的战争打了很久才停下来，意大利人民尚未把罗马当成他们自己的首都；真正的罗马人只是倨傲地鄙视"意大利人"（Italian）这个普通而毫不特别的称谓。①

建立认同感的某些基础已经形成：共同的宗教信仰、虽不普遍通用但广泛传布的共同语言、很大程度上共通的文化、众多共同的价值观——西塞罗所谓的"我们国家和统治长久以来所确认的祖制"。② 这一文化核心的交融，在于意识到构成一个民族的共有情感、共同的历史和共同的未来，但这种交融进展既不会太快，也不会太漫长。③

---

① Ronald Syme, *The Roman Revolution*, 前揭, p. 286.

② *Pro L. Murena*, 75。参 Mary Beard and Michael Crawford, *Rome in the Late Republic*, 他们强调"在意大利社会和经济结构中，坚固的一体化非常重要"（前揭, pp. 79 – 80）。

③ David Lowenthal, *The Past is a Foreign Country*, Cambridge, 1985, p. 213：

> 历史的集体本性主要植根于记忆……正是通过其特殊本性，才能产生并共享共同的历史知识；历史意识意味着群体活动……正如记忆证实了个人身份，历史会让人们永远记住自我意识。

他还认为，"民族身份需要形成一个传统，并将其看成独一无二"（"Identity, Heritage, and History", in John R. Gillis ed., *Commemorations: The Politics of National Identity*, Princeton. 1994, pp. 41 – 57, p. 47）。Gary B. Miles 认为：

> 李维在其著作中给我们展示了关于罗马历史建构的另一种可能的原理，

当维吉尔开始写作《埃涅阿斯纪》时,罗马意大利人这个民族仍处于胚胎期,仍处于一种等待实现的极早期的潜在可能性当中——如果它确实实现了的话。这正是维吉尔的兴趣所在。这一重要时刻被维吉尔视为这个民族最终有可能形成的关键瞬间,但这并不意味着,此时结束战争与恢复国内稳定不是重要问题。但是,维吉尔借助《埃涅阿斯纪》,希望有助于凝聚并塑造的,并不是奥古斯都的新体制——或者说,至少不像许多《埃涅阿斯纪》的读者所理解的那样。这个新的民族,因公民权的扩大而创生。① 更准确地说,这个新的民族,作为胚胎,在其最初的重要的形成阶段,处在持续扩张的过程中——而

---

即,不将公认的传统当成重建精确的、可靠的过去的证据,而是介绍传统,将其当作罗马人对其自身认知的记载,一种用于重建和解释他们身份之基础的记载。(Livy: Reconstructing Early Rome, Ithaca, N.Y., 1995, p.55)

公元前479年到前439年期间,阿提卡兴起的六种记忆性的庆祝节日,其目的是要重新强调和加强雅典人的团结和身份,参 W. R. Connor, Pritchett lecture, 5 Nov. 1990, Berkeley。

① 当然,这个目的并不会令奥古斯都失望。参 Ronald Syme, *The Roman Revolution*, 前揭, 另参 Amaldo Momigliano, "Review and Discussion of Ronald Syme, *The Roman Revolution*", *JRS* 30, 1940, pp.75 – 80。我只是觉得,我们有足够的理由认为,在维吉尔构思他的规划的视角和动机当中,君主(princeps)并非不处于核心地位。另参 E. Gabba, *Republican Rome, the Army and the Allies*, 前揭, pp.96 – 97, 他在讨论意大利不断兴起的罗马化的势头时说:

> 同盟具有一个隐含的意图,叛乱的意大利应该主动变得罗马化,而不是相反。因此,结果就是苏拉和恺撒……只是支持并维继这种在他们的眼皮底下必然发生和发展的历史进程;当它被一种如此广泛的情绪所推动,被巨大的、实际需求所推动,它就远远比某个行政人员的意图和决定要重要,无论这个人多么重要。

这就是《埃涅阿斯纪》所反映的历史进程和个体行政官之间相应的重要性。

《埃涅阿斯纪》中的朱庇特许诺,这一扩张将永远持续(1.278 - 279)。如果罗马的扩张永远持续,以至于幅员辽阔,那么仔细研究并培育这最初的阶段,并把它作为持续合并的典范,就变得极其重要。

也许因为维吉尔并非生而为罗马公民,甚至严格来说也不是意大利人,所以他更可能会从刚获得罗马公民权的平民的角度考虑问题——这些平民已正式成为罗马人,但[在情感上]还不够诚挚;维吉尔也知道,刚获得公民权的人,仍然需要足够的理由和动机,才会全身心地与罗马结合,并确认自己的罗马人身份。那些生而为罗马公民的人,虽然他们的身份长期以来已经深入内心,但是,他们也需要重新审视和调整他们的民族主义(nationalism)言辞和情绪,尤其是他们那种倨傲地把自己与意大利人区分开的旧习。

虽然在公元前42年之后,所有的意大利人都成了罗马人,但是,由于处在独特的位置,维吉尔发现,"罗马性"(Roman-ness)与"意大利性"(Italian-ness)并非必然是一回事。他也能看到"意大利"的观念仍处于初始阶段,因为如果这种观念对他和他的波河北岸同胞而言,意味着某种可察觉的、不同于生在城市的人的东西(如果在罗马城正式将他们纳入公民范畴之前,波河北岸的人们已经觉得自己是意大利人),那么,它很可能对于半岛上其他地区的居民——以及拥有自己独特文化和忠诚历史的移民、殖民者、海外行省享有公民权者——也意味着不同的东西。"罗马性"的建构是多种观念的集合,而不是由所有公民共享的构想,但是,随着最近罗马解放了所有的意大利人,一个新的、统一的概念形成的时刻已经到来。①

---

① "据推测,在公元前89/88年间或稍后,有可能给予住在意大利之外的拉丁人、意大利人和讲希腊语的南意大利人(Italiotes)公民权。"A. J. N. Wilson, *Emigration from Italy in the Republican Age of Rome*, Manchester, 1966, p. 94;参P. A. Brunt, *Italian Manpower 225 B. C. - A. D. 14*, Oxford, 1971, pp. 206 - 209,书中解释了为什么这只是一种推测。

维吉尔觉得，这种统一的构想应该产生于共同协商之中，而不是以威权的方式强加于身，很可能是由于这个缘故，《埃涅阿斯纪》小心谨慎地勾勒了原初的罗马意大利人的特质。在诗歌中，意大利民族天生外貌明丽，情感真挚，但是很少有对其制度上或者性格上的细节描述。人们只能读到长袍（1.282，可能还有 12.825）、刚毅、忍耐和勇气，① 可能还有元老院或者类似于参议院的委员会（8.105，11.234-462），也许还有对僭政的抵抗（如果关于 Mezentus 和 Metabus 的轶事具有象征意味），对于能干而有影响力的女人而言（Amata，Camilla，或许还有 Sylvia），可能还有比特洛伊更伟大的机运。

罗马人有一种多多少少既已形成的认同，但他们却让自己与意大利人保持疏远，而意大利人的认同尚未形成，因此，如果说，真的存在罗马人和意大利人共同的民族认同这种东西，它必定是创造出的新事物。意大利人和罗马人以及意大利人内部之间共同根基和兄弟情谊，应该延伸并稳定下来。如果维吉尔考虑到了这些——我坚持认为，《埃涅阿斯纪》的写作方式表明，他的确考虑到了——那么，我们很容易就会发现，他应该会反思：作为分别拥有罗马人身份和意大利人身份，并由此对这些身份进行了反思和审视的人，在他的人民正在进行的回顾与调整的进程之中，他自己特别适合为此做出贡献，帮助罗马人和意大利人思考他们在新的联合中应成为怎样的人。维吉尔抓住时机将罗马意大利人构想为一个新的实体，为新公民们创立一种关于民族的新神话，并且通过这神话，赋予后人以力量来倡导、指引并改善更进一步的新融合。

这一背景可以解释，维吉尔为什么要把《埃涅阿斯纪》设定在久远的过去，并使之与祖先和继承有关。因为过去——或者更准确地说，

---

① 努玛努斯（Numanus）的演说（9.603-613），更具体的地方是 12.827，而一般性的说法则参第 9-12 卷的战斗插曲。

我们为自己所塑造的关于过去的故事,① 不管是个人的还是国家的——在身份的形成中都是一个极其重要的因素。遗忘很可怕,也很令人同情,因为遗忘者不知道自己是谁;恢复记忆的时候,他也就恢复了他的认同。同样,已被改变与将被改变(mutatis mutandis)对所有民族而言也是真实存在的;他们对起源和历史的信仰,对于他们作为一个民族的生存以及他们是何种民族的感觉来说,其重要性无可比拟。倘若如此,完全遗忘过去的群体就不会把自身作为一个民族来认识。② 这就是为什么无论多么悲苦辛酸,各民族仍会如此迫切地固守他们共同过去的情感,因为这种情感对于他们的自身意识具有深刻的建构作用。③

他们认同这种共同的经历,并在一定程度上因此而获得自我身份。之所以说"在一定程度上",是因为对共同未来的期盼是另一种同样必不可少的因素。"一起完成伟业,并意欲成就更多,这些是一个民族至关重要的条件。"④ 人们把共享的过往看作他们的私密之物,把它像遗产一样传递,还认为他们自身属于这个过去。这种关系是相互的,并且通过这种关系,决心和构成的力量进行双向流动。正是一个民族的过去及其身份之间深刻的联系,才使得维吉尔,这

---

① 参 Oliver Sacks, "A Matter of Identity", *The Man Who Mistook his Wife for a Hat*, London. 1985, pp. 108 – 115。感谢 Kirsten Anderson 提供这一参考。

② Thomas M. Greene, *The Light in Troy: Imitation and Discovery inRenaissance Poetry*, New Haven and London, 1982, p. 10.

③ 我承认,在这里存在某种循环,也有些怪异,因为一个民族之为一个民族,在共同的过去成为构建性的相关因素之前,这个民族必须具有某种关于自身的观念,或者至少有某种朝向这种观念的意志,原因在于,很明显,并不是每一个共同的过去都能建构一个民族。但是我仍然要坚持认为,对一个民族而言,这种过去是必要的也与其紧密相关,因为在一定程度上,通过它的过去,并且由于与它的过去相关,这个民族才能界定自身。

④ Ernest Renan, "Qu'est – ce qu'une nation?" In Henriette Psichari ed., *Œuvres completes de Ernest Renan*, vol. 1, pp. 889 – 906. Paris (originally published 1882), 1947, p. 904. Martin Thom 的新英语译本 1990 年于 Bhabha 出版,参该译本页 19。

位渴望帮助他的同代人（及其子孙）思索自身身份的进程的人，创作了这部关于他们过去的诗歌。

基于三个原因，维吉尔选择埃涅阿斯作为核心和他思考民族认同的手段。第一个也是最具文学性的原因是，埃涅阿斯处于荷马时代。埃涅阿斯给维吉尔提供了这样一个机会，即赋予他自己的国家一个诗意的史前时期，它古老而根深蒂固，正如荷马对希腊和希腊人之所为；维吉尔要让他的史诗不只在类型和细节上，还在历史的地层（stratum）上，能与荷马史诗相提并论。选择埃涅阿斯是将《埃涅阿斯纪》与荷马的诗歌进行比较的另一种方式。作为主人公，埃涅阿斯象征了维吉尔与荷马竞争的意图。或许《埃涅阿斯纪》能与《伊利亚特》和《奥德赛》媲美，但可以肯定，这种比较会一直持续。

就把诗歌嵌入深思罗马意大利人身份的超文学（extra-literary）计划而言，选定埃涅阿斯的第二个理由是，罗马已经有了一个建国之父的故事，但它并不适用于意大利人，这个理由更具有战略意义。有了埃涅阿斯，《埃涅阿斯纪》就可以具有它的价值，埃涅阿斯不是要取代罗穆路斯，而是在接受后者的同时接替他的位置。埃涅阿斯扮演的是一个比罗马更加宏大的存在实体的先祖角色，这个存在实体包括罗马，并且常常以罗马为核心，但是涵盖更广，更有同源性。通过赋予罗马和意大利人以共同的来源，维吉尔轻松地展开把他们联合起来的计划。

一种非常简单的方法就能够强调埃涅阿斯在这个角色中的作用。人们通常认为，诗歌中描述埃涅阿斯的主要词汇是 pius［虔诚的］，但其实另有一个词语，它具有同等甚或更伟大主题的重要意义，且这个词用以指代埃涅阿斯的次数更多，但是这一事实几乎不受关注。在《埃涅阿斯纪》中，埃涅阿斯有 31 次被称为父亲，① 比任何其他

---

① 1.555，580，699；2.2，**674**，724；3.**343**，716；4.**234**；5。130，348，358，424，461，545，700，827，867；7.119；8.28，115，606；9.172，

角色——即便是安奇塞斯（25次①）和朱庇特（27次②）——的次数都要多；在我们考虑的范围内，这些例子中只有6次是具体表明他是阿斯卡尼俄斯（Ascanius）的父亲。从字面看，这个词在大多数情况下都不是狭隘地表示家庭中的父亲，而是指意义更高的"国父"或"先祖"。父亲埃涅阿斯是读者们的父亲。

第二个值得注意的用法从另一个方向表达了相同的意思。仅有一个例外，在《埃涅阿斯纪》中，每次出现nepotes［后代］这个词，都具有前瞻性。

［原为脚注］总共有十一次（以复数形式）：2.194（这里正是西侬［Sinon］告诉了特洛伊人，如果他们亲自把木马运进城，那么亚细亚会给希腊带来一场浩大的战争，同样的命运也会降临到我们的后代身上。他想让他们明白，特洛伊木马要攻击希腊，但是读者们知道将要征服希腊的亚细亚的后代就是他们自己，即罗马人）；3.158（家神的言辞中），3.409（赫勒努斯说，在献祭时，埃涅阿斯的后代应该保存这种用面纱裹住头的风俗），3.505（埃涅阿斯承

---

**300**，**312**，649（行649令人信服地以安奇塞斯作为替代）；11.184，904；12.166，**440**和697。行数加粗的那几行可为例证，埃涅阿斯承认他是阿斯卡尼俄斯的父亲；在这一组中，7.119大概也应该被考虑在内。在12.703关于埃涅阿斯的明喻（simile）中，阿本尼乌斯山（Mt. Appenninus）也被称为父亲。需要注意的是，在埃涅阿斯去世之前，有四处也称呼他为父亲；这一词语意味着与埃涅阿斯在家族（familia）中的位置并不完全相同的东西。Robert Fitzgerald对这首诗歌的翻译可为例证，证明这一重要的词语如何被忽视了；他五次把称呼埃涅阿斯为父亲的地方翻译成了"君王"（Lord），有一次翻译成了"特洛伊王子"，总共省略12次。

① 父亲（pater）安奇塞斯：2.653，678，687，707，747；3.9，144，263，525，539，558，610，710；4.351，427；5.31，603；6.679，713，719，854，863，867；7.245；10.534。

② 父亲（pater）朱庇特：1.60，65，665；2.617，648，691；3.89，251；4.25，238，372；5.690；6.592，780；7.141，558，770；8.398；9.495；10.2，18，62，100，743，875；11.789；12.178。

诺伊皮鲁斯与意大利之间的联盟）；4.629（狄多诅咒的最后一句话；在这里后代［nepotes］既包括罗马人，也包括迦太基人）；6.682，757，864（安奇塞斯展示他的后代）。我也认为6.786与罗马人有关，虽然它如此转弯抹角地表达了这个意思：在关于罗马对她而言到底表明了什么的明喻中，据说母神库别列（Cybele）对她非凡的后代感到很高兴；正是由于"她将幸福地看到子孙繁盛"（行783）这个与罗马相应的准确描述，我才会用这个例子来描述罗马人。Nepotes［后代］也出现在7.99（法乌努斯给拉提努斯的预言）和8.731（第八本书的最后一行，埃涅阿斯提升了其子孙后代的名望和命运）中。唯一一处nepotes［后代］不指罗马人的地方是2.320，普里阿摩斯宫殿中的50个婚房被称为后代的巨大希望，但此处何其苦涩。

"后代"指埃涅阿斯许多代之后的后裔，即罗马意大利人。因此，与其他特征相比，先祖的主题与埃涅阿斯的关系更为密切，并且后裔的主题与长久之后的后代之间的关系也极为紧密，这种方法能够强调诗歌所勾画的历史连续性，在这个历史当中，传统的延续已经从埃涅阿斯传递到维吉尔的同时代人身上，还会通过他们继续传递给他们的子孙。后代们对罗马人和将要成为罗马人（Romans-to-be）的关注，与归之于埃涅阿斯的"父亲"称谓有同样的效果——就读者更容易发现这种连续性而言。

当然，选择埃涅阿斯的第三个理由是，从他那里传下来了尤里乌斯（Julii）这个称谓，因此，埃涅阿斯提供了一个机会，能够将民族认同的史诗与对奥古斯都的期望或希望的某种实现放在一起处理，毕竟这首诗与奥古斯都相关，但这并非我在此处谈论的主题。

此处要确切阐述的观点是：《埃涅阿斯纪》是一部关于民族认同的诗歌，所以需要讨论一下埃涅阿斯的族属（nationality）问题。在诗歌前半部分，他和特洛伊之间的联系通过一系列事件而逐渐削弱，比如他试图以特洛伊为名的迁徙终告失败；安德洛玛刻则是一个反面例证,因为她仍旧对特洛伊怀有无望的怀恋之情;① 埃涅阿斯和狄多痛苦离别,而她正是以特洛伊的身份看待他;② 而第六卷第508行之后,埃涅阿斯及其队伍中的任何人都不再使用特洛伊意义上的"祖国"(patria)一词,但是他就此变成了一个意大利人吗?

这并不是一个简单的问题。厄凡德尔(Evander)在演说的开始,将埃涅阿斯称作 Teucrorum ductor [特洛伊人的领袖],借此建议埃涅阿斯应该和伊特鲁里亚人结成联盟(8.470),演说的结尾将他尊称为 Teucrum atque Italum fortissime ductor [特洛伊人和意大利人最坚强的领袖](8.513)。这似乎就象征着,埃涅阿斯和伊特鲁里亚人之间的联盟将会是他的同化过程——从特洛伊人领袖发展为特洛伊人和意大利人的领袖——的重要一步。虽然他听从伊特鲁里亚人的命令,但这正是因为他不是意大利人:伊特鲁里亚的占卜家坚决主张,externos optate duces [选择外国领袖](8.503)。因此,埃涅阿斯是一个异族人(externus),一个外人(outsider)。

在第七卷中,当埃涅阿斯承认他的同伴会吃了他们的桌子这一预言之后,他就认出了他的新家和祖国("这是我的家,这是我的祖国",7.122),这快乐的承认会变成什么?台伯河又保证了什么,hic tibi certa domus [这儿是你的一个家](8.39)?或者,达尔达诺斯

---

① 参 Maurizio Bettini 的观点,"Ghosts of Exile: Doubles and Nostalgia in Virgil's *parva Troia* (*Aeneid* 3.294ff.)", *ClAnt*. 199716.1.;另参 Thomas M. Greene, "History and Anachronism", in Gary Saul Morson ed., *Literature and History: Theoretical Problems and Russian Case Studies*, Stanford, 1986, pp. 205 – 220。

② 在第一卷结尾,狄多试图问一些发生在特洛伊的那场战争的问题,以便更好地了解埃涅阿斯,而第四卷,尤其是第三行,埃涅阿斯决定离开之前,则重重强调了他和他同伴的特洛伊身份:见4.46, 48, 78, 103, 111, 124, 140, 162 – 163, 165, 191, 215, 224,也许还有230(虽然朱庇特在这场演说中更加强调埃涅阿斯与罗马的联系),312 – 313, 342 – 344, 349, 365, 397, 425 – 426, 537, 542, 626, 640, 647 – 648, 658。

(Dardanus) 的意大利血统及其暗示,即暗示埃涅阿斯来到意大利就是返回祖先们的故土,这个主题又会变成什么?埃涅阿斯到意大利是否就意味着他回家了,或者,在意大利他还是一个异族人?①

《埃涅阿斯纪》设定了一个场景,从结构上看类似于读者与前述的他们的过去之间的相互关系,通过这个场景,史诗肯定地回答了这两个问题。在意大利,埃涅阿斯既非简单地是一个异族人,也不单纯地是本地人,因为,他兼具两种身份。② 他既属于后来的迁移者,也本就属于此地。同样,意大利塑造了他,也被他塑造。意大利的未来塑造了他:我们从后来的视野来看,这是回溯的塑造,维吉尔将这种未来对埃涅阿斯的塑造写进诗歌情节,呈现为命中注定的未来的压力。那牵扯、驱赶、产生埃涅阿斯的命运就是意大利的命运。同时,作为 κτίστης [奠基者],埃涅阿斯塑造了意大利,建立意大利,为它提供了规范的起源,并以他的奋斗和忧郁给它打上印记。正是这种复杂的关系——至少与伊特鲁里亚人之间达成的协议类似——才使得厄凡德尔在其演说的最后将埃涅阿斯称为特洛伊人和意大利人共同的领袖。

与异族人问题有关的是,对于人们广为接受的罗马观念的本质

---

① 注意,在给拉提努斯的预言中,他有两次被称为异族人:7.68 – 69 和 98。关于他的意大利化,参 F. Cairns, "Geography and Nationalism in the *Aeneid*", *LCM* 2, 1977, pp. 109 – 116。

② 参 S. J. Harrison, "Structure and Meaning in Vergil's Aeneid", *LCM* 2, 1977, pp. 101 – 112, p. 130,作者认为,埃涅阿斯既是异族人也是本地人:

在处理这两个主题时,维吉尔必须做出判断,因为当他处理其中一个主题时,另一个主题可能就会处于两难境地。

我认为他没有抓住这两个主题的要领,正是这双重主题,具有重要的主旨性的、规劝性的意图。

内容，《埃涅阿斯纪》做出了一个真正革命性的调整（相反的则是对这一概念的约定俗成的态度的调整，下文将会详述）。怀特（A. N. Sherwin – White）认为，同盟者战争在意大利产生了

> 一种预设，即罗马是一个不断扩张的国家，她为所有那些准备真正服务于她和效仿她的人留有空间。①

我已经暗示了，我们一般会觉得《埃涅阿斯纪》是在认真地解决这一问题，即什么是解释"真正地服务罗马并效仿罗马"这个计划的最佳方式。② 我在这里想要表明的是，史诗开创了这样一个进程，即，通过这一进程会有源源不尽的异族人不断变成罗马公民。《埃涅阿斯纪》建议，罗马之为罗马，一向是、应该是且必须是对更多新来者开放的伙伴关系。

埃涅阿斯新盾牌上的奥古斯都图案除了其他内容，主要包含两个场景，一个是伏尔坎对亚克兴海战的描述，另一个则来自三日庆祝节（the triple triumph）中的精彩瞬间。每一个片段都含有异族人的大集合——在亚克兴海战部分，是与安东尼和克利奥帕特拉联盟的外国部队；在凯旋部分的图案中，则是参加祝胜典礼的异族代表。

引人入胜的是，在这两组画面中，维吉尔都使尽浑身解数，整体性地歪曲画中人的异族特征，使得他们比亚克兴的同盟者或者庆祝凯旋的民族的实际情形都更具异族情调。许多最初的读者应该一眼就能看出这种错误，我们又应该如何解释，他为什么要做出这些令人吃惊的篡改呢？虽然可以想象，当时不少读者会忽略亚克兴到底有哪些军队，但是，很

---

① Sherwin – White, *The Roman Citizenship*, 2nd, Oxford, 1973, pp. 115 – 116. Nicholas Horsfall 的文章指明了《埃涅阿斯纪》采用的这种扩张主义观点：Nicholas Horsfall, "Virgil History, and the Roman Tradition", in *Prudentia* 8, 1976, pp. 73 – 89；尤参 pp. 82 – 85。

② Katharine Toll, "The Aeneid as an Epic of National Identity: Italiam Laeto Socii Clamore Salutant", *Helios* 18.1, 1991, pp. 3 – 14, 尤参 p. 4。

多人都见证了这场凯旋,那么,他们在读到维吉尔关于凯旋队列中有勒勒格人(Leleges)和勒隆尼人(Geloni)的说法时,不可能不感到惊讶和困惑,甚至目瞪口呆。①

请让我详细说明这些特异之处。首先,在亚克兴的六万罗马军团士兵、三分之一元老院、两个执政官以及安东尼,都完全没有被提及。安东尼本人的罗马属性仅有只言片语略微提及,即第 688 行附加说明的"可耻"(nefas!)一词:"还有他的埃及妻子(可耻啊!)紧随着他(sequiturque [nefas!] Aegyptia coniunx)。"正因为他是罗马人,所以一般认为他与克利奥帕特拉结婚这件事令人愤慨。

然而,诗中关于安东尼的其他说法,都为他涂上了东方人而非罗马人的色彩。他"身边尽是富有的异族和各种各样的武器"(8.685)。如果说,各种各样的武器(variis armis)在一开始并不必然意味着安东尼的军队来自许多非拉丁语国家,那么,在读了第 723 行关于凯旋队列中的各个民族之后,回过头来看"他们的语言如他们的体格、衣着和武器一样混杂",人们就会发现,第 685 行"各种各样的武器"可能意味着异族的压迫。安东尼被称为"来自东方的民族和红色海岸的胜利者"(行 686),如果红色海岸(litore rubro)被理解为印度洋,②那么这后一个词组就是那一段落的一处失实叙述。因为安东尼从未像靠近米底亚一样接近印度洋:他的对外联系

---

① 虽然奥古斯都时代的诗人常常夸大了罗马征服的程度,但这也是人之常情(比如,"他的权威将越过加拉曼特和印度",6.792),但是,对未来成就的谄媚之言和对已经取得的胜利的夸张之辞,是两种完全不同的表述。

② 参 K. W. Gransden, *Virgil Aeneid Book VIII*, Cambridge, 1976, p. 178, 作者认为,"不是红海而是印度洋,比如 Horace C. 1. 35. 32";至于贺拉斯诗中所指, R. G. M. Nisbet 和 Margaret Hubbard(*A Commentary on Horace*:*Odes*:*Book I*, Oxford, 1989, p. 399)认为, Oceano rubro 的意思"不仅仅是红海(sinus Arabicus),而且包括波斯湾和阿拉伯海"。

被夸大了,甚至超出了任何真实的地理关系。

根据描述,安东尼还将最遥远的巴克特拉的士兵带到亚克兴(Ultima Secum/Bactra vehit,行687-688),这又是一个空想,对抗屋大维与阿格里帕的军队,在维吉尔笔下比他们的实际情形更具异族的特征。在从战斗画面转向溃退的线路中,同样的夸张描述达到了极致。当亚克兴的阿波罗开弓时,"因为害怕,所以每个埃及人和印度人,每个阿拉伯人和所有的赛伯伊人都逃走了"(行705-706),有一半提及的民族其实都不在此处。① 必定由于某些意图,而不单单是强调跟随安东尼的队伍的异族特征,才会让维吉尔如此歪曲。如果这是维吉尔的意图,他就会满足于下面这个事实:普鲁塔克列出一个名单,列举了带领或派出军队协助安东尼的附庸国王;② 如果维吉尔的意图只在于大量非意大利的军队,以及非拉丁语音节的混合,普鲁塔克列举的事实可以实现他的意图。但维吉尔笔下的细微痕迹表明,在亚克兴的画面中,他不是简单地(tout court)想要成型异族的特征,而是歪曲这一特征,并夸大其词。

这一对亚克兴的被征服者异族特征的歪曲自有其整体性,结束伏尔坎盾牌上刻画的三日庆祝节的那几行诗里,这种歪曲更是流露殆尽:这五行充满外来民族和地区的名称,但只有两行的内容可能是真的。这场凯旋是为了纪念达尔马提亚的胜利、亚克兴战役和对

---

① 参 Robert Gurval, *Actium and Augustus: The Politics and Emotions of Civil War*, Ann Arbor, 1995, p. 242;他认为,"维吉尔对亚克兴战役的描述中,有印度人、阿拉伯人和赛伯伊人"。

② *Life of Mark Antony*, 61:普鲁塔克认为,利比亚的 Bocchus,上西里西亚的 Tarcondemus,帕夫拉戈尼亚的 Philadelphus,柯马根的 Mithridates,色雷斯的 Sadalas,以及从本都的 Polemon,阿拉伯半岛的 Malchus,犹太国王 Herod,科考尼亚和加拉提亚的 Amyntas 派来的军队,还有米底亚人国王都加入了安东尼的队伍。

埃及的征服。但是,看一看伏尔坎所列举的民族的范围:

> 伏尔坎雕刻出来的有非洲的诺玛德族人、穿着宽大长袍的阿非利加洲人、小亚细亚的勒勒格人和卡列人(Cares)、斯库提亚的善射的勒隆尼人;幼发拉底河的河神也走过了,现在比从前驯服多了;还有从最远的高卢来的摩利尼人(Morini,来自北高卢)和双角的莱茵河神桀骜不驯的斯库提亚的达海人(Dahae),以及不肯让人架桥的阿拉塞斯河(在 Armenia 境内)。(8.724 - 728;[译按] 杨周翰译文,括号内容根据英译增补)

这种景象宏伟而迷人,但其中大部分皆为虚构。① 而今,读者们可能认为这只是一种表示庆祝的夸张笔法,这种笔法的出现可能源于一种冲动,同样的冲动会让他们说,亚克兴的船只看上去大如连根拔起的岛屿或山脉(行 691 - 692),或者让他们说,屋大维奉献了三百座神殿,作为三日庆祝节的胜利祭品(行 716)。事实上,或许很多人认为,假造异族人仅仅是为了增加色彩而已,因此,在古瓦尔(Robert Gurval)之前,没有评论家特别关注过这些描述之虚假。②

---

① 参 Robert Gurval, *Actium and Augustus*: *The Politics and Emotions of Civil War*, 前揭, p. 35; 他总结说:

> 挑剔的现代评论家指责这种夸张、年代错乱和史诗诗人的谎言。在奥古斯都的凯旋队伍中,没有发现诺玛德族人、不缚带的非洲人或者背箭的勒隆尼人。对波涛汹涌的幼发拉底河、莱茵河、阿拉塞斯河的描述并没有为胜利者的胜利增光添彩。在东方的胜利(或者如之后从帕提亚[Parthians]回来的战俘称呼的那样)也仍然是十年之后的事情了。被征服的国家和民族的正式队列没有经过帕拉丁山的阿波罗神庙,这个神庙建于公元前 28 年 10 月,那时,屋大维的凯旋仪式已经过去一年多了。

② 同上,页 239 - 242,我们可以了解他对此处维吉尔的决定的解释。

尽管如此，就并未真正在场的异族人而言，在战斗场景和胜利场景中，在其他夸张和扩散之间存在着差异。

我认为，下面这种对诗中过度的异族特征的解释并不充分：屋大维本人象征着亚克兴之战是外战而非内战，① 而维吉尔只是盲从新政权所接受的观点。相反，过多的错误使得此处对战败者的描述颇成问题，难以理解，也难以接受——这不会意味着对某个计划志得意满的付出，相反，对于探寻和思考，这是一种挑战、一个难题、一份刺激。② 令人完全不能满意的是，诗歌也没有反映出，对帝国来说，凯旋场景中的异族具有某些代表性意义，虽然他们确实也代表了一些内容，比如，非洲民族和游牧民代表帝国向南方的扩展，摩利尼人代表帝国的西北边界，莱茵河、斯库提亚人、卡列人和勒勒格人代表的是北方和东北边界，幼发拉底河和阿拉塞斯河代表东部边界。但是，我们最好更深入地解释这些段落，因为这些段落尝试说明奥古斯丁亚克兴海战图案和三日庆祝节图案中的异族时，将二者放在一起考虑，而不是分别考虑，这意味着维吉尔对二者有某种共同的关注。

我们需要注意，在每个图案中，还有另一种值得注意的虚构：每一幅图案都包含一个时代错误。在描述亚克兴行动时，屋大维被称为奥古斯都（行678），但他直到公元前27年——战役之后第四年才采用这个称号。人们还看到阿格里帕戴着海军王冠，这也是战争后才授予的。在三日庆祝节（举行于公元前29年8月13—15日）部分，人们看到屋大维端坐门廊，将战利品献给帕拉丁山的阿波罗神庙，可是，直

---

① 关于诗人作品中对这一政策及其影响的简要概述，参 Donald M. Paduska, "Ope Barbarica or Bellum Civile?", *CB* 46, 1970, pp. 33 – 34, p. 46。

② 《埃涅阿斯纪》中明显的含混作为严肃的、解释性的挑战，对此最好的研究参 Ralph Hexter, "What Was the Trojan Horse Made Of?: Interpreting Virgil's *Aeneid*", *Yale Journal of Criticism* 3.2, 1990, pp. 109 – 131。

到15个月后,即公元前28年10月9日,人们才把这个神庙奉为神圣。①因为此处窜改的事件与大多数读者的生活处于同一个时代,这些时代错误会令人困惑,因此也就会与假想的异族具有相同的效果。是否有足够的理由来解释,维吉尔为什么歪曲异族的真相呢?他为什么为了强调那些与时代有某种关系的细小变动而故意制造年代的错误?

我认为,针对读者可能持有的外战与内战有别的观点,维吉尔此处做了重要调整。就整体而言,《埃涅阿斯纪》的重要主题就是,内战是最悲惨也最令人痛心的灾难,然而在这里,他讨论的正是读者们自己的内战,维吉尔通过夸大异族特征而回避了这一主题。我认为,这里提出的问题与这一困窘情形密切相关,即在意大利的埃涅阿斯是否是异族人。类似地,这两个问题都关系到罗马意大利与异族人、臣民、委托人和仇敌的关系。② 正如埃涅阿斯在意大利既属于异族人又以此为家一样,当罗马的外国人的异族特征被刻画于埃涅阿斯之盾时,这就不再是一个没有疑问的事实。正如埃涅阿斯的异族特征最好被呈现为一个悖论,同样,盾牌上的敌人的异族特

---

① 我认为,将不同时代的事件与一个单一的叙述性作品融合在一起,这与绘画表达惯例是相符合的;而在雕塑作品,在盾牌上,这些时代错误的出现可能会让他们的观点不够鲜明。

② 维吉尔的战争描述、罗马的力量与道德对东方"蛮夷"盟族的胜利,以及随后对这些敌对文化的融合和吸收——第714 - 727行描述的凯旋仪式预示了这种融合与吸收,所有这些都预设了史诗的结局:特洛伊人领袖埃涅阿斯和意大利人领袖图尔努斯之间争斗的最终解决。

Robert Gurval, *Actium and Augustus*: *The Politics and Emotions of Civil War*,前揭,p. 240(楷体为我所加)。Gurval 认为,维吉尔对亚克兴及那场战役的处理,并没有遵照或复述屋大维对那场战争的公开解释,而是"预示并激发了一种奥古斯都时代的政治思想观念"(pp. 35 - 36)。

征,其真实情态最好被称为某种刻意的歪曲,因为它不是一个固定事实,而是在本性上可塑且易变。我们需要记住,如果维吉尔出生时确实是异族人,而在公元前49年成为罗马公民,那么,就他本人而言,异族的身份可能已经变为别的东西。

在凯旋仪式中,安东尼的队伍和被击败的对手作为伪造的异族人而出现,为了理解这种塑造,读者们必须记住朱庇特在开篇言辞中的许诺:"我将无边的统治权传给[埃涅阿斯的后代]。"(imperium sine fine dedi, 1.279)如果这个许诺不只是一种夸张,而是一种现实的、罗马意大利可能恰当地追求并适应的目标,那么,意大利的异族人的异族身份将只是短暂的。像叙事中的拉丁人和特洛伊人那样,他们和罗马人将会变成"永享和平的民族"(aeterna gentis in pace futuras)。换句话说,《埃涅阿斯纪》并没有把罗马的扩张设想成针对异族领土的扩张,而是将其当作他们不断融合的过程——因为真正的读者(the reader)肯定也会考虑到安奇塞斯著名的指点:

> 罗马人,你记住,你应该用你的权威统治万国,这将是你的专长,你应当确立和平的秩序,对臣服的人要宽大,对傲慢的人,通过战争征服他们。(6.851-853)

并非所有的异族人,只有那些仍旧"傲慢"(superbi)之人,会继续这场公平的较量。但即便对于这些人,一旦他们停止对抗,罗马人的技艺和责任就是把他们囊括进和平与风俗中,去考虑并商议他们的利益。这表明,罗马人有必要抱有一种尽其所能可以达到的普遍的善的概念。如果这种概念能够被阐发或者界定,所有相对于罗马的异质性(alienness),迟早会在回想中变成伪造品,如同盾牌上的异族的异质性那样,变得像埃涅阿斯在意大利的异族性那样矛盾而可疑。①

盾牌上的仇敌被歪曲和夸大了——但这至多让人生疑，至多是种虚假。要害在于，从长远来看，朱庇特预言的准确性在这件事上并不重要。夸张并不是一种出于诗意理由的结果；它们是对历史思想中一种特定成就的挑战。为了弄懂埃涅阿斯之盾的偏误，那个真正的（the）读者必须尽可能长远地想象朱庇特的想法。对于《埃涅阿斯纪》而言，这是一种练习，让读者从遥远的未来开始判断，罗马人和异族人的区别将变得无关紧要，这种练习才是重要的。根据朱庇特的神谕，帝国的扩张将一直持续，对于罗马而言，异族人将会不那么陌生，而是变成包含罗马在内的政治实体的一部分，正如维吉尔和一些最初的读者所见。罗马和她的异族的关系类似于特洛伊人和鲁图利族人（Rutulians）的关系，他们共有同一个长久的神谕，这使得他们之间的争斗残酷而凄惨。② 诗

---

① 参 Niall Rudd, "The Idea of Empire in *the Aeneid*", in Richard A. Cardwell and Janet Hamilton, eds., *Virgil in a Cultural Tradition: Essays to Celebrate the Bimillenium*, Nottingham, 1986, pp. 27 – 42；他在文章中成功地说明，《埃涅阿斯纪》"并非明确张扬罗马人的优越性"，他否认诗中出现过这种观点：

> 也许，维吉尔从来没考虑过这一点，但是，似乎更有可能的是，这种解释也存在于诗人的文学意图之中。他的目的是将奥古斯都时代当作悠久历史进程的*顶峰*。（p. 32，楷体为原文强调）

但是，这一进程并没有在《埃涅阿斯纪》中或者在他对奥古斯都时代的描述中达到顶峰；一旦排除必然如此的猜测，我们很容易相信维吉尔带来了一则预言，即公元212年的大赦令将会来临。

② Don Fowler 认为，史诗其实是通过这些异族人的眼睛看见奥古斯都的奉献，如果此言不虚，那么，我们这里的看法似乎更有可能了。"可能'傲慢'（superbus, 8.721）一词意味着焦点来自被征服的民族"，Don Fowler, *Deviant Focalization in Virgil's Aeneid*, PCPS 216, 1990, (n. s. 36), pp. 42 – 63, p. 51。如果这是正确的话，那么读者也会被引导着（哪怕只是短暂的瞬间）去重视这些异族人，支持他们，将他们看成和自己一样的人。

歌对内战的憎恶，一般表现为对蹂躏与靡费之悲痛。从长久的神谕角度来看，最终，所有的战争都是同胞之间的战争，不论是已经发生的还是可能发生的。

从神明的洞察视野来看，罗马之为罗马的特征正是伏尔坎之盾所要说明的，那么，对罗马而言，任何对异族人的表现必定是也只能是不切实际的了，因为从神明的视野来看，没有什么人同罗马人必然相异，所有人在未来都会联合起来。① 这就是为什么维吉尔称呼那个（the）未来读者，那个（the）将会出现并掌握统治权（imperium）的人——只要他的诗歌还有读者②——为父亲（pater），如同称呼埃涅阿斯本人。正是读者们对其后代的指引，正如埃涅阿斯对他们的指引，才决定了《埃涅阿斯纪》的焦距（focal length），也正是这种指引才可以解释，维吉尔从罗马构建的长远视角出发，就内战和奥古斯都的成就的直接后果而言，他并不强调内战与奥古斯都的成就。因此从罗马建构的长远视角来看，所有异族人都是潜在的伙伴，所有战争皆为内战。

考察从父亲埃涅阿斯传到其后裔的遗产的真正内容，也许首先

---

① 如果说，当维吉尔创作这个想象的"异族人"时，这正是他考虑的事情，那么，他确实有令人惊叹的先见之明，因为长期的结果确实如此，正如Arnaldo Momigliano所说，"从罗马到意大利传统的逐步转变，以及规章制度的逐步产生，所有这些事情都扩展到了行省的许多阶层"。参 Momigliano, "Review and Discussion of Ronald Syme, *The Roman Revolution*"，前揭，p. 79。

② 两个幸运的人啊！如果（si quid）我的诗歌有什么力量的话，只要埃涅阿斯的后裔住在卡皮托山不可动摇的磐石之畔一天，只要罗马长老掌权一天，你们的事迹是没有哪天会被人遗忘的。（9.446 - 449，杨周翰译文）

（去掉那个缺乏信心的表达 si quid）这句话表达的是，只要那一种族的人们及其父亲们能够忍耐，他们就将是这首诗歌的读者，会让这对夫妇的记忆永存。

应该强调，埃涅阿斯是父亲，而罗马意大利人则是他的后嗣，这种强调看似比例失调，因为《埃涅阿斯纪》呈现的宏图和价值观，是要从埃涅阿斯的世纪传至子孙，但后来变成陈腐的观点，平平无奇，毫无争议。如果在埃涅阿斯的世纪和第一批听众的世纪之间的突触式联系（synaptic connections）极其重要的话，那也不是因为有什么不同寻常的东西通过它们而传递。《埃涅阿斯纪》勾勒的价值观是罗马的日常价值，而且，史诗对罗马政治规划的构想也不是直接针对罗马所特有的东西，而是一个相当广泛和普遍的安排，对任何文明社会而言都是义不容辞的义务。

史诗提供了标准的罗马式三位一体美德——德性（virtus，勇气和力量）、虔诚（pietas，对诸神、家族和同伴的正确态度和举止）以及忠诚（fides，诚实与恒久），再加上恺撒的第四个优点，仁慈（clementia）。在此之上，维吉尔又增加了一个非常普遍的概念，即在为国家服务的过程中，① 美好的生活才能追求到卓越；他还增加一个女子的特殊德性——羞怯（pudor）。这是一个传统的、老掉牙的② ［道德］光谱；大多数维吉尔的早期读者在这一光谱中肯定不

---

① 比如 Donald Earl, *The Moral and Political Tradition of Rome*, Ithaca, N. Y., 1967, 尤参 pp. 21–26。

② 比如，西塞罗对美德的四分法（改编自廊下派），参 *De Officiis* 1.15, 是纪律、节制、正义、刚毅。帝王的四分法是（恺撒和奥古斯都的看法），美德、宽容、正义和真诚。H. W. Litchfield 对罗马美德的分类包括正义，诚实，对诸神、亲戚和朋友恪守礼仪，严格（军事纪律），刚毅，坚持不懈，有节制的获取财富，仁慈，节制和约束，随和，行善，尊重他人，认真，慷慨。参 H. W. Litcchfield , "National exempla virtutis in Roman Literature", *HSCPh* 25, 1914, pp. 1–71, p. 9 和 pp. 28–35 的图表。另参 L. R. Lind, "The Tradition of Roman Moral Conservatism", In Carl Deroux, ed., *Studies in Latin Literature and Roman History* Ⅰ, Brussels, 1979, pp. 7–58。昆体良提到了［刚毅、正义、诚实、节制和克制、节俭、蔑视痛苦和死亡］（*Inst.* 12.2.30）。

会发现什么令人惊讶或有争议的东西。这种列举符合基本美德的标准,因此,维吉尔的道德计划乍看之下并没有对习传思想产生挑战。

他几乎没有试图修改罗马美德观念标准,但是,依然有一种重要的修改,即年代错乱的写作策略,会对这些价值观产生影响。《埃涅阿斯纪》将罗马的美德放在英雄时代,① 这种年代错乱的写法表明,这些美德远非罗马所特有,亦非只对罗马人有效,因为早在罗马遵循这些美德之前,它们就以某种形态存在,这种形态是罗马从意大利文化那里借鉴而来,并得以维持、延展,这正是朱庇特向朱诺最后妥协的成果(12.791-842)。这是史诗的策略中一个很少有人注意但令人印象深刻且突出的部分,它使生来就是罗马人的人们变得更加包容,更加尊重他们的新公民。

《埃涅阿斯纪》构造的罗马特征,远在罗马建城之前,由于埃涅阿斯进入意大利就已经得到了强化,所以,史诗使得罗马之为罗马的特征不再是罗马独有的属性和特性,而是罗马最初从意大利那里得来的东西。② 朱庇特和朱诺最后的对话(12.791-842)强调了这一点,他们允诺,埃涅阿斯获得胜利之后,特洛伊人什么都不应该献给

---

① "诗中的埃涅阿斯所创立的生活方式,以一系列英雄世界实际上并不熟悉的价值观为基础",参 Gordon Williams, *Technique and Ideas in the Aeneid*, New Haven, 1983, p. 238。

② "图尔努斯……为罗马人实际看重的东西而战斗至死",参 James J. O'Hara, *Death and the Optimistic Prophecy in Vergil's Aeneid*, Princeton, 1990, p. 84。维吉尔认为,埃涅阿斯是罗马价值在前罗马时代的最初来源,当然,维吉尔耍了一些花招。首先,埃涅阿斯有助于将罗马的建构贯穿前罗马时代的意大利,只是因为他被罗马接受了(参 Erich S. Guren, *Culture and National Identity in Republican Rome*, N.Y.: Ithaca, 1992, 第一章,尤参 pp. 29-31)。其次,埃涅阿斯的故事很可能首先从拉丁城镇传到罗马;例如 Lar Aineias, 他被当成拉丁民族之父,属于一个当地神(比如 McKay, *Vergil's Italy*, Greenwich, Ct., 1970, p. 156),他很早就出名了,也许会成为埃特鲁斯坎和其他地区的传说(见 Galinsky, *Aeneas, Sicily, and Rome*, Princeton, 1969, 第一章)。

这个民族,除了他们的血统和虔诚。① 除了重申父亲埃涅阿斯这一主旨之外,这种变成罗马人的文化大部分都从意大利人那里继承而来。

生来就是罗马人的人,有一种优越和排外的倾向。有一种类似于改变这种倾向的做法,出现在前引安奇塞斯所概述的基本的罗马宏图当中:

> 你应当确立和平的秩序,对臣服的人要宽大,对傲慢的人,通过战争征服他们。(6.851 – 853)

伊利翁纽斯(Ilioneus)将完全相同的计划归之于狄多和迦太基人:"女王啊,朱庇特授权给你建设新城邦,并用法律制服傲慢的民族……"(1.522 – 523) 这就意味着安奇塞斯嘱咐的"罗马人啊"(tu, Romane) 的计划是一项使命,它适于每个天生具有统治(imperium) 资质并自称文明开化的民族,他们的目的不是 superbus [倨傲]。很显然,这也不是罗马特有的使命,② 对于居统治地位的民族而言,这也是一项通常义不容辞且无可争议的使命。然而,为了有更多的方式完成使命,这确实要求某种谦逊和尊敬,因为针对不同的民族,就要采取不同的方式。维吉尔并不认为,关于这个主题,采取和谐的方式是理所应当的。相反,他强加给读者的角色和事件,都与同时代的观点相反,但维吉尔确信,读者们能够领会,这个根

---

① 虔诚并不是为了纠正过错,而是为了增添一种气质,正是凭借这种气质,在特洛伊人到来之前,意大利人已经在此安顿了。参 S. J. Harrison, "*The Aeneid and Carthage*", In T. Woodman and D. West, *Poetry and Politics in the Age of Augustus*, Cambridge, 1984, pp. 95 – 115; Feeney, "The Reconciliations of Juno", *CQ* 34, 1984, pp. 179 – 194, Rpt. S. J. Harrison, ed, *Oxford Readings in Vergil's Aeneid*, Oxford, 1990, pp. 339 – 362。

② 只有在下面这个意义上,《埃涅阿斯纪》才将这当成罗马人特有的宏图伟业:诗歌赋予罗马扩张的使命,甚至是普遍化的使命——无论文明社会中的价值和行为究竟是什么,它们都要被普及。

本规划还有一个同样充满争议的根本属性,即对如何解释和运用这一规划充满了争议,但读者们同时也能够领会,这种情形本身既恰当又不可避免,还颇有助益。

史诗强调了罗马人源自埃涅阿斯的传统,那么,如果其中的内容不重要,那究竟什么才是重要的呢?诗歌在解释建国者和继承者之间的关系方面,有什么特殊之处?除了坚持认为埃涅阿斯和意大利人是建构罗马的先驱之外,史诗关于罗马特征的观点,并不具有深刻的革命性,也没有什么较大幅度的修改。然而,在《埃涅阿斯纪》描写罗马-意大利的意识形态构想中,有一点确属独创。

现代关于意识形态的讨论通常认为,意识形态规划往往是过于简单化和具有压制性的选择。① 人们会把《埃涅阿斯纪》看成关于国家意识形态的诗歌,但令人印象深刻的是,这一诗歌与这种现代看法并不相同。诗中预想的新民族,其目标是团结与和谐,而不是过分简化的党派关系或对自身价值的独断坚持。在《埃涅阿斯纪》对罗马价值和罗马使命的描述中,具有革命性和修正特征的是这首诗歌向其读者建议的方式,维吉尔的规划,无论看起来多么直截了当、无可挑剔,其实都充满了困难和陷阱。《埃涅阿斯纪》描绘的远非一种让读者可以引以为豪并饱含信心的传统,它将平淡无奇的罗马习俗放进一个使其远离平淡的背景之中,转而呼唤剧烈、充满警惕的细致的考察。史诗要求读者,要深思诗中所有的主要人物,不

---

① 参 John B. Thompson, *Studies in the Theory of Ideology*, Oxford, 1984;该书对大部分评论家进行了分析和评论。Thompson 本人也将意识形态和有助于维持的统治关系联系在一起(p.15)。另参 Louis J. Halle, *The Ideological Imagination*, Chicago, 1972; Gilbert Morris Cuthbertson, *Political Myth and Epic*, East Lansing, Mich, 1975;参 John R. Gillis ed., *Commemorations: The Politics of National Identity*,前揭,书中收录的 Rudy J. Koshar 之文说得很简洁:"民族身份建立在分离和镇压其他非民族身份的基础上。"(p.229)

要只做出某种单一的判断,因此,诗中关于各种价值的规划所塑造的观点就多了一倍,同时也在尊敬与劝诫之间做出某种平衡。

维吉尔迫使他的诸种罗马价值类似于一场化学实验,实验的结果是灌输了一种谨慎的观念,提醒人们小心留意抽象观念如何从实践中产生,留意勾勒的轮廓如何得以实现。比如说,他欣赏勇气并颂扬它,但是,他视德性为一种品质,它可能恶化为 furor［狂怒］,在尼索斯(Nisus)、欧律阿勒斯(Euryalus)、图尔努斯(Turnus)、赫拉克勒斯(Hercules)身上,最后在埃涅阿斯身上,都发生过这样的情形。他似乎有意支持某种形式的女性的羞怯(pudor)之德,但他又努力想让我们承认,女人因羞怯之德而对自己持有的期待,可能导致困境与毁灭,比如狄多,正是以羞怯为标准,她才在评价自己时充满悔恨。维吉尔尊尚"虔诚",但他似乎也恳求罗马人注意,在虔诚所引导的关系体系中,要把友谊与礼仪并列,甚至放于礼仪之前,比如,他们应从这些事例中得到警告:埃涅阿斯和阿斯卡尼乌斯(Ascanius)的分离、维纳斯用她的亲属作为工具、安奇塞斯在第六卷中对儿子绝望的痛苦的不理解或漠不关心。维吉尔也看重忠诚(fides),但是他似乎竭力主张,忠诚是一种需要用同情或敏锐来调节的价值,就此而言,忠诚可以形成一种严格的建构主义者的(strict-constructionist)冷漠,埃涅阿斯正是因此而背离狄多,但忠诚可能导致天真的粗心大意,特洛伊因此而在西侬(Sinon)手中化为丘墟。维吉尔崇尚仁慈,但是在令人不安的最后一幕中,埃涅阿斯对图尔努斯的求饶——"带着仇恨无法远行"(12.938)——无动于衷,他不能克服激愤的悲伤中产生的仇恨,这就表明,在充满敌意的剧痛中,仁慈失却了位置。

换言之,《埃涅阿斯纪》推进的价值宏图,既无可争议地重现了传统的罗马构想,同时也清楚地表明,要实现这一宏图规划,就不能采用不加批评的常规,而是必须进行有力的、充满警惕的质询和反思性的细心考察。史诗并不建议修改"祖传习俗"（mos maiorum）的内容，但它确实要求重新考虑传统道德的起源方式，正如林德（L. R. Lind）所言，来源于"少数人——他们把生活看作对与错之间不可妥协的冲突——的高贵、爱国的壮举"。①《埃涅阿斯纪》竭尽所能地打消这一未经审视的念头，即对与错的区别显而易见。埃涅阿斯的世纪和读者（及其后代）的时代之间的突触（synapses）之所以值得强调，不是因为价值观传递过程中的新颖，而是在于这两个方面：首先，就这些理想事物而言，他们的罗马特征和意大利特征之间（实际上应该说，在他们的罗马特征和人类的特征之间）产生的任何明显区别都会消失；另一方面，史诗的写作列举了一系列令人警惕的训诫性例证，而这些例证对这些价值的解释和运用，其实既不明显，也不容易。《埃涅阿斯纪》非常传统，但并非教条。

新民族将要继承这些价值，而对这些价值的探究所具有的品质，在很大程度上使我认为，《埃涅阿斯纪》所致力的事业，比提供某种奥古斯都的观点、庆祝或者批评这个新的政制要更加伟大，因为看起来，史诗设想的宏图非常重要，它不仅是第一公民［奥古斯都］的事情，还是所有公民的事情；现实地看，它的宏图能延续许多世代——如果不能永远的话。② 历史之箭可能会着火，变成其他的事物，比如正义和简单美德的编年史，或者朱庇特钳制和束缚 furor ［狂怒］的神谕的实现——但是，在《埃涅阿斯纪》中，没有任何迹象表明，维吉尔认为这种考察已经结束。他认为这一努力可能有了一个全新的开端，并努力使自己的诗歌推进这一开端。

---

① L. R. Lind, "The Tradition of Roman Moral Conservatism", in Carl Deroux, ed., *Studies in Latin Literature and Roman History* Ⅰ, 7 - 58, Brussels, 1979, p. 12（楷体部分为我所加）。

② "他的听众都是他的后代。" Nicholas Horsfall, "*Virgil History, and the Roman Tradition*", 前揭, p. 84。

# 新典范:《论共和国》中西塞罗的罗马政制

阿斯密斯(Elizabeth Asmis) 撰
汪 雄 译

  本文从斯基皮奥(Scipio)在《论共和国》(传统译为《论共和国》,更准确的译法是《论国家》)中提出的一个主张开始讨论。斯基皮奥主张,罗马的祖传政制是"迄今为止最好的政制"(optimum longe statum civitatis,《论共和国》1.34)。① 我的问题是:是什么使它成为"到目前为止最好的?"继珀律比俄斯(Polybius)之后,西塞罗也认为罗马政制是混合政制。混合政制有三个组成部分:君主要素(由罗马的执政官代表)、贵族要素(元老院)、平民要素(人民),这种由三类简单政制组合而成的混合政制,要优于这三类政制。
  然而,西塞罗不仅把作为最佳政制的混合制赋予罗马人,他还认

---

  ① 在我的讨论中,我将在广义的"政治组织"或"统治形式"的意思中使用政制一词。其拉丁术语是 status civitatis [国家](《论共和国》1.33 等)或 rei publicae status [国家](《论共和国》1.42 等),"国家的总体情态",对应于希腊语 πολιτεία [城邦政制] 或 πολιτείας σύστασις [政治联合]。所有翻译皆为笔者本人所译。

为罗马政制优于其他混合政制，是唯一最佳的政制。斯基皮奥说，没有任何政制可与祖传的罗马政制媲美（《论共和国》1.70）。珀律比俄斯坚持认为，就是否适合于帝国而言，罗马政制优于吕库古（Lycurgan）的混合政制。西塞罗没有附加任何限定条件：祖传罗马政制优于任何其他政制。西塞罗的根据何在？西塞罗的立场与珀律比俄斯的立场有何不同？

我觉得，其差异源自目标的不同。珀律比俄斯试图解释，为什么罗马人建立了一个世界帝国。珀律比俄斯把政制视为原因，也把政制视为一个非凡的平衡机制，它确保了内部稳定和外部成功。相反，西塞罗把罗马政制视为目的，过去几代罗马人经过艰苦努力才得以成就，并且仍旧是未来的样板。然而，西塞罗带着乡愁回顾了过去的岁月，他也怀有实践目标。通过提醒罗马人所失去的，西塞罗告诉他们如何重新获得。为此目标，他将罗马帝国建立为一个典范（exemplum），包罗所有献身国家的传统典范（exempla）之人。为了国家而英勇牺牲自我，自古以来都被视为个人的典范（exempla）。西塞罗详细说明了这些人的人生所奉献的目标：一个因对全体人民福祉的共同追求而团结起来的国家。

为了塑造自己的典范，西塞罗吸纳了珀律比俄斯的混合政制思想，但西塞罗因其不同的动机而强化了这一思想。在西塞罗看来，那些怀有献身国家的理想并为此理想所激励的统治者们，能奠基并强化罗马政制。他们不想为自己或自己的利益集团谋权；相反，他们追求共同的善（common good）。整体平衡不仅仅是三个部分之间平均分配权力，更是共同承认每个部分都有权利与其他部分共享权力。每个部分都支持其他部分，不是以此作为自己成功的手段，而是因为对其他部分的权力拥有平等的权利。为了确保维持平衡，西塞罗恰当地设置了被称为领袖（rector）或掌舵者（ubernator）的统治者，他们超越于个人利益或派系利益之上。诚然，这一安排是个崇高的理想，但西塞罗认为，强有力的政治行动可以使它在未来发挥作用，就像在过去起作用一样。

关于西塞罗借鉴珀律比俄斯的讨论层出不穷。① 许多学者曾指出，在赋予罗马政制以协作和正义品质方面，西塞罗与珀律比俄斯不同。也有学者指出，与珀律比俄斯不同，西塞罗有实践意图。我

---

① 特格尔（Taeger）在其开创性研究中，认为西塞罗依循了珀律比俄斯（Fritz Taeger, *Die Archaeologie des Polybios*. Stuttgart：W. Kohlhammer, 1922）。自特格尔以来，学者们逐渐注意到了他们的差异；参见 Max Pohlenz, "Cicero de re publica als Kunstwerk", *in Festschrift R. Reitzenstein*, ed. Eduard Fraenkel et al., 1931, p. 87, n. 1。我将对这个问题做一个非常简短的概述。波西尔（Poschl）认为西塞罗创造了一种理想，它融合了罗马帝国和柏拉图的形式（Viktor Poöschl, *Romischer Staat und griechisches Staatsdenken bei Cicero*. Berlin：Junker und Dunnhaupt, 1936, 尤参 pp. 99 – 107）。尽管珀律比俄斯提出了一种制衡模式，但许多人曾强调西塞罗提出了一种贵族式的共识；尤参 Wilfried Nippel, *Mischverfassungstheorie und Verfassungsrealitat in Antike und fruher Neuzeit*. Stuttgart：Klett – Cotta, 1980, 154 – 156；Jean – Loui Ferrary, "L'archeologie du *De Re Publica* (2，2，4 – 37, 63)：Ciceron entre Polybe et Platon." *JRS*, 1984, 74：91 – 93。其他人则注意到国家"管理者"或"保护人"的角色。在那些认定西塞罗主张单一统治者的人中，赖岑施泰因认为西塞罗期待奥古斯都（Richard Reitzenstein, "Die Idee des Principats bei Cicero und Augustus", *NAWG*, 1917, pp. 399 – 436, pp. 481 – 486），梅耶认为西塞罗心中想的是庞培（Eduard Meyer, *Caesars Monarchie und das Principat des Pompejus*. Stuttgart：Cotta, 1919, p. 189）。海因茨认为政治家是一种类型，承认多个政治家的情况；他还强调《论共和国》也回应了当代政治环境（Richard Heinze, "Ciceros 'Staat' als politische Tendenzschrift." *Hermes*, 1924, 59：73 – 94, 尤参 pp. 84 – 87）。豪反驳了梅耶和西塞罗期待奥古斯都的观点，认为西塞罗与珀律比俄斯的相似之处远多于不同（W. W. How, "Cicero's Ideal in His *De republica*", *JRS*, 1930, 20：pp. 36 – 41）（同上，pp. 28 – 29）。根据林托特的看法，西塞罗提出了一个共识，由一位政治家监督，如庞培或西塞罗本人（A. W. Lintott, "The Theory of the Mixed Constitution at Rome", *in Philosophia Togata II*, ed. Jonathan Barnes and Miriam Griffin, 70 – 85. Oxford：Oxford University Press, 1997, p. 83, N. 39, 84；A. W. Lintott, *Constitution of the Roman Republic*. Oxford：Clarendon Press, 1999, pp. 224 – 225）。

同意这些一般性的看法。另一方面，我相信二者的不同之处比已经揭示出来的要更加尖锐。

为了表明这些差异，首先我将简要介绍珀律比俄斯对罗马政制的分析。接下来，我将讨论西塞罗在《论共和国》中对珀律比俄斯的回应，这将包括三个部分：第一部分探讨西塞罗的目标，具体参考他撰写《论共和国》的时间；第二部分将追溯他将祖传罗马政制建构为典范的步骤，这个典范远远超过所有其他政制；第三部分讨论是什么使得这个典范"是迄今为止最好的"。我将论证，西塞罗认为珀律比俄斯的分析是一个起点和挑战。在构建一个与柏拉图的理想国相媲美的典范的过程中，西塞罗遇到了挑战。此政制典范有两个关键特征：基于公平承认其他人的权利的协作，以及睿智统治者的引导。在西塞罗的模板中，协作取代了竞争，正义取代了自私自利，此外，引导整体的是统治者的实践智慧。

## 珀律比俄斯对罗马政制的分析

据珀律比俄斯所见，罗马人通过不同方法取得了与吕库古同等的成就——最佳政制。虽然吕库古通过推理或逻格斯（logos）创造了混合政制，但罗马人总是选择更好的进路，以实现这一政制，回应诸多挑战（珀律比俄斯，《罗马兴志》，6.10.12-14）。在与汉尼拔交战的时候，罗马政制发展到巅峰（同上，6.10.1）。与所有政制一样，它也会毁灭。统治者们野心勃勃、篡夺权力、沽名钓誉，再加上在私人生活中的炫富，终将激怒民众并导致民众为自己夺权；结果将是暴民的统治，一种对应于民主制的变态政制。①

---

① 珀律比俄斯，《罗马兴志》，6.57；参珀律比俄斯，《罗马兴志》，6.10.10-14。

虽然珀律比俄斯对罗马政制极为钦佩，但他从未直接说它是最佳政制。最明显有利的论断如下：

> 这就是每个部分彼此伤害和互相帮助的能力，它们参与（άρμογή）的方式足以适应所有情况，因此不可能找到比这更好的政制。（《罗马兴志》，6.18.1）

正如珀律比俄斯曾详细讨论的，每个部分虽有不同功能，但都有平等的权力（同上，6.10.11 – 6.17）。也会有一些调整（άρμογή），包括每个部分阻碍或协助其他部分的能力。战时，对外敌的恐惧激发每个部分积极作为，产生了最大程度的协作。平时，当一部分扩张过度，并威胁控制其余部分时，对其权力的恐惧导致另一部分拒绝协作（同上，6.18.2 – 8）。这种不合作反过来又被各部分的相互依赖所抵销：每个部分为了达到自己的目的，需要与其他部分协作。这三个部分彼此互动的方式解释了罗马帝国令人惊叹的军事成功及其内部稳定。总而言之，珀律比俄斯清晰地证明了，每个部分的自利和恐惧激发了其行动的选择。①

除了罗马政制，珀律比俄斯还赞扬了罗马制度涵养出的一些习惯。首推其非凡的军事勇气；其次是强烈的爱国主义，包括对荣誉和美德的热爱；第三是金钱方面让人佩服的清廉（《罗马兴志》，6.56.1 – 5）；最后是敬神（δεισιδαιμονία）。珀律比俄斯认为，"在造就罗马帝国的优越性这点上，这造成了最大的不同"，因为这"团结"了（συνέχειν）罗马帝国（同上，6.56.6 – 15）。珀律比俄斯猜测，这么做的目的是监控群众。他认为，虽然不可能让希腊政府官员保持诚实，但罗马官员无论与多少钱打交道，都信守诺言，一如

---

① 珀律比俄斯在具体分析中，反复提到了恐惧。参 A. W. Lintott, "The Theory of the Mixed Constitution at Rome", 前揭, p. 79。

誓言所保证。显然，这些习惯有助于解释罗马的成功，即使它们不是政制上的正式特征。

虽然珀律比俄斯认为罗马政制是混合式的，但他也视其为贵族式的，甚至在一处称之为"贵族制"（ἀριστοκρατικόν）（同上，23.14.1）。学者尼可莱（Nicolet）认为，珀律比俄斯将罗马政制归为贵族制而非混合制，① 正如其他人已经指出，这与珀律比俄斯自身所言直接矛盾，因为第六卷中明确认为罗马政制是混合制。然而，我们无需指责珀律比俄斯不融贯。因为贵族精英的社会影响远远超过其正式的政治权力份额。正如珀律比俄斯所示，在罗马，贵族的影响很大。贵族要对群众的信仰负责，此外，珀律比俄斯特别注意到，普通民众会出席贵族的葬礼。珀律比俄斯视这些仪式为一个熏陶群众热切效仿贵族美德的机会。② 他揭示了罗马的贵族价值与权力的政制平衡密切相关。

前引的段落中，珀律比俄斯得出结论，没有比罗马更好的政制。这意味着罗马政制是最好的吗？尽管读者可能会这样认为，但是否定的表述开放了一种可能性，可能有另一种政制与罗马政制一样好，即，罗马政制严格来说仅仅是没有被超越而已。尚不清楚珀律比俄

---

① Claude Nicolet, "Polybe et la Constitution de Rome：Aristocratie et Democratie", *in Demokratia et Aristokratia*, ed. Claude Nicolet, 15 – 35. Paris：Universite de Paris I.，1983，尤参 pp. 18 – 22，他遭到沃尔班克（Walbank）的反对（F. W. Walbank, "A Greek Looks at Rome：Polybius VI Revisited", *SCI*, 1998, 17：45 – 59 尤参 pp. 49 – 51）。尼佩尔（Wilfried Nippel, *Mischverfassungstheorie und Verfassungsrealitat in Antike und fruher Neuzeit*. Stuttgart：Klett – Cotta, 1980, p. 151）注意到珀律比俄斯暗中将罗马政制视为贵族制。同样，林托特（A. W. Lintott, *Constitution of the Roman Republic*, 前揭, p. 22）认为，珀律比俄斯承认"贵族元素事实上（de facto）占主导地位"。

② 珀律比俄斯，《罗马兴志》, 6.56 – 15；参 A. W. Lintott, *Constitution of the Roman Republic*, 前揭, p. 22。

斯是否刻意模棱两可。然而值得注意的是,珀律比俄斯没有积极主张罗马政制优于任何其他政制。

珀律比俄斯在比较吕库古政制和罗马政制时,同样没有正面表达他的意思。珀律比俄斯写道,吕库古创造了一种统治形式,这种统治催生了私人生活中的节制,促进了国家中的和谐与勇气。基于财产的平均分配,加之提倡节俭生活,吕库古逐渐培养了节制与和谐。因此,很长时间以来,斯巴达人都享有自己的领土和自由。导致他们垮台的原因是吕库古未能让城邦在整体上养成自足($\alpha\dot{v}\tau\acute{\alpha}\varrho\varkappa\eta\varsigma$)和自律($\sigma\acute{\omega}\varphi\varrho\omega\nu$)的习惯。所以,在面对其他希腊人时,吕库古令斯巴达人"最具野心、充满统治欲、最富侵略性"。①

在珀律比俄斯的分析中,吕库古政制的三个部分——君主、元老院和人民——的平衡与罗马政制相当不同。出于对美德的选择,元老院通过给君主或人民任何一方加权,来保持权力平衡。贵族们由此充任仲裁者或法官而非竞争对手。与罗马政制相似的一点是,恐惧扮演了重要角色:人民害怕长老(elders),国王害怕人民(同上,6.10.6–11)。

珀律比俄斯认为吕库古政制是罗马政制的主要竞争者。② 接下来看看珀律比俄斯如何对比二者:

> 为了安全地持有自己所有之物并保护自由,吕库古的法律

---

① 珀律比俄斯,《罗马兴志》,6.48;参珀律比俄斯,《罗马兴志》,6.45.3–5。
② 另一个看似合理的竞争对手是迦太基政制,珀律比俄斯认为,这一政制在汉尼拔战争时期已经衰败(《罗马兴志》,6.51.3)。虽然他没有明确比较迦太基和罗马的政制,但珀律比俄斯对比了迦太基人的贪婪(同上,6.56.1–5)、使用雇佣兵(同上,6.52.4–10)与罗马公民的正直和勇气,显然有其个人的好恶。

是自给自足的;有些人把这当成政制目标,必须向他们坦承,现在没有,过去也没有任何制度或安排比斯巴达的(Laconian)更值得选择。但是,如果有人欲求更伟大的政制,并希望它比斯巴达政制更好、更高尚,能鹤立鸡群且有权主导其他政制,并受到追逐和景仰,在这方面,必须承认斯巴达政制是有缺陷的,而罗马政制超越了它,并更有威力。(《罗马兴志》,6.50.1-4)

注意,珀律比俄斯不曾明确判断何种政制更优。通过使用假设句,珀律比俄斯让两种政制彼此权衡。一方面是自由和自我保护,另一方面是帝国,珀律比俄斯让读者在它们之间取舍。

学者们一致认为,珀律比俄斯曾明确表示,他认为选择帝国更好,他希望读者们也持同样结论。费拉里(Ferrary)认为,珀律比俄斯"表面上的客观性""愚弄不了任何人"。[①] 的确,珀律比俄斯在其著作中极为赞赏罗马的统治。此外,通过展示吕库古政制的不足,珀律比俄斯为罗马政制的积极评价铺设了道路。但到头来,斯巴达人并不满足"持有自己所有之物",他们意图攫取他人之物,并由此而丧失自由。

在捍卫个人自由和拥有帝国之间进行选择,许多人——特别是在珀律比俄斯的同胞希腊人中——仍会选择吕库古政制。在道德上,选择前者无可挑剔。保有自己所有之物显然是正义的,反之,将自己的统治扩及别人的头上则颇成问题。领导联盟、用权

---

① Jean-Loui Ferrary, *Philhellenisme et Imperialisme: Aspects ideologiques de la conquete romaine du monde hellenistique*. Roma: Ecole Francaise de Rome. 1988, p. 350. 另参 F. W. Walbank, "Polybius and the Roman State", *GRBS*, 1964, 5: 250-251, Paul Pedech, *La Methode historique de Polybe*. Paris: Societe d'edition 'Les Belles Lettres', 1964, p. 427。

力征服敌人，并统治那些应该作奴隶的人，这些都被普遍认为是正义的。① 相比之下，视盟友为奴隶显然不义。由于未能区分行使权力的不同方式，珀律比俄斯显然没能弄清罗马帝国在道德上是否可以辩护。

珀律比俄斯在第三卷开篇就讨论了这个问题。他建议将其历史从公元前168年马其顿的失败延至公元前146年迦太基和哥林多的毁灭。珀律比俄斯说，这样做的目的是让当前这代人判断罗马统治是否值得选择，让后代人判断其是否值得称赞。他解释说，没有一个人选择战争时心中所想的仅仅是击溃敌人。所有人发动战争无非是为了追求幸福、实现生命之美或攫取财物。② 那么，依据珀律比俄斯的看法，不应根据罗马的成功来对其做出评判，而应该根据他们取得成功的方式。珀律比俄斯没有明确回答这个问题，他仅克制地提供证据。尽管一些历史学家认为，在罗马击败汉尼拔之后，特别是在公元前168年之后，珀律比俄斯看到罗马人的行为举止已经腐朽堕落，但其他历史学家认为，总体而言他仍然像以前一样对罗

---

① 亚里士多德《政治学》卷七 1333b38 – 1334a2 中区分了取得领导地位和成为主宰；参 Jean – Loui Ferrary, *Philhellenisme et Imperialisme*, 前揭, p. 350, 注释5。

② 《罗马兴志》, 4.1 – 3.5.6。珀律比俄斯的观点来自亚里士多德，亚氏坚持认为战争是为了和平（例如，《政治学》卷七, 1334a2 – 6）。珀律比俄斯的三种目标是对哲学三要素的改写：幸福、美德（包括追求荣誉或追求道德的倾向）和利益（被理解为物质利益或伴随美德而来的效用）；参亚里士多德，《尼各马可伦理学》, 1.5。廊下派在严格的道德意义上使用术语"好""利益""值得选择""值得赞美"以及它们的反义词。是否附加道德意义给这些术语？珀律比俄斯让读者来决定，尽管他对廊下派词汇的选择暗示了对道德解释的偏好。珀律比俄斯曾使用道德中立的术语 κατορϑωμα［正确行为］（《罗马兴志》, 3.4.1），廊下派使用此词意指道德成功，这说明珀律比俄斯能在非廊下派的意义上使用廊下派术语。

马持有好感。①

因此，珀律比俄斯对罗马政制的分析，向罗马读者提出了一个挑战。他们的政制是所有政制中最好的吗？罗马政制的善仅仅是内部的长期稳定以及成就一个帝国，还是自有其内在的道德之善？具体而言，珀律比俄斯（虽有限定条件）赋予吕库古政制以三个特征：节制、和谐与正义，罗马政制也具有这三个特征吗？

## 西塞罗在《论共和国》中的目标

在《论共和国》中，西塞罗迎接了这一挑战。这部作品包括六卷对话和三篇前言，每两卷一篇前言。西塞罗于公元前54年春天动笔，于公元前51年5月离开罗马就任西里西亚（Cilicia）总督之前发表。这篇对话录描绘了公元前129年的虚构谈话。在几篇前言中，西塞罗以自己的声音说话。对话的地点是在斯基皮奥·埃米利安努斯（Scipio Aemilianus）的宅邸，他是斯基皮奥·阿菲利加努斯（Scipio Africanus）的孙子，斯基皮奥·阿菲利加努斯是那个时代最伟大的军事英雄。谈话发生在拉丁假期，这是政治动荡的休止期。斯基皮奥的八个朋友来到他的宅邸，其中四名是资

---

① 前者参 Paul Pedech, "Polybe face a la crise romaine de son temps", in *Actes du IX congres* (1973). Association Guillaume Bude. 2 vols. Vol.1, 195 - 201. Paris: Societe d'edition 'Les Belles Lettres', 1975; A. M. Eckstein, *Moral Vision in The Histories of Polybius*. Berkeley and Los Angeles: University of California Press, 1995, p.230; 后者参 F. W. Walbank, "Polybius and the Roman State", *GRBS*1964, 5: 252 - 256; 参 F. W. Walbank, "Polybius between Greece and Rome", *in Polybe. Entretiens sur VAntiquite Classique*. Vol. 20, ed. F. W. Waldbank and Emilio Gabba, 3 - 31. Vandoeuvres - Geneve: Fondation Hardt, 1974, pp. 12 - 13; Jean - Loui Ferrary, *Philhellenisme et Imperialisme*, 前揭, pp. 339 - 343。

深政治家,另四名是年轻的受保护人(prōtegēs)。他们的讨论结构清晰:由前言直接引出问题,之后解答问题。

问题在于国家分裂为二。值得注意的是,这种分裂是纵向的,元老院和人民各分裂为两部分,而非元老院和人民之间的横向分裂。正如斯基皮奥最亲密的朋友莱利乌斯(Laelius)所言(《论共和国》,1.31-32),保民官和提比略·格拉古(Tiberius Gracchus)的死亡"将单一的人民分为两部分",所以,现在一国之内,有两个参议院和几乎两种人民。莱利乌斯认为,"元老院和人民应该是单一的整体",这不仅是可能的,而且对罗马人的福祉也至关重要,所以他们应该是一体。莱利乌斯说,斯基皮奥是唯一能够将罗马人从当前的危险中拯救出来的人,但其他元老不会让他这么干。① 当这伙人中的一名新成员询问他们如何施以援手时,斯基皮奥回答:研习政治科学(《论共和国》,1.33)。莱利乌斯建议斯基皮奥首先阐释一下他认同的最佳政制,然后他们就可以讨论"其他问题",以便系统地了解当下的危机。

因此,西塞罗的《论共和国》整部对话录致力于解决最紧迫的政治问题:如何重新团结国家。为实现这一目标,必须首先知道如何组织国家。因此,政制研究为制定现实政策提供了基础。虽然这场讨论发生在远离政治舞台、让人身心放松的地方,但是,西塞罗通过渲染对话的政治争论色彩,来强调进程的现实重要性。斯基皮奥被莱利乌斯指定为"共和国的领袖"(princeps rei publicae,《论共和国》1.34),斯基皮奥承担的角色类似元老院的领袖(princeps senatus);正如后面这种角色通常被要求在向元老院陈词前先向国家

---

① 斯基皮奥是唯一可拯救国家的人,《论共和国》结尾的斯基皮奥之梦中,他祖父的预言肯定了这点:"你将是国家安危的唯一依靠。"(《论共和国》,6.12)

陈词，所以，斯基皮奥被要求在集会之前先陈述他的意见。① 这个群体替代了目前分裂的元老院，而且内部分为年少派和老成派，以便于后者可以向前者学习。

但是，诚如西塞罗本人在《论共和国》中所暗示，结果是，共和国并没有得到拯救。书中描述的危机最后导致了共和国的瓦解。在第五卷的前言中，西塞罗哀叹道：

> 社稷江山如画，虽年代久远而色泽淡化。但我们的时代不仅没有修复她本真的颜色，而且甚至也没关心她应具有的基本形式，甚至基本的轮廓。（《论共和国》5.2）

公元前54年10月，② 西塞罗写信给他的兄弟昆图斯和他的朋友阿提库斯，信中流露了这种情绪。在给阿提库斯的信中，西塞罗说在他执政期间，国家曾短暂复兴，他颇可以此自慰：

> 我们不仅失去了国家的生命之液，还失去了她昔日的光泽和容颜。没有一个国家可以让我愉悦，让我安居。你说：你容易忍受吗？我说是的，因为我记得，这个国家在我们管理她的短暂时间里，如何美丽绝伦，又给予了我怎样的荣耀。（《致阿提库斯》4.18.2）

---

① 斯基皮奥不可能同时是元老院领袖（参 F. X. Ryan, *Rank and Participation in the Republican Senate*, Stuttgart: F. Steiner, 1998, p. 183）。莱利乌斯赞美斯基皮奥为共和国的领袖，这似乎代替了那个官方称呼。

② *Q. fr* 3.4.1 和 3.5.4；*Att.* 4.18.2。这些信件的直接背景是加比尼乌斯（Gabinius）的无罪释放，他是西塞罗最痛恨的敌人之一，也是庞培的受保护人（prōtegēs）。加比尼乌斯的无罪释放使西塞罗不仅对他的政治无能感到痛苦，还因为放弃了自己的政治原则而深感羞耻。我同意哈比切特（Christian Habicht, *Cicero the Politician*. Baltimore, Md.: Johns Hopkins University Press, 1990, p. 57）的观点，即《论共和国》的写作让西塞罗克服了耻辱，并"再次站起来"。

西塞罗继续说,哪怕有人全权在握,对他来说也没有关系。这个人就是庞培。西塞罗说自己在文学追求中就能得到安慰。他回顾了公元前63年的执政,当时他镇压了喀提林的阴谋,从而避免了共和国的衰落,或许这只是昙花一现。西塞罗希望在前57年的流亡后回国担任领导职位,又因为前56年4月庞培、恺撒和克拉苏三巨头在卢卡重组同盟而希望破灭。他现在向庞培和恺撒,甚至他一直都讨厌的克拉苏鞠躬致敬,理由是"不得破坏最高公民的领导(summorum civium)",另一个理由是,为了保护自己,他必须赢得"有权有势之人的好感"。① 他对其胞弟坦承,因为孩童时代持有的激情彻底崩溃,他备受折磨,(用荷马的话来说):"成为最好的人,卓越于同侪。"②

正如西塞罗所见,公元前54年,国家完全解体。国家落入那些为了私利而行使统治权的人的手中。尽管深感羞愧,但西塞罗仍然与这些掌权者保持一致。在西塞罗看来,发端于保民官提比略·格拉古的解体趋势,已升级为追求自利的个人掌控整个国家。与珀律比俄斯的预测相反,这并不是作为暴民的人民掌管了国家。正如西塞罗在《论共和国》中对政治危机的清晰分析中所表明的,问题的根源在于领袖之间的分裂,每个领袖都有一部分追随者。在前129年,问题更易解决,因为国家的一部分——由斯基皮奥领导的那部分——仍然代表整个国家,这部分都追求共同的善。相比之下,在

---

① *Fam.* 1.9.21(公元前54年12月写给兰图鲁斯[Lentulus]信的部分内容),其中写有"neque delendum…summorum civium principatum[…不得摧毁…最高公民的领导]。另参 *Pro Plancio*(91-95),公元前54年夏天,西塞罗表达了对庞培和恺撒的敬重。

② *Q. fr* 3.5.4,这句引用来自荷马的《伊利亚特》6.208和11.784(稍有改动)。在给其胞弟的其他信中(3.4.1),西塞罗写道:"没有国家,没有元老院,没有法庭,我们没有任何尊严。"

前54年，没有一个群体仍然为共同善而行动。西塞罗本人业已放弃。随着行动的失败，西塞罗开始奋笔疾书。

西塞罗把国家比喻为一幅画作，这来自柏拉图，在《王制》中，柏拉图将用言辞构建的理想城邦的结构与绘画进行比较（《王制》，472 d-e；500c-501c）。在《蒂迈欧》中，柏拉图又赋予这个比喻新的用途：在《蒂迈欧》中，苏格拉底将《王制》刻画的城邦与生物世界的图景，以及有生命但不活跃的世界的图景进行了对比，现在，柏拉图试图把它看成一种与其他城邦竞争的动力（《蒂迈欧》，19b-c）。在《论共和国》中，西塞罗承担了一项任务：修复传统政制的框架和色泽。西塞罗呈现的不仅仅是一幅绘画（如柏拉图的理想城邦），而是描绘了一个国家，一个曾经迸发力量、蓬勃发展的国家（如苏格拉底希望在《蒂迈欧》看到的城邦）。

在第五卷前言中，在短暂感叹国家的毁灭之后，西塞罗给出了一个解释：由于缺乏"男人"（viri），罗马的习俗已经消失了，这是每个罗马人必须面对的事实：

> 我们对习俗遭受的这种不幸不仅应该做出解释，而且甚至应当如同犯了重大罪行那样地面对法庭的审判。由于我们的过错，而不是由于某种偶然，我们现在只是在口头上还保留着共和国，实际上早把它抛弃。（《论共和国》5.2）

无论西塞罗对当下多么不满，他都期待罗马人为当前的国家事务担起责任。当指控罗马人以共谋的方式毁灭了国家时，每个罗马人都有自己的借口或推脱理由。每个人关心的是自己的公民存在。

西塞罗在其整部著作的前言中，有一个新的转变。现在，他调动自己全部的修辞能力来引导罗马人采取政治行动。事实证明，最好的赦免方式是付诸行动。他在序言中写道，"为了消除对步入政界的疑虑"(《论共和国》1.12),最好的生活方式是成为一名政治家,最好的办法就是投身政治,无论面临什么危险。没有什么能阻止一个人为国家鞠躬尽瘁。在这一点上,西塞罗不仅反对伊壁鸠鲁——除紧急情况外伊壁鸠鲁反对参与政治,还反对柏拉图和廊下派,因为他们认为只有在一些例外情况下才应投身政治。① 西塞罗将自己对喀提林的英雄式反抗视为一系列爱国行动的高潮,这些爱国行为来自希腊和罗马的历史。② 以此方式,西塞罗将他自己作为主导整个工作的典范,是其他人可以模仿的楷模。在对话部分,斯基皮奥承担了典范的角色,这个典范既可以进行(历史)预示,同时(从文本上来说)也被西塞罗预示。

尽管整部《论共和国》可以被理解为一种精心设计的自我辩护,或对过去的缅怀,但它也提出了一种拯救当前国家的策略。在斯基皮奥的时代,他把概述祖传政制作为挽救国家的重要一步,与此类似,对于那些受到鼓舞而意欲进入政界的人而言,西塞罗将政制当作他们的灵感和指南。人们很容易这么认为,当西塞罗继续写作《论共和国》时,他从写作中获得了新的希望,不过他的目标在开始时却飘忽难定。西塞罗极有可能是在其作品发表之前写就了这则前言,庞培在前52年恢复秩序,这给西塞罗带来了希望,正如他告诉

---

① 《论共和国》,1.4 – 11;参 Elizabeth Asmis, "The Politician as Public Servant in Cicero's *De Republica*" in *Ciceron et Philodeme. La Polemique en philosophie*, ed. Clara Auvray – Assayas and Daniel Delattre, 109 – 128. Paris:Rue d'Ulm, 2001。

② 《论共和国》,1.4 – 6。在罗马爱国史的名单上,首先有两个早期的英雄:卡弥卢斯(Camillus)和阿哈拉(Ahala),接下来是纳西卡(Nasica),纳西卡造成了提比略·格拉古的死亡。波皮利乌斯·勒纳斯(Popilius Laenas)是格拉古兄弟的反对者,奥皮弥乌斯(Opimius)是盖约·格拉古的反对者。墨特鲁斯(Metellus)是保民官萨图尔尼努斯(Saturninus)的反对者,马略和其他许多人在公元前80年代的内战中丧生。

我们的那样，庞培正在成为"国家的捍卫者"。①

在西塞罗自己的政治事业中，呼吁行动的号召，有一个先例。在前56年的卢卡会议（Luca Conference）几个星期之前，西塞罗发表其演说《为塞斯提乌斯辩护》（*Pro Sestio*），他劝诫罗马青年，通过研习祖传的统治形式来赢得荣耀。正如西塞罗后来在《论共和国》中所做的那样，他把自己作为一个典范，宣布他的一生是"为国献身的典范"。② 同时，他以相当简洁的轮廓勾勒了祖传政制。最好把他描述的内容看作贵族制的一种自由形式（a liberal type of aristocracy）：国家由元老院统治，元老院对所有人开放，并由全体人民选举产生。元老院以下面的方式领导国家：

> ［我们的祖先］让元老院来监国，来总领［权威］，元老院是国家的卫士。我的祖先希望官员们尊重这种秩序的权威，并最好成为重大政策的仆人。我们的祖先希冀元老院巩固这种秩

---

① 西塞罗在公元前49年2月致阿提库斯的信（8.3.3）中说，在他的第三次执政期间（即公元前52年），庞培开始成为"国家的捍卫者"。西塞罗在《论法律》（特别是1.8，3.22，3.26）中极为尊敬地提到了庞培，这很可能是在西塞罗于前51年5月离开罗马前往西里西亚之前开始的，这表明西塞罗现在倾向于相信庞培担任这个角色。在 *Fam*2.8.2-3（西塞罗公元前51年4月写给 Caelius 的信）和《致阿提库斯》5.7（写于前51年6月）中，西塞罗称赞庞培是"优秀公民"（civis egregius）。

② *Pro Sestio*, 49（"我认为奉献国家的典范会随着我的去世而消失"）；对比50（"我身上具有一种公众信任的典范形象"），作为国家的救世主，西塞罗看到自己的一生与国家共存亡（*Red. Pop*. 14："应当恢复国家，国家也应当同等地多一些像我一样的人"）。详参 Hermann Strasburger, *Concordia Ordinum: Eine Untersuchung zur Politik Ciceros*. Borna-Leipzig: R. Noske, 1931, p. 65。从哲学上讲，政治家和国家合一，因为实现其国家观是政治家的职能。参照《论演说家》7-10，西塞罗试图在这部分勾勒一个修辞的典范来界定什么是完美的演说家。

序，并于随后保卫、增加民众的自由和福祉。(《为塞斯提乌斯辩护》，137)

这段描述通常被视为《论共和国》中混合政制的前瞻。然而，正如海因茨（Richard Heinze）很久以前所言，西塞罗并未勾勒三分式的混合政制。① 西塞罗强调，元老院负责国家。元老院向官员们发出指令，这些官员像仆人一样执行决策，他们没有元老院的等级，只接受元老院给予的利益。官员和人民（从第二等级开始，扩展到骑士和群众）都不拥有任何独立权力。② 在《论共和国》中，西塞罗提出了一个新方案。借用珀律比俄斯的三分式混合政制，他向执政官、元老院和人民分配权力。我认为，这种权力的重新分配反映了卢卡会议之后的政治变化，或者更确切地说，是西塞罗对政治变化的认识。

还有一些外部证据表明，西塞罗对自己在前54年退出政界有些纠结。在公元前54年10月写给胞弟的一封信中，他虽然哀叹国家满目疮痍，但还是表现出乐观的态度。他告诉胞弟，在撰写一本预计九卷的《论国家》（*On the State*）的前两卷后，他让人在其朋友撒路斯提乌斯（Sallustius）面前朗读这部分内容，撒路斯提乌斯则建议西塞罗在整部著作中以自己的声音说话。因为撒路斯提乌斯不是赫拉克利德斯（Heraclides），而是一个执政官级别的人，所以撒路斯提乌斯能以此方式敦促西塞罗更有权威地发声。此外，亚里士多德也用他自己的声音写作。在朋友的鼓动下，西塞罗答应重写这些章节。西塞罗解释说，这么做将在国内引发一些巨大的震动（maxi-

---

① Richard Heinze, "Ciceros 'Staat' als politische Tendenzschrift", 前揭，p. 82。通行的观点可参 W. W. How, "Cicero's Ideal in His De republica", *JRS*, 1930, 20: 42。

② 另参 Pro Sesti. 137，尤其是46和142。

mos motus），但这些震动比对话发生的时间要晚。之前他写作对话录的最初理由是不想冒犯任何人。他说，在修订的过程中，他也将避免冒犯别人。①

所以，西塞罗试图以自己的名义提出政治建议。后来，西塞罗保留了他最初的对话者。为什么西塞罗回到了他的最初计划？我们不得而知。极有可能他依然担心冒犯别人，尤其是在卢卡会议之后加入的庞培和恺撒。借过去的伟人之口，西塞罗能更自由地表达自己的观点。把对话的场景设置在过去还有一个显著优势：它有助于证明西塞罗描写的政制确实是祖传政制。但是，这不是他在希腊人的帮助下的创造。至于最近的大麻烦，包括喀提林阴谋，也可以在前言中处理。

尽管西塞罗在其他人的面具背后隐藏了自己的建议，但他明确表示没有放弃拯救国家的计划。他的策略是将当前的危机转移到一个特殊时期，那时，首先威胁祖传政制的是国家的解体，那时提出的解决方案对后来的危机依然有效。② 西塞罗的主要代言人是斯基皮奥，一位与西塞罗类似的政治家。二人都有非凡的能力挽救国家，也都有能力教导他人如何救国。

## 把罗马政制树立为典范

为了拯救国家，西塞罗把罗马政制树立为行动的典范。这发端于莱利乌斯要求斯基皮奥勾勒最佳政制的段落。莱利乌斯说，他之

---

① *Q. fr.* 3.5.1 – 2。在 *Att.* 13.19.4（写于公元前 45 年）中，西塞罗对比赫拉克利德斯的方法与亚里士多德的习惯手法，赫拉克利德斯的对话录中不包含演讲部分，亚里士多德习惯于在其对话录中把主角分派给自己。西塞罗在这儿提到，在《论共和国》和《论演说家》中，他遵从了赫拉克利德斯的方法。

② 论早期危机的重要性，另参 *Catil.* 4.4，*Har.* 41 – 43，和 *Vat.* 23。

所以如此要求，是因为斯基皮奥曾在珀律比俄斯的面前（coram）说，罗马政制显然是最佳政制（《论共和国》1.34）：

> 我记得，你过去时常在珀律比俄斯面前与帕奈提奥斯①讨论问题，这两位希腊人在政治事务方面极富经验，并且你也有很多思考：目前最佳的政制是我们的先祖传给我们的政制。

以莱利乌斯之名提及珀律比俄斯，西塞罗表明自己对希腊师长心存感激。但是，很显然，莱利乌斯没说斯基皮奥的思考来自珀律比俄斯。相反，斯基皮奥发展出了自己的论点。珀律比俄斯确实重要，但斯基皮奥似乎有一些新东西。② 除了珀律比俄斯之外，帕奈提奥斯也是与谈人。这可能暗示着，这位极为崇拜柏拉图的廊下派也部分地帮助斯基皮奥（或西塞罗）修正了珀律比俄斯的分析。③ 在西塞罗的只言片语中，我们难以把任何特定学说归于帕奈提奥斯，但我们知道，西塞罗借用柏拉图和廊下派学说改进了珀律比俄斯。

莱利乌斯称斯基皮奥为一名独立思考者，后来，斯基皮奥的自我评价确认了这一点。斯基皮奥认为，他对"最聪明的"希腊人的著作不满意。同时，他谦虚地说，他不"敢"将自己的贡献放在希腊人之上。斯基皮奥还说，虽然他对希腊事务并非一无所知，但从自己的阅历以及罗马古谚中，他习得的东西超过了从任何著作中习

---

① ［译注］帕奈提奥斯（Panaetius），公元2世纪的廊下派者。
② 这里可能暗示了，珀律比俄斯也许受其朋友斯基皮奥的帮助（A. W. Lintott, "The Theory of the Mixed Constitution at Rome", 前揭, p. 81），但没有证据证明这一点。
③ 珀律比俄斯可能赞同混合政制，但有具体证据证明这一点。在《论义务》中，西塞罗提出了大量证据（主要依赖于帕奈提奥斯），表明帕奈提奥斯是柏拉图的信徒，但也是社会本能论（social instinct）的坚实信徒，还是美德论的创新者。

得的东西(《论共和国》1.36)。斯基皮奥的自我评价也适用于西塞罗。当斯基皮奥的一位朋友回答说,对斯基皮奥的期望"远远多于"对任何希腊文本的期望时(《论共和国》1.37),我们可以肯定西塞罗有自我吹嘘之嫌。与斯基皮奥一样,西塞罗的目标是改良希腊思想。

斯基皮奥的政制讨论分为两部分:第一,他提供了一种政制的类型分析,并得出结论,混合型是最佳政制;第二,他精选出罗马政制,以之为最佳政制。卷一主要讨论第一部分;卷一的结尾引入了第二部分的主题,第二部分的主题占据了卷二的大部分篇幅。这样,斯基皮奥就从类型研究转移到示例研究,即,罗马政制是混合政制中的最佳例子。莱利乌斯刚开始把罗马祖传政制当作"目前为止的最佳政制",这有些含糊;现在,我们还不完全清楚,罗马政制是否是因其为混合型政制中的最佳者,所以优越于其他类型,抑或为因其是最佳的单一政制,所以在其他政制之上。现在业已清楚的是,罗马拥有一个最佳政制。借用政治决断的话来说,斯基皮奥特别强调,没有国家能与祖传的罗马统治"媲美":

> 我认为,我相信,我肯定,在政治体制、权力分配、教育原则方面,没有一个国家能媲美我们先祖承继于上古的政制。我将说明……这是何种类型的政制,最好用我们国家作为典范来说明它,如有可能,我将尽力去阐释最佳政制。(《论共和国》1.70)

拉丁术语"典范"(exemplum [正如希腊语 $παράδειγμα$])的意思介于"范例"和"模范"之间。斯基皮奥的用法兼容了这两个意思:罗马政制既是一个特别的范例,也是卓越的模范。它优于任何其他政制,从而被称为模范。①

斯基皮奥在证明罗马政制的优越性时,采用了追溯历史的手法。他开场就对老卡图(the elder Cato)赞不绝口,并建议以老卡图为起源。斯基皮奥告诉我们,关于老卡图对罗马政制的看法的第一件事就是,老卡图把罗马政制置于所有其他政制之上的理由——罗马政制是逐渐形成的,依靠很多罗马人的贡献,而不是某个人的创建:

> 我们国家的政制之所以优于其他国家,是因为这些国家或多或少是由某个人建立的,他为自己的国家设计法律和制度……但我们的国家由天才们创立,不是某个人,而是许多人,不是一代人,而是经历几个世纪创立的。(《论共和国》2.2)

吕库古的斯巴达就是一个这样的国家。和珀律比俄斯一样,斯基皮奥口中的老卡图对比了逐渐演化的罗马政制和吕库古一人发明的斯巴达政制。然而,珀律比俄斯和斯基皮奥之间明显不同。尽管珀律比俄斯没在这两种起源之间流露偏好,但老卡图却把罗马的渐进模式看作优越于所有其他政制的标志。此外,老卡图还把罗马政制的形成归功于具体的罗马个体——他们中的"很多人",珀律比俄

---

① 鲍威尔(J. G. F. Powell, "Were Cicero's Laws the Laws of Cicero's Republic?", in *Cicero's Republic*, ed. J. A. North and J. G. F. Powell. London: Institute of Classical Studies, 2001, pp. 17 – 39,尤参 pp. 28 – 29)认为,西塞罗把祖传罗马政制仅仅看作一个例子,而不是一个理想模范。在我看来,这是错误的。罗马政制是一种优于所有其他模范的历史真实模范,在这个意义上,西塞罗的政制是一种"理想"。波西尔(Viktor Pöschl, *Romischer Staat und griechisches Staatsdenken bei Cicero*, 前揭, pp. 99 – 107)也曾认为,(在我看来并不令人信服)虽然西塞罗在他的罗马史中使用了"典范"(exemplum)一词意指"例子"(Beispiel),但他随后赋予这个例子以理想色彩,使它具有永恒性的维度,就像柏拉图的形式一样。我同意西塞罗把祖传政制理想化,但不同意将这种理想政制视为可实现的实践目标。

斯则认为罗马政制的演变仅仅是对环境的回应。

　　斯基皮奥对老卡图的尊敬是对珀律比俄斯的巨大挑衅。珀律比俄斯也写过罗马政制史，现在已佚失。显而易见，西塞罗更喜欢斯基皮奥的罗马起源论。为什么老卡图成了一个明显的选择？因为，无论对所有罗马人还是对斯基皮奥个人而言，老卡图不仅是历史权威，而且其本人也是一个典范。斯基皮奥称赞老卡图毕生奉献于政治，称赞其是可亲的师长，这样，斯基皮奥就强调了具体领袖的重要，同时阐释了他的论点：他更得益于罗马的教育而非研读希腊作品。在罗马政制的众多建立者和恢复罗马政制的斯基皮奥之间，老卡图采取了折中立场。① 尽管西塞罗的历史受益于珀律比俄斯，但西塞罗将老卡图放在了极为重要的地位，这导致的结果就是，希腊史学家降格为背景烘托。②

---

① 实际上，珀律比俄斯的思想尽管有其他来源，但其本人也可能吸收了老卡图的思想。尼考莱（Claude Nicolet, "Polybe et les institutions romaines", 前揭）主张老卡图对珀律比俄斯影响很大，穆斯蒂（Domenico Musti, "Polibio e la storiografia romana antica", in *Polybe, Entretiens sur l'Antiquite Classique*, vol. 20, ed. F. W. Walbank and Emilio Gabba, 103–139. Vandoeuvres–Geneve: Fondation Hardt, 1974, p. 132）认为，鲜有证据表明有多大的影响。虽然珀律比俄斯是第一位将混合政制归咎于罗马人的现存作家，但其他人（可能包括老卡图）在珀律比俄斯之前这样做并非不可能（特别是考虑到塞尔维乌斯［Servius］的证词，*fr.* 80 P，老卡图把混合政制归因于迦太基）。

② Fritz Taeger, *Die Archaeologie des Polybios*，前揭，尤参 pp. 101–109；该书详细论证了西塞罗从珀律比俄斯那里习来的政制演化理论，从混合君主制（a mixed kingship）到僭主制（tyranny），从混合贵族制（a mixed aristocracy）到寡头制（oligarchy），然后是混合政制；对比 Jean–Loui Ferrary, " Ciceron entre Polybe et Platon"，前揭，p. 90。尽管特格尔过分强调了西塞罗和珀律比俄斯之间的相似，但他的总体建议在我看来仍然可行。除了西塞罗最初在 1.34 提到珀律比俄斯之外，还有另外两处：其中一处引用珀律比俄斯，以证明努马统治的时间长，并称赞了珀律比俄斯的考证（《论共和国》2.27），另一处引用了"我们的客人"珀律比俄斯，据他观察，罗马制度中唯一被忽略的是教育（《论共和国》4.3）。

斯基皮奥和珀律比俄斯之间还有另一个差异，并且表达得颇为精确。我们刚看到，老卡图认为吕库古政制不如罗马政制。斯基皮奥随后点出了这种差异，并借此狂风骤雨般地批评敲打吕库古政制。斯基皮奥认为，吕库古政制根本不是混合政制，而是由贵族委员会联合而成的君主制，并赋予了人民足够的权力以激发他们更多的欲望。什么令君主制成为君主制？与国王终身相伴的权力。① 此外，君主制存在严重缺陷，因为它是世袭的。② 与这场批评一道，斯基皮奥还承诺解释罗马政制的独特之处何在。（在文本中断之前）他甚至说，君主制之下，人民缺乏很多东西，首先就是自由（《论共和国》, 2.43）。斯基皮奥后来对比了特奥蓬波斯（Theopompus）统治期间斯巴达的监察制度（the institution of ephors）与罗马的保民官制度（tribunes）（《论共和国》2.58；参《论法律》3.15–16）。尽管引入了监察官制度，但给读者留下的印象是：君主制的世袭本质使得斯巴达政制偏重王家统治风格，人民缺乏自由。

还有一个方法上的插曲为斯基皮奥的典范论（model-making）提供了新的启示（《论共和国》2.21–22）。当斯基皮奥讲完他的罗穆路斯故事后，莱利乌斯插话了，他说斯基皮奥的政制演化进程不同于希腊论著中的任何创见：柏拉图的方法是，把具体城邦当作典范（exemplari formaque），其他人的方法是仅仅处理某种城邦类型，斯基皮奥融合了其他人的方法与柏拉图的方法。莱利乌斯指出，柏拉图根据自己的洞见（suo arbitratu）设计了一个远离人间烟火的城邦，但是斯基皮奥将自己的发现（quae ipse reperias）归

---

① 《论共和国》2.42–43，2.50；另参 Jean-Loui Ferrary, "Ciceron entre Polybe et Platon", 前揭, p.90。

② 《论共和国》2.24；参《论共和国》1.50。另一个批评是长老议事会（at the council of elder）太小（《论共和国》2.50）。

功于其他人。① 莱利乌斯解释道，柏拉图为其城邦虚构了一个地址，斯基皮奥将自己选择国家地址的理由归功于罗穆路斯，哪怕这个地址选择实际上出于机运或必然。② 莱利乌斯看到，斯基皮奥的君主史的论述达到了顶点，由于补充了这一点，莱利乌斯明确说，整个君主的历史能够反映出斯基皮奥的智慧。在莱利乌斯的言论中，他把斯基皮奥看作柏拉图的竞争对手。在这场竞争中，斯基皮奥稍占上风，部分原因在于他融合了两种方法，但特别的原因在于，斯基皮奥的国家并非空中楼阁。

莱利乌斯的评论详细展开了斯基皮奥本人在卷一末尾的方法论观点。斯基皮奥说他将把罗马政制作为典范（exemplum）来讨论。③ 现在，西塞罗增加的内容，是比较自己的方法与所有其他政治思想家的方法，特别是柏拉图的方法。读者诸君可能有所困惑，为什么西塞罗认为，除柏拉图以外的希腊政治思想家仅仅处理政制类型（types），毕竟这些政治思想家当然也谈到了具体城邦。④ 我觉得，

---

① 莱利乌斯对柏拉图的政制演化程序的描述基于柏拉图自己在《王制》500d–501c中的理论。根据柏拉图的说法，有必要通过观察什么是自然正义（naturally just）、自我克制，在一张白板上，绘一幅人类社会的画，绘画的同时尽可能地尊敬神。西塞罗对典范（exemplari formaque）的表达看起来像是试图给 $παράδειγμα$ ［例子］（《王制》500e）渲染上 $σχῆμα$ ［理想形式］（《王制》501a）的色彩。

② 斯基皮奥大费口舌，是为了说明选址导致了强大帝国的成长，使它免于道德衰败（《论共和国》2.5–10）。

③ 斯基皮奥在《论共和国》2.66复述了其方法。

④ 如何解释西塞罗的方法论（Methodenkapitel），存在很多争论。我遵循波西尔对论证的总体轮廓（Viktor Pöschl, *Romischer Staat und griechisches Staatsdenken bei Cicero*. Berlin: Junker und Dunnhaupt, 1936, pp. 43–45），反对毕希纳（Karl Büchner, *M. Tullius Cicero. De re publica*. Heidelberg: C. Winter, 1984, pp. 188–191）的看法；参 G. Lieberg, 1994. "Das Methodenkapitel in Ciceros Staat (*Rep.* 2, 11, 21–22)", *Mnemosyne* 47: 12–32, 1994。与波西尔（也参见

西塞罗的立场是,有两种不同的研究路径:一种是分析政制的类型,另一种描述作为典范的具体城邦。类型分析中是否需要添加例证并不重要;援引具体城邦作为类型分析的示例,和将具体城邦设计为所有城邦的典范,二者存在显著差异。西塞罗将斯基皮奥的典范提升到柏拉图之上,并且,西塞罗用了两种方法让斯基皮奥超越所有政治思想家。珀律比俄斯现在已经完全退居幕后。

在建立城邦时,选址是非常紧要的首要事务。以选址作为明证,莱利乌斯其实要说的是:斯基皮奥,你们罗马君主的历史,从头到尾都是你的建构。我们希望,随后的决定和之前一样,都能体现斯基皮奥的智慧。的确,我们没有失望。简短考察最初的两种统治模式,我们就会发现,斯基皮奥的模式特别具有优势。二者的融合发展很快,与其他任何作家相比,这看起来更得益于斯基皮奥(或西塞罗)关于成熟政制的洞见。

罗穆路斯年轻时起于草莽,但能迅速转身成为聪明睿智的君主。① 选定了地址之后,他创建了罗马城,并以自己的名字命名,

---

Max Pohlenz, "Cicero de re publica als Kunstwerk", in *Festschrift R. Reitzenstein*, ed. Eduard Fraenkel et al., 1931, p. 87) 相反,我认为城邦的类型不一定是现存类型,即经验上已知的城邦类型,它们可能包括现存例证之外的抽象状态。至关重要的是具体(由术语确定[certo],一个[una]表示)和普遍(类[genera])之间的基本哲学区别。柏拉图关注一个特定的城邦——他的理想国,以之为最佳政制;所有其他思想家(reliqui)都将各种政制视为类型,而不使用具体城邦作为典范。亚里士多德在《政治学》第七、八卷中阐述的最佳政制不限于具体城邦,而是一种类型。这同样适用于芝诺的智者之国。珀律比俄斯属于"其他人"之列。正如亚里士多德及其追随者,珀律比俄斯引用了各种形式的政制作为例子,而不是使用具体城邦作为范例。

① 如特格尔(Fritz Taeger, *Die Archaeologie des Polybios*, 前揭, pp. 17 - 18)所言,罗穆路斯兼具珀律比俄斯的领袖与君主的属性。根据珀律比俄斯的看法,一个社会首先由"领袖"统治,领袖在精神和体魄上都很突出(珀律比俄斯,《罗马兴志》,6.5.7);当别人心甘情愿地跟着他,而不是出于恐惧跟着

"非常迅速"(《论共和国》2.12)。除了说瑞穆斯是罗穆路斯的孪生兄弟(《论共和国》2.4)外,斯基皮奥只字未提瑞穆斯。他完全抹去了自相残杀的丑事。家族合作的典型例子取代了兄弟冲突。虽然斯基皮奥承认掳掠萨宾少女们相当粗野(subagreste,《论共和国》2.12),但随后又说,罗穆路斯通过选择战败的萨宾王塔提乌斯为共同的统治者,从而将家族忠诚提升到公共决策的地位(《论共和国》2.13)。罗穆路斯也赋予了萨宾人公民身份,从而把之前的敌人整合进公民队伍。① 罗穆路斯最大的功业是,(正如早期的吕库古)他发挥聪明才智增设长老议事会,即后来的元老院,提供咨询(《论共和国》2.15)。结果,罗穆路斯驾崩时,罗马已臻成熟(《论共和国》2.21)。

后来,元老院企图独自统治国家。当人们出于对罗穆路斯的热爱而要求另一位国王时,元老院"机智地"设立了一位空位摄政王(interregnum)。但是,用斯基皮奥的话来说,这个"年轻的民族"虽然只是"出身乡野"(agrestes,《论共和国》2.24),却有能力洞察吕库古没能察觉的东西:应基于"美德和智慧",而不是出身(《论共和国》2.24)选举君主。基于元老院的"权威"(auctoribus),人民甚至邀请一位卓越的外族人努马(Numa)为他们的君主

---

他,当他靠理性来统治时,领袖不知不觉变成君主(同上,6.4.2,6.6.10 - 6.7.4)。罗穆路斯在信史中从领袖变为睿智的君主,通过这个进步,我认为,斯基皮奥改良了珀律比俄斯的理论。在斯基皮奥的解释中,前统治时期的罗穆路斯是一个领袖,这个领袖已经变为君主,因为,"在强健的体魄和剽悍的精神上",罗穆路斯远远超过了他的草莽同伴,所有人都心甘情愿地追随他(《论共和国》2.4)。当罗穆路斯在选址时展示了不可思议的洞察力时,当他创建了罗马城的时候,他就变成了一个成熟的国王。这个明显的证据,证实了在罗穆路斯驾崩时,罗马走向成熟的过程很快。

① 特格尔(*Die Archaeologie des Polybios*,前揭,p.35)注意到这里避而不谈瑞穆斯的故事,也注意到此处预示了罗马的"政治联盟"(Bündnispolitik)。

(《论共和国》2.25)。结果，由于元老院和人民的智慧，从一个统治者到另一位统治者的第一次让渡成为成功合作的典范。

努马王给罗马国带来了新的智慧。斯基皮奥说，努马看到罗慕路斯的征服政策激发了罗马人民的战争欲。努马则把征服来的土地分配下去耕作，让罗马人变得热爱宁静与和平，"借此，正义与诚信更易发扬光大"。努马还通过建立宗教仪典使人们更加温和（《论共和国》2.26）。与珀律比俄斯不同，斯基皮奥认为宗教并不是贵族施于无知民众的恐惧，而是道德教育的一种方式，旨在让罗马人由野蛮残暴而变得"人道、谦逊"（《论共和国》2.27）。人们普遍相信罗慕路斯（作为战神马尔斯之子）的神圣出生，并且神化罗慕路斯，斯基皮奥也特意解释说，这不是由于无知的轻信，而是对罗慕路斯卓越德性的合理阐释（《论共和国》2.4，17-19）。

在斯基皮奥的叙述中，前两任统治显示了如何"获得"集体的"智慧"，正是由于这种智慧，整个政治体共享君主、元老院和人民。尽管我们可以认定，老卡图赞颂的"许多罗马人"是政治领袖，但普通人也做出了贡献。由于人民的良好意识，他们既愿意主张自由，也愿意跟随睿智的领袖，罗马人逐渐达到了和谐的平衡政制。罗马人彼此合作，对外族人也富有宽仁精神。在罗慕路斯和努马之后，这种风气得以延续。第五任国王老塔克文（Tarquinius Priscus）也是外族人，却获得了人民的承认，取得了公民身份。

西塞罗故意将历史的进程描述得富有理想色彩。他借助于莱利乌斯之口，对斯基皮奥的解释流露出审慎的怀疑。莱利乌斯认为斯基皮奥正在构建一个神话，一个也许具有一些历史基础但不能断言其历史准确性的神话。要想使神话摆脱空中楼阁的幻想（像柏拉图的理想城邦那样），就需要神话具有现实性：蕴涵在政制中的智慧最终能够浮现出来。不管斯基皮奥在先辈们身上强加了多少他自己的想法，他的智慧都是漫长传统的政治智慧的积淀。最终的结果是智慧具有实现的可能性；在公元前133年保民官提比略·格拉古引发的危机之下，或者在西塞罗撰写《论共和国》的公元前50年代后期，这种智慧可以实现。

斯基皮奥没有马上回应莱利乌斯的评论，他继续向前推进。在讲完君王的故事后，他提出了自己的评论。为了回应莱利乌斯的分析，斯基皮奥说，自己尽可能通过使用"与［柏拉图］所见相同的观点"（rationibus eisdem quas ille vidit），来解释每一种政治健康与政治疾病的原因，不同的是，自己的观点适用于"最大"的国家，而柏拉图则提供了"最小"城邦的"镜花水月"（shadowy image），柏拉图的城邦永远不可能成为现实。① 作为一个真实的大国，与柏拉图的城邦相比，罗马具有巨大的优势。出于对柏拉图习惯上的尊敬，斯基皮奥没说超越柏拉图。相反，正如他说的"相同"观点，他认为自己与柏拉图并驾齐驱。

然而，斯基皮奥的谦虚不应被解释为他承认自己追随柏拉图。"与柏拉图所见相同"这句话似乎措辞谨慎，保留了这种可能：斯基皮奥和柏拉图一样，独自发现了类似的观点。诚如我们刚才所见，莱利乌斯把这归功于斯基皮奥"自己的发现"。斯基皮奥对老卡图的敬意能够证明，斯基皮奥独立于希腊人获得了政治智慧之基础（《论共和国》2.28 – 29）。在斯基皮奥叙述的历史中，他看重罗马人的本民族智慧。除了我们刚刚提到过的情况，还有一种学说认为，罗马王努马的智慧受益于毕达哥拉斯（《论共和国》2.28 – 29），斯基皮奥极力批评了这种学说。斯基皮奥补充道，每当罗马人接受他人的思想时，通常都会有所改良（《论共和国》2.30）。依据这个主张，西塞罗在卷三的前言中断定：最好的生活方式是，能在政治经验之上进一步学习的那种政治家的生活（《论共和国》3.5）。除了以他

---

① 《论共和国》2.52；罗马作为最大国家的描述，参《论共和国》2.66。

的朋友莱利乌斯和菲卢斯（Philus）为例，西塞罗还以斯基皮奥作为例证。西塞罗的斯基皮奥所研习的，固然有柏拉图的政治理论，但他的坚实基础毕竟是罗马的政治经验。

"所见相同的观点"是什么？柏拉图的阴翳重重、不可实现的城邦正是其《王制》中的理想城邦。① 然而，正如下一节即将讨论的，斯基皮奥使用的论据，不仅出现于柏拉图提出哲人王统治的《王制》，还出现于不同的提倡混合政制的《法义》之中。我们可以推测，西塞罗认为这两组论据相互补充。此外，西塞罗的斯基皮奥受惠于柏拉图之后希腊政治思想的悠久传统。在西塞罗的《论共和国》中，现代学者很可能看到的是逍遥派（Peripatetic）和廊下派。但正如西塞罗本人所见，柏拉图是这些理论进展的终极根源。② 那么，在西塞罗看来，罗马政制体现了一种智慧，她来自希腊却独立成长，也带有某些和柏拉图理论共同的色彩。总之，罗马祖传政制是这一理想的华美实现，而柏拉图只瞥见了这个理想的模糊轮廓。

## 正义协作和智慧引导

然后，斯基皮奥展示了，罗马人如何构建一套远远优于任何既存甚或梦想过的统治体系。现在我进入论文的最后一节，即令祖传的罗马政制脱颖而出的特征。正如我之前所示，这些特征是双重的：

---

① 还有一个证据在《论共和国》2.51处，斯基皮奥对比了罗马和苏格拉底的城邦。

② 尤参西塞罗的《论法律》1.38，54-55。费拉里（Jean-Loui Ferrary,"Le Discours de Laelius dans le troisieme livre du *De Republica* de Ciceron", *ME-FRA*, 1974, 86: 760）强调西塞罗与柏拉图之间的联系，并且表明，西塞罗完全有可能将其《论共和国》3.33中的法律定义视为柏拉图式的而不是廊下派的。我倾向于认为，西塞罗认为这个定义是对柏拉图式方案的廊下派详释。

以公正地承认他人权利为基础的协作；智慧的统治者的引领。珀律比俄斯对罗马政制的分析没有类似特征，柏拉图那里则有征兆。西塞罗在斯基皮奥的演讲中已经做了铺垫，随后进一步展开讨论。西塞罗在一系列关键段落中渐渐发展出他的方案，这与他对典范的塑造如出一辙。首先，斯基皮奥在刚开始演讲时定义了什么是"国家"（res publica）。与珀律比俄斯不同，斯基皮奥借鉴了最早由柏拉图阐述的哲学进程，以便于在对话的最初阶段界定议题。根据斯基皮奥的解释，最初的定义确保了在议题上有初步一致的意见（《论共和国》1.38）。这个定义相当著名：

> 国家是人民的事情，但是，人民不是所有人不受限制的组合，而是许多人对法的共同同意和利益的共同结合。（《论共和国》1.39）

我们可以认为，最佳政制或最好的国家组织，就是这里定义的共同组织。

有两点与目前的讨论关系密切。① 一方面是强调联合。亚里士多德把城邦定义为一类联合体（κοινωνία），西塞罗显然受其影响，

---

① 在所有罗马文献中，这个定义可能是讨论最多的一个句子。这里只列几个关键研究：Rudolf Stark, "Ciceros Staatsdefinition", *NouvClio*, 1954, 6: 56–69; Hans Drexler, "Respublica", *Maia*, 1957, 9: 247–81; 1958, 10: 3–37; Karl Büchner, *M. Tullius Cicero. De re publica*, 前揭; Robert Werner, "Uber Herkunft und Bedeutung von Ciceros Staatsdefinition", *Chiron*, 1973, 3: 163–178; H. P. Kohns, "Consensus iuris – communio utilitatis (zu Cic. rep. I 39)", *Gymnasium*, 1974, 81: 485–498; 和 Malcolm Schofield, "Cicero's Definition of *Res Publica*", in *Cicero the Philosopher*, ed. J. G. F. Powell, 63–84. Oxford: Clarendon Press, 1995; 进一步研究参：Elizabeth Asmis, "The State as a Partnership: Cicero's Definition of *res republica* in His Work *On the State*", *History of Political Thought*, 2004, 25: 569–598。

但是，西塞罗使用了一连串 con- 组成的合成词，这些合成词以"对法的共同同意"（iuris consensu）和"共同利益"（utilitatis communione）为最，这种写法表明西塞罗的定义特别强调共同性（communality）。并且，"对法的共同同意"和"共同利益"这两个特征，也使得政治联合与其他类型的聚合明显不同。

另一方面则关系到对"对法的共同同意"的要求。表面上看，这一要求无足轻重，法律与正义的结合乃老生常谈，对同意的需求也是如此。尽管该短语的语法有些含混（属格修饰"共同同意"[consensu]），但其含义足以清楚地提供研究的起点。虽然我将 ius 译为"法律"（law），但其意义更为广泛；ius 可以表示"法律""法律体系""正确""正义的法律"或"何谓正义"。"合法的"（what is lawful）或德语 Recht [法] 可以最为清晰地显明 ius 的语义范围。因此，西塞罗使用的这个术语掩盖了它的模糊性，ius 可以指任何法律体系或正义的法律体系，也可以仅仅用来指正义或绝对正义、自然正义。此外，还有许多类型的同意（consensu），这个术语通常被译为"一致"（consent），但与"普遍同意"（common agreement）的含义更接近。广泛地说，consensu 表达意志，但这种意志既可以是不情愿的遵守也可以是真心的承诺。接下来的讨论澄清了它们的归属，即哪一种 ius 和 consensu 属于最佳政制。对这两术语的阐明将反过来促使我们明白"共同利益"（sharing of benefit）究竟指什么。

因为 ius 可以用道德中立的方式理解，所以这个定义在整体上是道德中立的。但这个不足很快就会得到解决。在陈述定义之后，斯基皮奥引入了一个道德要素：

> 这种聚合的首要原因不是人的软弱，而是人身上具有某种自然的社会性。（《论共和国》1.39）

虽然斯基皮奥没有排除人的软弱，但他特别重视人的社会本性。正如许多学者所言，珀律比俄斯将人最初的联合归因于软弱。① 斯基皮奥继续解释道，组成社会的自然倾向是一粒"种子"，它与美德一道自然而然地镶嵌在人的身上（《论共和国》1.41）。与社会有关的具体美德，通常被理解为正义。因此，人类就其本性而言就倾向于正义。西塞罗将这一思想归功于包含柏拉图、亚里士多德和廊下派在内的哲学传统。在开篇前言中，他已强调过社会本能，他还指出"捍卫共同福祉的爱"是自然赋予人类的一种美德（《论共和国》1.1）。在西塞罗看来，政治领袖最恰当地体现了这种爱。

"对法的共同同意"这个短语的含义逐渐浮现。斯基皮奥分析了组成混合政制的三个要素：

（1）"卓越的、王权性的要素"（quiddam…praestans et regale）；

（2）赋予统治者的"权威"（auctoritas）；

（3）留待大众的判断和意志来决定（iudicio voluntatique multitudinis）的要素（《论共和国》1.69）。

使得混合政制得以成为最佳的乃是"某种伟大的公平/平等"（aequabilitatem quandam magnam）和"稳定"（firmitudo），倘无公平/平等，人民难以长久自由。② 鉴于三类单一政制容易蜕变为它们对应的变态政制，稳定性在于，除非"统治者品性极其恶劣"，混合政制就会持存。原因在于，"每人各司其职"，没有对应的变态形式渗入。

"某种伟大的平等"（《论共和国》1.69）的含义并没有得到进一步解释。与形容词 aequum［公正］和 aequabilis［平等］一样，名词的意义范围可以从平等（equality）到公平（equity）或正当

---

① 尤参 Fritz Taeger, *Die Archaeologie des Polybios*，前揭，p.18。

② 我保留了 magnam［大］一词，因为抄件上有这个词语，不过 Nonius 的编本中没有。

(fairness)。倘若它还表示某类平等，它能指个体之间的平等，或者意指三个要素之间的平衡吗？在斯基皮奥对混合政制的分析中，珀律比俄斯意指三个部分间的平衡。在斯基皮奥看来，混合政制的卓越之处在于所具有的稳定性，这种稳定性存在于三个势均力敌的强大部分之间的均衡中（珀律比俄斯，《罗马兴志》6.10）。绝大多数研究者都认为西塞罗也表达了同样的意思。①

西塞罗之前使用过术语"平衡"（aequatum），也支持了这种解释，当然，三重混合政制就是三部分之间的平衡。尽管如此，西塞罗将这个名词界定为"某种伟大的平等"，这样的表达方式表明，三个部分之间的平衡需要更加深入的解释，也即，令平衡得以可能的是个体之间的某种平等。这不是一个人与另一个人的直接平等（outright equality），而是一种调节的平等，越公平时，这种平等就越伟大。

在卷一的前面部分，斯基皮奥大费笔墨讨论了两种平等（aequabilitas）：数量平等，通过使一个人与另一个人相等来保证自由；功勋平等（equlity of merit），人民依功勋享有在国家中的位置。如果人民要自由，第一种平等就必须在政制中占有一席之地。② 从贵族

---

① 例参 Luciano Perelli，*Il pensiero politico di Cicerone.* Firenze：Nuova Italia，1990，95 和 Karl Buchner，*M. Tullius Cicero. De re publica*，前揭，p. 165。根据这种解释，aequabilitas［平等］相当于《论共和国》2.57 处的 aequabilis……compensatio［公正地……权衡］。在我看来，它基本上是一类 aequabilitas……civium［政治上的平等］（正如《论共和国》2.43 中的用法）。费坦（Elaine Fantham，"*Aequabilitas* in Cicero's Political Theory, and the Greek Tradition of Proportional Justice."*CQ*，1973，23：287）在省略 magnam［大］的情况下，把 aequabilitatem quandam［某种平等］理解为数量平等。

② 斯基皮奥在他的罗马政制史的讲述中，要求政制必须"平等尊重所有的阶层（ordines）"，而不是将所有权力都留给统治集团（《论共和国》2.62）。虽然斯基皮奥在这里指的是社会阶级而不是个人，但和《论共和国》1.69 处一样，他关注平民的自由。

的角度来言，正如斯基皮奥先前所说，这种数量平等"极端不公平"（iniquissima），或者从词源学上说，"极端不平等"（exceedingly unequal）。（《论共和国》1.53；参1.43）在混合政制中，数量平等与功勋平等相混合。我觉得，西塞罗暗示了这种混合平等，因其措辞是"某种伟大的平等"。

诚如尼可莱所说，西塞罗借鉴了柏拉图的《法义》，以区分两种平等。① 柏拉图认为，为了设计混合政制，必然要将数量平等与功勋平等混合。虽然基于功勋的平等"最值得信赖且最好"，而且它还构成"政治正义"，但数量平等也必须尽量少作调整，以免引起内讧（《法义》，756e–58a）。这种让步标志着，柏拉图《王制》中作为纯粹菁英体制的理想城邦与《法义》中的混合政制方案之间的基本差异。后来，亚里士多德借用了两类平等的区分作为其正义观念的基础。斯基皮奥的措辞，"某种伟大的平等"，似乎反映了柏拉图的一些保留意见：这是可能获得的最大平等吗？重要的是，斯基皮奥不仅仅把自由当作避免内讧的手段；他似乎想给大众的"判断和意志"赋予积极的价值，正如在政制发展过程中他赋予了人民积极的价值一样。斯基皮奥的表述蕴含了这种可能性：妥协也许是最好的，因为它是正义的。

斯基皮奥对混合政制的描述，偏离了珀律比俄斯或其他任何希腊人的表述。这种偏离就是向元老院授"权"（auctoritas）。在后面对混合政制的刻画中，斯基皮奥又使用了相同的术语。官员手中有足够的权力（potestas），元老院的审议则有足够的权威（auctoritas），而人民享有足够的自由（libertas）（《论共和国》2.57）。Auctoritas［权威］一词深深植根于罗马政治之中，却没有对应的希腊词语。②

---

① Claude Nicolet, "Ciceron, Platon et le vote secret", *Historia*, 1970, 19：64.
② 参 Richard Heinze, "Auctoritas", *Hermes* 60：348–366。该文第363页指出了这一点。

基于希腊的理论,我们所理解的仅仅是"足够的审议权力"。斯基皮奥将罗马的 auctoritas［权威］嫁接到希腊理论上。尽管斯基皮奥给执政官和人民赋予了相同的权力,但是,却存在一个假设:这两个部分都愿意听从元老院的意愿。①

由于赋予元老院以权威,斯基皮奥似乎破坏了自己构建的体系。看起来三分体系实际上是两分体系,元老院(包括执政官)作为其中一部分,对另一部分(人民)拥有权力。许多学者都认为三分体系实际上是贵族制。② 在斯基皮奥的讲辞之后的讨论中,西塞罗对 consensus［共同同意］的分析加深了这种印象。西塞罗在这里改造了柏拉图《王制》中对明智($\sigma\omega\varphi\varrho o\sigma\acute{\nu}\nu\eta$)的分析。这是西塞罗的版本:

> 如同演奏弦琴、长笛和歌唱时的乐声需要保持各种不同乐音之间的某种和谐(concentus)……那种和谐靠对各种声音进行调整而协调一致,由上、中、下各阶层协调意见组成的国家

---

① 将西塞罗的《论共和国》与《论法律》的论证分开来看非常重要,因为后者显示出强烈的贵族偏见。在《论法律》中,西塞罗要求元老院必须是公共审议的"主导者"(dominus),并且所有阶层(ordines)必须愿意让国家受统治阶层(元老院)的管理(3.27)。西塞罗还论证说,保民官不会削弱元老院的影响力;通过做出谦卑的"思考",这种思考与统治者的思考地位平等,保民官消除了恶意并防止了起义(3.24-25)。同样,西塞罗把其选举方案辩为一种让步:为"自由的出现"(3.39)保留"善的权威"。在《论法律》中,人民的自由看起来像虚假的东西,尽管西塞罗还坚持声称它肯定是现实,而不仅仅是一种口头欺辞(3.25)。在《论共和国》中没有任何迹象表明人民的自由更像表象而不是现实。

② 参见第 12 脚注;另见 Hermann Strasburger, *Concordia Ordinum*: *Eine Untersuchung zur Politik Ciceros*. Borna - Leipzig: R. Noske, 1931, 66;费拉里(Jean - Loui Ferrary, "Ciceron entre Polybe et Platon", 前揭, pp. 91-93)认为,政制实际上是两分体系,在这个体系中,人民承认元老院的统治地位。

也像声乐一样，靠各种不同因素的和谐一致而发出协调的奏鸣。歌唱时音乐家们称之为和谐的东西，在国家中被称为和睦，这是每个国家的最紧密、最牢固的安全纽带，而且，如果没有正义，这种和睦怎么也不可能存在。(《论共和国》2.69)

遗憾的是，这段话的上下语境佚失了，因此，我们不清楚它如何融入具体的论证。前面的行文涉及模范政治家，其形象逐渐出现。莱利乌斯说，他一直在"期待"模范政治家(《论共和国》2.69)。现在，斯基皮奥委任给这位模范政治家一项纯粹的私人任务：不断自省，并由此而成为同胞们的一面"明镜"。斯基皮奥说，这项任务囊括了所有其他任务。音乐之喻紧随其后；因此，我们可以猜测，其他任务应该包括促进国家的和谐。①

柏拉图在《王制》中曾论证，在人身上，正义作为节制来自灵魂三个部分的协调一致：欲望（最低）、激情（中等）和理性（最高）——关于哪部分应统治、哪部分应被统治。同样，城邦中的节制就是组成城邦的三个部分和谐一致（ὁμοδοξία）：手工业者（最低）、护卫者（中等）和哲人（最高）——关于谁应该统治、谁应该被统治（《王制》，431d–32a，433c；参442c–d）。结果，就像音乐和声一样，城邦成为"[建立在]多之上的一"。②

---

① 我遵循波西尔（Viktor Pöschl, *Romischer Staat und griechisches Staatsdenken bei Cicero*，前揭，pp. 125–126）对论证顺序的分析。
② 《王制》443d–e。我认为，如2.66所说，西塞罗的改造是"自然意象"（naturae imago）的例子。正如柏拉图所主张，在他构建的人类社会中（《王制》502b；参597b–598a），可以根据"自然"而探知什么是正义，什么是节制等等，所以，斯基皮奥指出，图贝罗（Tubero）正在寻找的是一种自然的类型而不是具体的国家。斯基皮奥的国内和谐形象和莱利乌斯在3.33处对自然正义的阐释，都是"自然意象"的例证。"李希特（Will Richter, "Einige Rekonstruktions- und Quellenprobleme in Cicero de *re publica*", *RFIC*, 1969, 97;

西塞罗的改造中没有提到个人灵魂的和谐，尽管我们可以推断，灵魂的和谐是政治家要反躬自省的。西塞罗之所为，就是把柏拉图的理想城邦融入罗马。然而，显而易见的是，西塞罗分析的三个组成部分并不对应混合政制中的三部分。相反，西塞罗把国家划分为三个阶层（ordines）等级。在罗马，最高等级是元老院，接下来是骑士。正如西塞罗在其他论著中告诉我们的，元老们和骑士构成最高等级，随之是第二等级，最末是自由民（参 *Catil.* 4.16 和 *Sest.* 97）。为了阐明国家的和谐一致，西塞罗用三个阶层构成的社会等级取代了由三个平衡牵制的部分组成的政制。罗马由处于最上层的元老们、骑士们，大量的中间阶层和其他大众组成。通过术语的熟练选择，西塞罗将"共同同意"（consensus）等同于与社会阶级相关联的"和谐"（concentus，对应希腊语和谐［ἁρμονία］）。

柏拉图借用音乐类比来证成哲人王的统治。西塞罗以社会分层替代三重混合政制，这样，他就以举国上下的社会和谐来支撑政治结构。到头来，"共同同意"却不意味着人民同意元老和执政官的统治。相反，"共同同意"意味着各种意志有等序的混合（a hierarchical blending of wills），其中，两个最高阶层是元老和骑士，他们是其他人的领袖。上层阶级构成公民体的一小部分，在整体和谐中，他们发出巨大的不成比例的声音。但他们必须让自己的意志与其他阶层的意志合拍。这种阶层和谐取代了珀律比俄斯的和谐（harmoge），即政制的三个构成部分的和谐。

Consensus［共同同意］的概念是西塞罗政治宏图的核心。从他的

---

286－295）难以置信地将"自然意象"视为"蜂之国"，如同在观察动物。波西尔遵循赖岑施泰因（Richard Reitzenstein，"Die Idee des Principats bei Cicero und Augustus"，前揭，p.414）的看法，把"自然意象"视为对智慧者的灵魂的描绘，这样就毫无必要地限制了这个用法的范围，参 Viktor Pöeschl，*Romischer Staat und griechisches Staatsdenken bei Cicero*，前揭，p.121。

执政生涯开始，西塞罗所引以为豪的，就是建立了一个联合体，其中不仅含有元老和骑士之间的联盟，而且还有扩大到"全民"的同意，即，扩及整个意大利半岛，包括自由民甚至奴隶。① 在演讲《为塞斯提乌斯辩护》（*Pro Sestio*）中，西塞罗给这个主题带来了新的含混。他解释说，所有"好"（boni）公民都是菁英（optimates）。菁英不仅包括与平民阶层（populares）相对的元老集团的保守成员，而且包括民众的支持者。事实上，菁英包括全体人民——真正的人民（the real people）——与元老院的领袖们一样，他们也有据以行事的意志。②

《论共和国》更加急迫地需要"共同同意"，因为西塞罗在这里首次将权力分为三个部分，使得——或者，其实因为——元老院现在必须与人民和执政官共享权力，这才不会危及国家的统一。即使元老院必须对人民的意愿做出一些让步，并承认执政官一定的独立性，元老院也仍保有权威。尽管可能有人反对说，这在实践中没有任何改变，但是，各个部分必须与其他部分分享权力，这一点作为一种要求，标志着如何统治国家的观念已经发生根本转变。正如执政官和人民必须服从元老院的权威一样，元老院也必须准备做出让步，让执政官的命令和人民的意志也具有权威。

西塞罗赞同柏拉图的观点，即如果没有正义，节制与和谐就不可能存在。我们发现，每个人在混合政制中都有其适当位置；这正是柏拉图对正义的定义（《王制》433a－b，441d－e，443b－d）。但是，关于各司其职，西塞罗的看法有所不同。在《王制》中，柏拉图认为正义是一种与节制共存的品质；无论是在国家层面还是在个人层面，正义指灵魂中的理性成分统治低劣成分。西塞罗借助廊

---

① *Catil.* 4.16；进一步参见 Hermann Strasburger, *Concordia Ordinum：Eine Untersuchung zur Politik Ciceros.* Borna－Leipzig：R. Noske，1931，尤参 pp. 59－70。

② 参考《为塞斯提乌斯辩护》，特别是 97－98，104－108，114，119 和 138。

下派进一步发展出的亚里士多德的理论，补充了柏拉图的观点，即正义包含公正对待他人的态度。西塞罗认为祖传的罗马政制的基础在于公正对待本国人和外族人，借助这一点，西塞罗解决了珀律比俄斯提出的一个紧要问题：罗马是否值得称赞。如果说，西塞罗能够证明罗马的统治形式建立在对所有人的正义原则之上，那么，就没有什么能阻止罗马政制被判定为"最佳"政制了。

因此，西塞罗的讨论从"共同同意"（consensus）转移到对"法"（ius）的深入阐述。西塞罗以斯基皮奥的两位老友进行辩论的形式提出问题。第一位对话者是菲卢斯，他作为反面角色发表了以下观点：人类社会流传的所谓"正义"不过是习俗，即同意遵守某些规则而已，并不存在关于正义的本质。① 在这个观点看来，包含混合政制在内的所有政制，都是软弱妥协的产物，他们既非出自自然也非出自意愿（《论共和国》3.23）。"智慧"只不过是为自己谋取利益的能力，不涉及正义与否。它命令我们

> 攫取资源、增加财富、开疆辟土……尽可能多地统治、纵情享乐，变得更强，更多地统治与主宰。（《论共和国》3.24）②

与这一立场相反，第二位对话者是莱利乌斯，他援引了廊下派的自然法理论，这套理论认为正义在任何地方都相同（《论共和国》3.33）。根据这个看法，正义要求关心他人：

> 正义教导我们宽恕所有人，关切人类利益，给予每个人他自身

---

① 特别参考《论共和国》3.13 和 3.18，菲卢斯的观点源自卡尔内阿德斯（Carneades）。

② 李维《罗马建城以来史》中指的就是这类"智慧"，当有少数资深元老时，他"警惕传统道德"，公然谴责菲利普乌斯在 172 中的"新智慧"（42.47.4－7）。

应得的，而不是觊觎圣物、公物或他人之物。(《论共和国》3.24)

因此，真正的正义尊重他人的生命和财产。这种对他人的关心，出现在另一处对正义的描述中：

> 最乐善好施，爱他人胜过爱自己，生来为他人而不是为自己。(《论共和国》3.12)

尽管后一种表述保存得很不完整，但其中某些残篇含有关于取得领导地位和成为主宰之间的区别。显然，有人企图为罗马统治辩护，包括为奴隶制辩护（《论共和国》3.34–38）。这段讲辞最后呼吁，罗马人必须停止提比略·格拉古开启的趋势，他将罗马国家政策从正义（ius）转变为暴力（vis）。如果罗马人传承其祖传习俗，那么，罗马国家就可以永恒（《论共和国》3.41）。

那么，在祖传罗马政制中，ius［法］不仅仅是法律，而且是自然公正的法。关于 ius［法］的同意意味着同意尊重他人的生命和财产。这一点既适用于国内也适用于国外。与珀律比俄斯所言相反，罗马作为世界力量的巨大成功是基于协作政策，这一政策承认他人有保留他们自己的东西的权利。无论这项权利具体解释起来，其适用范围可能多么狭窄，人们毕竟承认，一个团体或个人对他人随意发号施令是错误的。具体就罗马人民而言，则是通过向国家的每个部分分配权力来确保这项权利。

我们可以就此收笔了。通过改良柏拉图和后来哲人们的观点，西塞罗认为罗马政制是正义协作的典范，并且，这个道德统一体使罗马国家远远优于珀律比俄斯笔下的罗马。但是，现在停笔会忽略政制的一个本质特征，并错失西塞罗整个工作的突破意义（protreptic thrust）。无论国家在多大程度上奠基于人类公平对待其他人的自然冲动之上，那些仅仅关心一己私利的利己之徒都有撕裂国家的风险。为了维护国家的统一，西塞罗增加了一个珀律比俄斯的政制中没有的新元素：富有智慧的政治家，其职责是保卫混合政制。

这类政治家没有单独的政治职位，他唯一的资格是他的政治智慧。珀律比俄斯的三个部分如此合拍，它们自己就能保持平衡（即便不是永远如此），与此不同，西塞罗的三重政制需要智慧领袖的持续引导。至于相应的政治和谐的自然倾向，西塞罗非常清楚，人们在发展这种倾向的方式上差异很大。除"好"（boni）公民之外，还有"无赖"（improbi），他们在元老院中（以及执政官之中）的数量并不少于在人民之中的数量。通过加强这三部分之间的自然平衡，富有智慧的政治家保证国家不会被分裂为为自己谋取权力的小派系。

混合政制的保卫者（guarantor）首次出现在斯基皮奥口中，他当时正在批评罗马最后一位国王小塔克文（Tarquinius Superbus）的僭政。斯基皮奥断定混合政制的保卫者是僭主的反面，这种类型的人将在他后面的阐述中反复出现。他们被称为领袖（rector ["统领"或"领导者"]）和统治者（gubernator ["舵手"或"总领"]），根据斯基皮奥的刻画：

> 一个善良、智慧和富有经验的护卫者（tutor），犹如政治利益和国家尊严的守护者（procurator）……你们应该能识别这样的人，因为他能用他的智慧和行动守卫（tueri）祖国。（《论共和国》2.51）

诚如波西尔所说，术语 tutor［护卫者］和 procurator［守护者］对应柏拉图的术语哲人王。① 对柏拉图而言，城邦护卫者（guardian）

---

① 参见 Viktor Pöschl, *Romischer Staat und griechisches Staatsdenken bei Cicero*, 前揭，p. 117。柏拉图在《王制》412c 中使用了术语 φύλαξ［护卫者］和 κηδεμών［统治者］，在 424b 中使用了 ἐπιμελητής［城邦管理人］。

是僭主的对立面。然而，斯基皮奥设想的，却是另一类护卫者。虽然斯基皮奥认为小塔克文之前的国王很有智慧，但他在回顾历史时并不认为他们堪当护卫者之职。相反，斯基皮奥以苏格拉底式的风格警告听众即将来临的事情，从而激发年轻听众模仿这种类型的人。就前六任国王的政策预示着某种混合政制而言，他们也预示了这类政治家的类型。①

接下来，我们再看到混合政制的护卫者，是在斯基皮奥讨论罗马政制史之后的内容里。这位护卫者是斯基皮奥"苦苦寻找良久"（《论共和国》2.67）的"智慧者"（prudens）。② 类似于大象指挥员，这位智慧者一方面要指挥一头庞大而又温顺的野兽，据说他不仅用理性指挥一头动物，而且——……；这里文本残缺。大象之喻表明，智慧者被视为：不仅要引导他自身各种非理性的东西，还要引导作为整体的公民的非理性冲动。③ 智慧者显然是政治领袖，因为，莱利乌斯认为，从斯基皮奥本人开始，现在已经有"大量"（bella copia）这样的智慧者。斯基皮奥回答说，他希望元老院也有同样多的智慧者。显然，同时还需要一些富有智慧的护卫者。毋庸置疑，斯基皮奥认为分裂的元老院缺乏这类智慧者；可以推测，元

---

① 因此，我不同意波西尔的主张（Viktor Pooschl, *Romischer Staat und griechisches Staatsdenken bei Cicero*，前揭，p.94），他认为政治家的概念体现在国王的最纯粹形式中。我也不同意梅耶（Eduard Meyer, *Caesars Monarchie und das Principat des Pompejus*. Stuttgart：Cotta, 1919, 184–185）的看法，他认为西塞罗的政治家包含君主制元素（monarchic element），与罗马贵族制的信念格格不入。梅耶认为这位君主制政治家是西塞罗解决贵族制崩解的方案。

② 智慧者（prudens）对应希腊文 φρόνιμος，在《王制》412c 中，柏拉图用它指哲人王。

③ 在《论共和国》3.45 中，人民整体被描述为一头巨大的野兽。大象指挥员的形象让人想起柏拉图的哲人王，他遏制了人民野兽般的冲动。但是，这不应被理解为，通过元老院或执政官来控制政制的一部分——人民。相反，西塞罗想到的是统治者，他能控制全体公民的非理性冲动，无论这些非理性冲动在哪里爆发。

老院中大量存在的，并不是这些智慧之人。

西塞罗的护卫者作为个体而领导国家，这是否包含君主制元素（monarchic element）呢？或者，这个护卫者是否只是一种类型（type），可以有几个人同时代表他？对此存在大量争论。① 正如我们刚才所说，文本明确指出了这是一种类型，允许多人担任。在柏拉图的《王制》中，哲人的统治也被称作王权制，但这类统治并不限于某个人的个人统治。起决定作用的是，理性应作为单一原则来统治，可以由一位或一群哲人代表理性，其行为完全和谐一致，因为所有行动都基于相同的原则。在西塞罗的混合政制中，只要理性之治能维持统一，睿智的政治家是一位还是若干位都不重要。在西塞罗的政制中，这就是实践理性。因此，它有一定的灵活性，允许扩张或限缩。像斯基皮奥或西塞罗这样的杰出人物是它能够达到的顶峰。但是，没有什么能阻止其他有政治智慧的人加入杰出人物之列。②

西塞罗细致地刻画了他的国家护卫者，以适应他的罗马图景。我们已经知道，斯基皮奥只让护卫者承担了一项任务：日日反省，绝不懈怠（《论共和国》2.69）。他的主要工作似乎是，确保牢牢约束自己的欲望，这样，他就可以让公民们也能提升到同样的境界。此外，他必须具备法律实践知识。西塞罗要求护卫者必须"熟谙最

---

① 参第二条注释，毕希纳（Karl Büchner, *Studien zur Romischen Literatur.* Wiesbaden: F. Steiner, 1962, pp. 116 – 147, 尤参 p.129）和勒波尔（Ettore Lepore, *Il princeps Ciceroniano e gli ideali politici della tarda repubblica.* Napoli: Istituto italiano per gli studi storici, 1954, 尤参 p.75）赞同海因茨（Richard Heinze, "Ciceros 'Staat' als politische Tendenzschrift", 前揭, pp. 84 – 87）的看法，认为西塞罗思考的是一个职类，承认多人。

② 如上所述，西塞罗在《论共和国》1.6 的前言中列举了英雄政治家，提供了一个例子：纳西卡和勒纳斯与斯基皮奥同时都为国家辩护；勒纳斯也与奥皮弥乌斯重叠，奥皮弥乌斯是盖约·格拉古的死对头。

高等的法"（summi iuris peritissimus），但"不用了解市民法"（civilis non in chititus，《论共和国》5.5）。显然，经验优先于理论，适用于自然法原则的经验则优先于适用国家法典的经验。作为政治技艺的专家，国家的护卫者旨在通过以下方式让公民幸福：

> 正如船长的目标是顺利航行，医生的目标是健康，将军的目标是打胜仗，所以国家管理者（moderator）的目标是公民的幸福，以此方式，公民的生活物资丰厚、财富充裕、荣耀满身、尊尚德性。我希望他全力以赴，完成这项任务，这是人世间最伟大最美好的任务。（《论共和国》5.8）

这是对亚里士多德定义的修订。亚氏将国家定义为"为美好生活而结合"（partnership for living well），他还给统治者安置了一项任务：为城邦民谋求美好生活，即幸福的生活。[①] 这种生活首先由有德性的行为构成，同时也包括一些外在的福利（external advantages）。西塞罗列出了四个同等重要的构成要素：权力、财富、荣誉和美德。繁荣、统治和美德携手共进。政治家依据自然正义原则行事，这就能证明这些目标组合在一起的正当性。

西塞罗在他的第一篇前言中就预示了这些目标。在那篇前言里，他不仅赋予政治家教导公民美德的任务，而且还有为人们（generis humani）"增加物资"（opes）"让人们（hominum）生活得更安全、更富裕"（tutiorem et opulentiorem）的任务（《论共和国》1.2–3）。同时，他还说，他喜欢"宏伟的城市"甚于村庄。在这部书结尾的斯基皮奥之梦中，西塞罗总结了这些目标，他写道，"那些保卫祖国、帮助祖国、为祖国开疆辟土的人"，尤其为神所喜爱（《论共和

---

[①] 参考亚里士多德《政治学》卷三，1280b33：为美好生活而结合（τοῦ εὖ ζῆν κοινωνία）。

国》6.13)。在这篇前言中,安全和财富相当奇怪地延伸至"整个种族",这意味着国家不会压榨剥削其子民,而是正义地对待所有人。

此前,在《为塞斯提乌斯辩护》的演讲中,西塞罗强调了国家守护者的作用。他坚持认为,国家总是要有一群睿智而又勇敢的卫士(propugnatores);他们多不胜数。① 元老院作为一个整体被西塞罗看作国家的卫士(《为塞斯提乌斯辩护》,137),西塞罗暗指这些政治家都是元老。《论演说家》中也出现了国家卫士的角色,西塞罗称其为"优秀的元老"。在《论演说家》中,西塞罗将斯基皮奥和莱利乌斯列入榜单,此名单选自"多不胜数"的典范(《论演说家》1.211和214-215)。在《论共和国》中,西塞罗提出了一个新版本。作为混合政制的捍卫者,政治家尽管是极好的元老,但不代表元老院。政治家代表混合政制,促进所有三个部分之间的和谐。无论担任何种官职,他都同时支持政府的三个部分。此外,作为传统政制的拥护者,西塞罗的作为都在这个系统之内,这是绝对必要的。尽管西塞罗需要做一些调适以维系政制平衡、以应对不断变化的环境,但是,他不会试图重塑祖传政制。相反,他把它具体化了。正如西塞罗所主张的,他的生活与国家一致,他也支持这个政制。

那么,西塞罗这里就提出了拯救公元前54年到前51年的国家的方案。基于他之前在所有"善"中寻找"共同同意"的想法,他试图为执政官、人民和元老院配置平等共享的权力,以达成新的统一。西塞罗现在建议,赋予执政官——国家的首席指挥官——独立于元老院的权力。西塞罗赞同珀律比俄斯,也赞同传统的罗马观点,但他做了一定的妥协,给予执政官部分王权性的权力(regal power ["卓越、王权性的要素"]《论共和国》1.69)。与此同时,西塞罗用执政官的权力制约元老院的权威和人民的意志,又以这种制约来

---

① 参考《为塞斯提乌斯辩护》,特别是101,103-104,137-138和143。

限制执政官的权力。极有可能,西塞罗受到了公元前59年执政官恺撒的巨大权力的影响,也受到了前55年庞培二次执政的影响。在《论共和国》中,西塞罗承认执政官的权力是一种独立的力量,并对它加以限制,以此来驯服执政官的权力。也许,西塞罗在回首自己在公元前63年的执政时,看到了其执政权(imperium)受到了元老院的权威(auctoritas)和所有"高尚者(good men)"的同意(consensio)的牵制。① 《论共和国》把人民看作第三个元素,也许西塞罗希望借此松动人民与恺撒、庞培这样的领袖之间的关系,并希望元老院的权威能够获得人们的支持。②

当西塞罗动笔撰写《论共和国》时,我很怀疑他曾打算将恺撒或庞培改写为政制的捍卫者。他的著作看起来更像是在警示我们不要非法滥用权力,这就解释了西塞罗为什么不想冒犯他人。③ 另一方面,当《论共和国》"杀青"时,他打算让庞培扮演政制捍卫者的角色。④ 但西塞罗很快就醒悟了。公元前49年2月致阿提库斯的

---

① *Rab. Perd.* (2-3)。在前63年发表的演讲中,元老院的权威(auctoritas senatus)、执政官的统治权(consulare imperium)和高尚之人的同意(consensio bonorum),这三者的联合可能被视为珀律比俄斯三分法的早期版本,确实,西塞罗很早就熟悉这一点。西塞罗认为前两个因素是政制的基石,随后他的主张表明了这点(*Rab. Perd.* 3),他主张"将执政官的命令放在至高位置,元老院的建议也至高无上"(summum in consulibus imperium, summum in senatu consilium putare)。"善"与执政官和元老相伴而生。

② 海因茨(Richard Heinze, "Ciceros'Staat'als politische Tendenzschrift",前揭 pp. 85-86)认为,为了回应那时的普遍动荡,为了回应恺撒作为人民领袖的角色,西塞罗在其政制中为人民留了一个位置。海因茨还认为西塞罗把执政官当作人民的代表。

③ 参上文第34脚注。根据赖岑施泰因(Richard Reitzenstein, "Die Idee des Principats bei Cicero und Augustus",前揭 p. 402)的看法,西塞罗撰写《论共和国》,是为了呼吁、引导罗马人反对恺撒的政治权力。

④ 参上文第30脚注。

信中，西塞罗回顾了国家管理者（moderator）的概念。他写道，"我费尽工夫"考虑他的任务，皆可见于书中所述。在援引了关于让公民幸福的段落（即前文所引）后，西塞罗说，庞培"压根没想过这点"；庞培和恺撒都想拥有至高无上的控制权力（dominatio），即使他们仍可能和解，但"各自都想称王"（uterque regnare vult）（*Att.* 8.11.1）。西塞罗政制中的智慧护卫者恰恰不称王；西塞罗要确保政制足够强大，以防范个人篡权。

总而言之，为了适应《论共和国》的时代，西塞罗改良了珀律比俄斯的混合罗马政制。西塞罗把罗马祖传政制树为远远优于任何其他政制的典范，他试图以此向罗马人展示，如何拯救这个正分裂为自利派系的国家。考察了卢卡会议之后的形势后，他赋予了执政官、人民和元老院以不同的权力。他相信，拯救国家的唯一希望是复归为一个彼此协作的统一体，这个统一体的基础是承认每个部分有权利分享其他部分的权力，并且，这个共同体要受那些为了整体福祉而牺牲个人利益的统治者的领导。

# 拟人化的罗马和典型化的罗马

——公元 5 世纪早期诗歌中的罗马形象

罗伯茨（Michael Roberts）撰
林振华 译

公元 4 世纪末 5 世纪初（正值忒奥多西［Theodosius］及其子当政），为罗马基督教化的重要时期。① 稳固江山的力度前所未有，江山稳固在统治阶级想象中的意味空前强烈。不过，忒奥多西的敕令无疑确立了基督教一统天下的地位，连罗马贵族也逐渐信仰基督教。② 这些时局变化亦见于当时文学中的罗马形象。除沿用《罗马颂歌》（Laudes Romae）的传统语言，当时作家还另辟蹊径，以能反映其不同宗教信仰与文化信念的方式，经营罗马意象。

在罗马形象史上，有三位诗人居功至伟。一为克劳狄安（Clau-

---

① Manfred Fuhrmann, "Die Romidee der Spatantike", *Historische Zeitschrift* 207, 1968, pp. 529 – 561, 参 p. 532。

② Peter Brown, "Aspects of the Christianization of the Roman Aristocracy", *JRS* 51, 1961, pp. 1 – 11. 收于氏著 *Religion and Society in the Age of Saint Augustine*, London: Faber & Faber, 1972, pp. 161 – 182。

dius Claudianus)。此君约370年生于亚力山大港（Alexandria），394年移居罗马。395年，普罗比努斯（Probinus）与奥利布利乌斯（Olybrius）出任执政官。为祝贺两位执政官，他创作了自己第一首拉丁语诗歌。不过他后来的诗歌，大多代恩主和皇帝霍诺利乌斯（Honorius）的宰相——汪达尔将军斯提利科（Stilicho）而作。对于塑造罗马形象尤其重要的，是他的执政官颂诗（396年、398年、404年献给执政官霍诺利乌斯，400年献给执政官斯提利科）、两部历史题材诗（一部描写与非洲军阀吉尔多交战 [*De bello Gildonico*, 398]，一部描写401—402年与匈奴王阿拉里克 [Alaric] 交战 [*De bello Getico*, 402]）。克劳狄安最后一首有据可查的诗歌作于404年。此后，他就销声匿迹了，想必他不久便去世了。

二为克劳狄安的同辈，基督徒普鲁登提乌斯（Aurelius Prudentius Clemens）。据其自选集序诗透露，此君生于348年。他青云得路，功成名就后，辞官隐居，以诗才服务上帝。他有两部作品与罗马形象息息相关。两卷本《驳西玛库斯》（*Contra Symmachum*），成书于402年或403年初，不过第一卷可能成书更早。诗集《殉教之冠》（*Peristephanon*）为殉教者而作，包括罗马的劳伦斯（Lawrence）（*Perist.* 2）、希波吕图斯（Hippolytus）（*Perist.* 11）、彼得与保罗（*Perist.* 12）、阿格尼丝（Agnes）（*Perist.* 14）。其中第9首与第11首涉及诗人的罗马之旅（约401或402年），但这很可能并非他首次前往京城。①

三为鲁提利乌斯（Rutilius Namatianus）。他是思想传统的异教徒，414年出任市政官（praefectus urbi）。其诗《回乡》（*De reditu*

---

① 参 Italo Lana, *Due capitoli Prudenziani: La biografia, la cronologia delle opere, la poetica*, Rome: Editrice tudi, 1962, pp. 23 – 32; Anne - Marie Palmer, *Prudentius on the Martyrs*, Oxford: Oxford University Press, 1989, pp. 29 – 30。

suo)（部分已佚）描写了他417年从罗马返回高卢的回乡旅程。[1] 诗中描写了因近来外族入侵，致使意大利北部与高卢备受蹂躏的景象。不过，在开篇部分，作者热情洋溢地歌颂了永恒之城罗马，这种反衬总能产生更强烈的效果。毁灭与凄凉乃全诗主旋律（leitmotif），但作者对城市的挚爱，对罗马观念的执着，提供了可与之平分秋色的乐观色彩。

三位诗人笔下的罗马呈现出两种形象。有时，它化作女性，其特征彰显这座城市与帝国的实力与地位，同时彰显罗马城（Roman state）的当下语境。[2] 此乃罗马的隐喻形象。有时，基于某些独特的地形细节，罗马城浓缩于城市格局的轮廓之中。这个缩影与整个城市，乃是转喻（或提喻的）关系。兹举一个较晚的例子。暮年的保利努斯（Paulinus of Pella）在《圣餐》（*Eucharisticos*）中追忆往事。他提到，不满三岁的自己，曾于379年随父母前往罗马。他坦言毫不记得那次旅行。虽然缺少个人记忆，但他借维吉尔之言，描述了"恢宏的罗马城墙，城市四周的山峦，令其声名远扬"（*Euch.* 36 - 37）。这里，修饰语"恢宏"（inclita）（*Aen.* 6. 781）和"罗马城墙"（moenia Romae）（*Aen.* 1. 7）均出自维吉尔。一系列自然特征、城墙、山峦，以转喻的方式体现罗马，让读者不禁想起伟大的罗马史诗。将典型化的细节与维吉尔的记忆合而为一，正是本文所考察诗

---

[1] 此处诗人回乡的年份采取Cameron的说法：Alan Cameron, "Rutilius Namatianus, St. Augustine, and the Dae of the De Reditur", *JRS*, 1967, 57, pp. 31 - 39。

[2] 本文旨在追溯罗马诗学（the poetics of Rome），即罗马城在引文中如何出现，如何被塑造，这些形象如何影响当时岌岌可危的宗教与政治问题，以及诗人对当下局势的态度，对罗马未来的希望。（Roman Jakobson将它们视为话语的两个主轴，而我以隐喻与转喻区分之，其实正受他启发。）我不会集中考察罗马更广泛的意识形态内涵，罗马与更广泛的帝国的联系，或者罗马城能代表何种帝国统治的理想。晚期罗马爱国主义的这些方面内容，已有很多学者考察。

人的惯用手法。保利努斯无法想起年幼时罗马城的模样，但他追忆该城的技法，与熟悉真正罗马的诗人如出一辙。

## 拟人化的罗马

两种策略中，拟人—隐喻法的现有研究比较充分，兹简述如下。在克劳狄安的五首诗歌中，罗玛女神（goddess Roma）以叙述者形象出现：《执政官普罗比努斯与奥利布利乌斯颂》（*Panegyrcus dictus Probino et Olybrio consulibus* [*Prob.*] 75 – 173）、《吉尔多之战》（*De bello Gildonico* 17 – 212）、《驳欧特罗皮乌斯》（*In Eutropium* l. 371 – 513）、《执政官斯提利科颂》（*De consulate Stilichonis* 2. 223 – 407）、《第六任执政官霍诺利乌斯颂》（*De sexton consulatu Honorii* 6. 356 – 493）。

在第一首中，罗玛酷似密涅瓦，但像亚马逊女战士一样袒胸露乳（*Prob.* 84 – 89），这是古代艺术中常见的混合型女神。① 克劳狄安的罗玛，明显反映出这一艺术再现手法的影响。诗人悉心揣摩女神的外表——举止、服装、手中的武器，视之为罗马境况的转喻标志。当遭遇饥荒的她恳求朱庇特抵抗非洲叛军吉尔多时，她的外表正契合其处境：面容枯槁，四肢羸弱，头盔不合适，盾牌破破烂烂，长矛铁锈丛生（*Gild.* 21 – 25）。朱庇特答应了她的请求，随即她不可思议地焕发神采（*Gild.* 208 – 212）。罗玛说自己上了年纪，打起仗来力不从心（emeritae… senectae, 115），可现在她尽享青春活力。

---

① 参 Ronald Mellor, "The Goddess Roma", *ANRW*, 1981, 17. 2, pp. 950 – 1030, 参 pp. 1015 – 1016。有关古代晚期艺术中的比较，参 Alan Cameron, *Claudian: Poetry and Propaganda at the Court of Honorius*, Oxford: Oxford University Press, 1970, pp. 274 – 276, pp. 364 – 366。R. Klein（"Das spatantike Romverstandnis vor Augustinus", *BJ*, 1985, pp. 114 – 128）从政治与意识形态角度，考察了克劳狄安的罗马形象。

老妇人罗玛的主题（topos），对应罗马城与罗马帝国的古代。它可追溯至公元1世纪（14.6.3–6），但最充分的阐述见于阿米安努斯（Ammianus）。① 罗玛的意象模糊不清，兼有地位恭谦和身体衰弱之内涵。该意象反复见于4世纪末5世纪初的文学，其中暗含衰落与更新之间的冲突。384年，就是否修葺胜利女神祭坛，西玛库斯与安布罗修（Ambrose）展开著名辩论。早在那时，两人便借拟人化的罗马代自己立言。如何巧妙体现女神的年龄，成了争论焦点（Symmachus *Relat.* 3.9；Ambrose *Ep.* 18.8）。在克劳狄安笔下，这一主题最充分的阐述见于《色雷斯之战》（*De bello Getico*，50–53）。诗人恳请罗玛起立（surge, precor, veneranda parens [起来吧，尊敬的先祖]，行52），忘却老人羞于启齿的恐惧（humilemque metum depone senectae [把老年的羞耻与恐惧抛诸脑后]，行53），因为斯提利科已经让罗马城摆脱了阿拉里克与西哥特人的威胁。罗玛垂垂老矣，但而今对她的敬意，实出于眷依而非虔诚。克劳狄安体现了返老还童或神采焕发之功对整个帝国的影响："活力传遍帝国的所有肢体，疾病缠身的城市重获生机。"（*Get.* 436–437）

在克劳狄安的上述五部作品中，罗玛每次现身都像表演者一样致辞。这些致辞显然与代言（prosopopoeiae）的修辞传统息息相关，一如罗马在西玛库斯与安布罗修笔下、在西塞罗的第一篇驳喀提林演说（17–18——祖国演讲）中、在献给马克西米安（Maximian）与君士坦丁（Constantine）的无名颂歌里（*Pan. Lat.* 7.10.15–11.4）的形象。克劳狄安笔下罗马的大部分演说，要么以褒为主，要么以贬为主，这也契合其诗歌的基调。不过，《吉尔多之战》第17–127行除外。作为历史题材史诗，而非歌颂或谩骂之作，《吉尔多之战》更符合史诗规范。罗玛的致辞旨在让倾听者朱庇特为她的衰弱愤愤不平，心生

---

① 参 Luc 1.188, Mart 5.7.3, and Florus *Pr.* 4。

怜悯。唯有这篇致辞,没有面向地上的人类,而面向天上的神祇,尽管朱庇特立即挑起一系列人间事端——派忒奥多西皇帝及其父(也叫忒奥多西),托梦阿尔卡狄乌斯(Arcadius)与霍诺利乌斯,催促他们对付吉尔多。

在其他四首诗中,罗玛均为凡人面前的祈求者——忒奥多西(*Prob.*)、霍诺利乌斯与斯提利科(*Eutr.*)、《执政官斯提利科颂》和《第六任执政官霍诺利乌斯颂》中的个人。对话者(诉愿人)与女神之间的屈从关系,反映了诗歌的颂赞本意。而罗玛的类似姿态,亦见于4世纪早期的颂歌(*Pan. Lat.* 7.10.5)。克劳狄安认真创造沟通神界与人界的叙事结构,让女神一展法力。根据诗人的想象,罗玛住在罗马城自己的神庙中。她从天而降,找到正在弗利吉都斯河畔(Frigidus)征战的忒奥多西(*Prob.* 100 – 12),或在波河(Po)北部安营扎寨的斯提利科和霍诺利乌斯,或独处米兰行宫的斯提利科(*Cons. Stil.* 2.270 – 74)。女神到来时,异象相伴,彰显其威力。当她来到忒奥多西面前,"山岩震动三次,示意她的出现;面对她的神力,暗林也战栗不已"(*Prob.* 125 – 26)。在米兰,"她明亮的盾牌,令宫殿熠熠生辉,她的盔甲直抵天顶"(*Cons. Stil.* 2.276 – 77)。在霍诺利乌斯面前现身时,她驱散了周身的云雾,显出超乎常人的身材(*Eutr.* 1.390)。

这些观念以及常用语言,源于史诗的神显传统。不过,给人类行动赋予神性色彩及超人地位,其实也出于重要的颂赞目的。神人之间随意转化,神祇美化人间行动,这些不禁令我们想到,在斯塔提乌斯(Statius)以降晚期拉丁婚庆歌(epithalamia)里,神明有着相同的作用。[1]

---

[1] 参 Michael Roberts, "The Use of Myth in Latin Epithalamia from Statius to Venantius Fortunatus", *TAPA* 119, 1989, pp. 321 – 348. 。关于这种炫技形式的比较,参 Siegmar Döpp, *Zeitgeschichte in Dichtungen Claudians*, Hermes Einzelsc-

例如，在克劳狄安写给霍诺利乌斯与玛利亚（Maria）（斯提利科之女）的婚庆歌中，女神飞跃大海，来到皇宫，催促玛利亚与其皇族未婚夫成婚。虽然罗玛比维纳斯更有威严，但司职与之相似。维纳斯的座驾是天鹅车，而罗玛的座驾由其仆从冲动（Impetus）与恐惧（Metus）牵拉。史诗的降神机制，逐渐为其他炫技诗体裁（epideictic poetic genres）所袭用，以神话为名，表达庆贺之意。①

克劳狄安的罗玛身上，代言的修辞手法、拟人的艺术传统、皇家浮雕中的神人同现、史诗与炫技诗诗学，统统融为一体。女神是文学之创造，而非崇拜之对象。拟人化的罗马少了对神性的渴求，故可以轻而易举地适用于普鲁登提乌斯的基督教诗歌。在《驳西马库斯》（Contra Symmachum）第一卷中，普鲁登提乌斯批判了罗玛女神崇拜（1.217-225）。跟其他祭仪形式一样，该崇拜希望潜移默化地影响年轻人，进而长久维持对异教神祇的信仰。不过，刚刚战胜篡位者马克西姆斯（Maximus）与欧盖尼乌斯（Eugenius）的基督徒皇帝忒奥多西，在撰写演说时，仍将拟人化的罗玛唤作"忠实的母亲"（fida parens，416）和"女王"（regina，430）。在皇帝的督促下，通过其颁布的敕令，女神改过自新，而她布满皱纹的旧貌也逐渐换了新颜（l. 506-508）。② 诗人反对把罗玛视为面向神祇的崇拜，但作为文学拟人形象，她可谓无懈可击。

---

hriften 43，Wiesbaden：Franz Steiner，1980，pp. 32-39，尤参 p. 36。一如克劳狄安在颂诗中的做法，在其颂歌中，斯塔提乌斯亦创造了一种叙事场景，激发神人之间的随意转化，并为其创造环境（斯塔提乌斯的笔下为 Venus 与 Violentilla 之间）。

① 例如，试比较宁芙仙女与斯塔提乌斯的 Silvae 和奥索尼乌斯的 Mosella 中的其他小神。

② 虽然此处返老还童的主题并不明显，但体貌发生变化，言外之意是罗玛已改头换面。

在第二卷中,普鲁登提乌斯直接针对西马库斯为恢复胜利女神祭坛所作的《抗辩书》(Relatio,行384)。西马库斯介绍了年迈的罗马,呼吁尊重她古老的宗教活动。普鲁登提乌斯反对他的意见,但并不反对他的文学手法。再说,他自己也有所化用。他表示,西马库斯借其中一个角色(persona),让自己的不实之词更加可信,就像悲剧神话中戴面具的歌手(此处用了 persona,这表明普鲁登提乌斯把演说视为代言,而代言的拉丁译法之一就是 fictio personae,语出 Quint. 9.2.29)。

在普鲁登提乌斯看来,罗马帝国乃为基督教降临与传播而设的天造之体。① 忒奥多西的改革象征这一过程的最终胜利。因此,他反对把罗马塑造成虚弱的女性,不得不屈尊向皇帝请愿(2.640-648)。罗马向两位信徒阿尔卡狄乌斯与霍诺利乌斯表达不满(2.769),并歌颂了城市天翻地覆的变化,尤其是基督教军队在波伦提亚(Pollentia)之战中刚刚取胜。和克劳狄安一样,普鲁登提乌斯运用视觉意象和转喻细节,反映城市的地位。在基督徒皇帝治下重生后,罗马的华发再次变成金色(2.656-658)。她依然戴着头盔,但上面多了橄榄枝,绿色的叶环也遮住了剑带。女神身上武装的细节,普鲁登提乌斯均予以讬寓解读。虽然她仍全副武装,准备对外战斗,但那些武器装点了绿植,因为它们不再用来迫害无辜的基督徒(2.661-668)。

普鲁登提乌斯对该形象的运用,更令人惊奇,因为在书的前半部分,他批评另一拟人化形象——胜利,认为这是诗人与画家的愚蠢造作之物(2.31-60),他们"用虚构的肢体,炮制出没有肉身之物"(2.58)。② 他强调,战场上的胜利并非女神之功,而是骁勇善

---

① Jean-Louis Charlet, "*Sit devota Deo Roma*: Rome dans le *Contra Symmachum* de Prudence", in *Studi di filologia in ricordo di Riccardo Ribuoli*, ed. S. Prete, 1986, pp. 35-45, 参 pp. 41-42。

② 有关这段文字,参见 Christian Gnilka, "Prudentius tiber die Statue der Victoria im Senat", *FMStud*, 25, 1991, pp. 1-44; 参 pp. 16-33。

战的罗马士兵拼来的。同样,他把罗马城等同于罗马人民(1.569 - 571;2.443 - 444:"我把这类人称为罗马——我相信,他们是城市之魂,/而不是徒有其表的侍卫"),尤其是元老阶层。不过,这一态度没有贯彻始终。对于普鲁登提乌斯这样的罗马爱国者,罗玛女神的共鸣过于强烈。她既非女神,又非叙述中的施事者,一如克劳狄安笔下遵从史诗与炫技诗先例的女神。不过,作为普鲁登提乌斯的代言人,拟人化的罗玛仍然是强有力的修辞工具。为了使女神外貌符合其基督教论述,普鲁登提乌斯从符号上独出心裁,于是,罗玛的举止、服装、武器的转喻细节,均可作隐喻和意识形态的解读。

在鲁提利乌斯眼中,罗玛依然是女神(1.79),是美颜倾城的女王(1.46)。虽然她默不作声,但作者为她献上长篇颂歌,倾吐爱慕之情,其炽烈程度,远超克劳狄安的任何作品。诗歌的感染力部分得益于气氛的烘托:主人公向心爱的城市泪别。不过,时代背景也凸显罗马的伟大。世纪初创作时,鲁提利乌斯的文字尚弥漫普鲁登提乌斯式一厢情愿的乐观情绪;可罗马被阿拉里克占领,又为鲁提利乌斯的故乡高卢侵略后,这种情绪便不复存在。罗马的建城传说(1.67 - 72)、帝国成就(1.71 - 92)、楼宇丰碑(1.93 - 114),以及拟人化的河流与部族的贡品(1.145 - 154),都成了信条而非毫不动摇的信念。[1]

鲁提利乌斯的罗马赞歌结尾处,作者祈求前往高卢的路途一帆

---

[1] 关于鲁提利乌斯诗中乐观与悲观情绪的矛盾,参 Ernst Doblhofer, "Drei spatantike Reiseschilderungen: Rutilius Claudius Namatianus, Iter Gallicum (De reditu suo); Paulinus Nolanus, C. XVII (Propemptikon); Egeria, Itinerarium (Peregrinatio Aetheriae ad loca sancta)", in *Festschrift Karl Vretsk*, 1970, pp. 14 - 15, p. 21, n. 18;另参 Michael Roberts, "The Treatment of Narrative in Late Antique Literature: Ammianus Marcellinus (16.10), Rutilius Namatianus, and Paulinus of Pella", *Philologus* 132, 1968, pp. 181 - 195;尤参 pp. 186 - 187。

风顺（1.155–158）。整部赞歌的基调看似如此，但前一部分其实更加重要，即希冀近来遭遇国难的罗马东山再起。该部分首先以传统转喻的方式，细致地刻画了拟人化的罗玛：

> 罗玛，扬起你的月桂头饰，
> 用年轻的青丝再次装点你衰老的圣发；
> 愿金色的城冠在髻顶上闪耀，
> 愿金色的盾牌永远熠熠生辉。
> 藏起你的伤痕，抹去你的屈辱；
> 对痛楚一笑了之，你的伤将很快愈合。（1.115–120）

头发与武装再次表明罗马的境况。在第一个对句中，鲁提利乌斯特意把嘉奖给胜利者的月桂冠，跟年轻人靓丽的秀发合而为一。月桂头饰（crinales lauros）既可指"以月桂饰头"，也可指"月桂发型"（即编成月桂的头发）；青丝（virides… comas）既可指"年轻人的头发"，也可指"绿叶"。① 通过这种方式，鲁提利乌斯以罗玛的返老还童，暗示罗马重夺军事霸权（以胜利者佩戴的月桂冠为象征）。

在第二对句中，罗玛兼具战士与女王的特征——金城冠与盾牌。② 两者金色的光辉再次反映出女神的实力与地位。类似例子亦

---

① 参 Ernst Doblhofer, *Rutilius Claudius Namatianus*, *De reditu suo sive Iter Gallicum*, 2 vols., Heidelberg: Winter, 1972—1977, 卷二, p.73, 他借此说明 viridis 及其同源词的隐喻意义。

② 金城冠亦见于 Lucan 1.188。除此之外，诗歌中的罗玛往往戴着头盔。这两种头饰同样见于美术当中，而金城冠基本指图凯斯城（Tyches）（参 Kathieen Shelton, "Imperial Tyches", *Gesta* 18, 1979, pp.30–35）。"髻顶"（cono）在拉丁诗歌中，往往指头盔顶。鲁提利乌斯用该词同样把金城冠与战士头盔的显著特征结合起来。克劳狄安（*Cons. Stil.* 2.274）强调罗马的盾牌金光闪闪，那正是她飞往米兰寻找斯提利科途中经过的波河。

见于奥索尼乌斯（Ausonius）的"金色罗马"（aurea Roma）（*Ordo Nob. Urb.* 1）、克劳狄安（*Fescennina de Nuptiis Honorii Augusti* 2.19）和普鲁登提乌斯（*Apothesis* 385，*C. Symm*，2.1114）。①

最后，在第120行，鲁提利乌斯为拟人化的罗玛增添了新细节，呼应那个动荡年代的罗马城与罗马帝国。在克劳狄安（*Gild.* 21 – 25）笔下，罗玛因受吉尔多断粮威胁而忍饥挨饿，羸弱不堪。不过，当朱庇特答应其请求，她整个人立刻焕发神采（*Gild.* 208 – 212）。在鲁提利乌斯笔下，罗马城遭受的伤痛（行119）就如她身上的伤痕一样，随时光流逝，将逐渐愈合。以自然愈合的过程作比，言外之意，康复可能极为漫长，伤得越重，耗时越久。这肯定不像克劳狄安诗歌所言，迅速复原。多布尔霍费尔（Ernst Doblhofer）指出，鲁提利乌斯从心理学角度解读隐喻：abscondat［藏起］有"忘却"之意，而 contemptus… dolor［痛楚……一笑了之］则强调对新生的正确态度。② 它与 deleta iniuria［抹去屈辱］的语法与句法结构相似，故可断定，它也应该具有心理学含义。罗马需要时间来疗伤。鲁提利乌斯的诗歌可视为这一心理疗伤计划的一部分，尽管有些模糊不清。诗人并未自豪地宣称，罗马城一定会重获新生，但用祈使句，用祈求虚拟式，以更合理的口吻，表达自己对未来的期许。历史已经表明，罗马总是越挫越勇，这正是它的自信之源。③ 罗马高高地昂起头，重新展示符合"世界首府"（caput orbis）称号的高大

---

① 有关"金色罗马"的其他例子，参 Wilhelm Gernentz，*Laudes Romae*，Rostock，1918，pp. 58 – 59。

② Ernst Doblhofer，*Rutilius Claudius Namatianus*，*De reditu suo sive Iter Gallicum*，前揭，卷二，p. 74。

③ 这段文字的高潮处经常为人引用："使他国毁灭的，却令你恢复：/ 你重生的能力，正在于化不幸为力量。"（1.139 – 140）其他例子见 Gernentz，*Laudes Romae*，前揭，pp. 93 – 95。

挺立的姿态。这里的罗玛形象,不受帝国政治环境或宗教论战的影响。对于鲁提利乌斯这样的高卢罗马贵族,它依然具有号召力。不过,该拟人化形象带着创伤未愈的不祥之征。克劳狄安和普鲁登提乌斯都借颂歌,谈及唯有斯提利科(*Cons. Stil.* 2. 204 – 205)或忒奥多西(*C. Symm.* 1. 14 – 18)才能治愈的创伤。鲁提利乌斯对领袖则没有类似期许。想来,他寄望于拟人化罗玛的康复与复原能力。

## 典型化的罗马——转喻、提喻与主题

### 罗马的城墙与山丘

佩拉的保利努斯描绘罗马地形时,只需指出两个特征——城墙与山丘,此二者足以代表整座城市。墙、山合写,可追溯至维吉尔的《农事诗》(*Georgics*, 2. 534 – 535):"该城城墙环抱其境内七座山丘。"(参 *Aen.* 6. 783)其最简洁的表达方式,见于 1 世纪斯塔提乌斯为斯特拉(Stella)与维奥伦提拉(Violentilla)作的婚庆歌("七重……罗马的城墙");维纳斯将该城描述为"帝国的拉丁首府"(*Silv.* 1. 2. 191 – 192)。① 保利努斯很可能受其祖父奥索尼乌斯影响(后者写过"得意的/罗马之城墙",*Prof. Burd.* 6. 15 – 16)。②

事实上,在 4 世纪末 5 世纪初的诗歌中,"城墙"(moenia)的转喻用法比较罕见。这或许是因为该特征并非罗马所独有。古代晚期的许多城市都有城墙。例如,在《第六任执政官霍诺利乌斯颂》里,克劳狄安称赞斯提利科重建奥勒留城墙,但他一如既往地将城

---

① 山与墙的高度其实暗示罗马"帝国……之首"的称号名副其实。
② 诺拉的保利努斯(Paulinus of Nola)(致信奥索尼乌斯)写过"得意的/罗马之城墙"(*Carm.* 10. 247)。

墙，同建城或城市的早期历史关联起来。① 普鲁登提乌斯仅两次谈及罗马城墙，一次是写忒奥多西从城墙上得意扬扬地俯瞰江山（*C. Symm.* 1.410-11），另一次是写迫害者"不再满足于始终以义人之血，涂染崇高的罗马之城墙"，遂把希波吕图斯押出城献祭（*Perist.* 11.43-44）。普鲁登提乌斯将迫害视为罗马从崇高地位堕落。Celsae intra moenia Romae［崇高的罗马之城墙］这个说法袭用《罗马颂歌》，但 humum［土地］与 celsae［崇高的］同时使用，加之具有贬低意味的迂说 humum… tinguere［涂染……土地］，则意指迫害者的行为让罗马城蒙羞。最后，鲁提利乌斯笔下只是在谈到给城市引入高架渠的时候，才提到城墙（1.101-104）。

罗马的山丘意味比较宽泛。维吉尔描写厄凡德尔（Evander）在罗马未来城址安营扎寨时，涉及山丘的部分就占了很大篇幅（8.53，216，305）。迪瓦尔（Dewar）指出，斯塔提乌斯频频提到罗马的山丘，克劳狄安大概也受其影响而效仿之。② 维吉尔描写地形的一大特点，亦得到后世作家的独特回应。他写道，舞蹈祭司（Salii）对赫拉克勒斯（Heracules）演唱的赞歌，在周围的群山中回荡（"整个树林飘荡着他们的歌声，山丘也发出回响"，*Aen.* 8.305）。③ 当

---

① *Cons. Hon.* 531-536；与罗马建城和早期历史的关联，见 *Gild.* 28 和 109。克劳狄安借斯提利科重建城墙，暗示维吉尔笔下的罗马建城，由此再现了其恩主之举既使城市重生（iuvenescere），又使其重建。

② Michael Dewar, *Claudian: Panegyricus De Sexto Consulatu Honorii Augusti*, Oxford: Oxford University Press, 1996, pp.357. 关于斯塔提乌斯的参考文献，见 *Silv.* 1.1.64-65, 1.2.144-145 (with the Tiber), 191-192, 1.5.23-24 (Tiber), 2.7.45 (Tiber), 4.1.6-8, 4.4.4; in Claud. *Prob.* 175-176; *Fesc.* 2.19-20; *Cons. Stil.* 2.401-402, 3.30-31, 65-66, 136, 284; *Get.* 51; 6 *Cons. Hon.* 11-12, 35-36, 40-41, 529-531, 535-536, 615-617。

③ ［译注］译文见维吉尔，《埃涅阿斯纪》，杨周翰译，南京：译林出版社，1999，页212。

年,英雄的牛群应该就在那片山上低吟(8.215-116)。自然以合鸣(concentus),呼应祭司的赞歌,传递神之崇拜的和谐(consensus)。

人与自然、声音与方位的这种统一,为颂歌所借鉴。贺拉斯(Horace)曾写道:

> 你先祖/居住的河流两岸,还有梵蒂冈山,
> 那时都传来快乐的回声,仿佛
> 也把你颂赞。(*Carm.* 1.20.5-8)①

在拉丁颂诗中,自然往往配合皇帝出场(如6.22.6,11.9.1-4和15.4)。不过,将该主题发挥至极致的,要数克劳狄安的执政官颂诗。早在写给普罗比努斯与奥利布利乌斯的颂诗中,克劳狄安就详论维吉尔笔下的舞蹈祭司之赞歌。忒奥多西差人前往罗马,宣布执政官任命。歌队随即唱起歌来,他们和着节奏拍手,声音在周围的群山中回荡了七次(*Prob.* 175-176)。克劳狄安袭用了维吉尔式的诗行结尾"群山……回荡"(collesque……resultant, *Aen.* 8.305)。他保留了每个词在行中的位置,但把分句扩展为两个诗节。自然与人的声音,在统一整个罗马的喝彩中合而为一,经罗马七山的衬托,为歌队所唱出。它不禁让人注意《埃涅阿斯纪》中,罗马舞蹈祭司的原始仪式与4世纪晚期环境的主题关系。

在另一些诗中,克劳狄安将同一主题,用于更鲜明的仪式背景。譬如《第六任执政官霍诺利乌斯颂》——霍诺利乌斯面对大竞技场(Circus Maximus)里的民众:

> 他尊重的民众不约而同地欢呼起来。

---

① [译注] 译文见贺拉斯,《贺拉斯诗全集》上册,李永毅译,北京:中国青年出版社,2018,页54。

> 欢呼声回荡空谷，响彻天际，
> 回声把奥古斯都的名字传遍七座山丘。(6 *Cons. Hon.* 615–617)

这段文字的两个分句，突出了那个场面的特点。第一个分句按照由下到上的顺序描写，句眼是行尾的 aethera vallis［空谷］——声音从低处传至高处。第二个分句则强调大家不约而同地（行尾的 unaque totis）欢呼。维吉尔两次如此描写罗马建城，即"该城城墙环抱境内的七座山丘"。晚期罗马的仪式，便以这种方式重新举行，并通过维吉尔对建城的权威描述，宣示自己的合法性。

斯提利科的到场（adventus）也激发了民众的类似热情。诗人问道：

> 多少次穆尔西亚谷（即大竞技场）把你的名字送上天际，
> 又让其在阿文丁山与帕拉丁山回荡？(*Cons. Stil.* 2.404–5)

作者构想了一模一样的仪式，而且同样强调声音从山谷传至天际。不过，地形方面倒别出心裁。例如，帕拉丁山与阿文丁山取代了七座山丘。为此，克劳狄安打消了借机统一民心的想法。他强调，民众爱戴斯提利科，在等待执政官到场时，他们个个急不可耐。这种焦急情绪不但按时间，而且按地点的顺序呈现——弗拉米尼安大道（Flaminian Way，行397）、品奇亚山（Pincia culmina，行401）、庞培剧场（Pompeiana…proscaenia，行403），以及最后的穆尔西亚谷。罗马的这小段路线勾画出民众的期许，表达了他们对将军到场的热切期待。①

再来看一下基督教诗歌。为了替基督教辩护，诺拉的保利努斯（Paulinus of Nola）在其诗集《寿辰》（*Natalicium*）（为405年圣菲

---

① 尤其是398–399："多少次骗人的尘土让满心欢喜期待你随时到来的民众失望"，类似思想可见 Verg. *Ecl.* 8.108。Auson. *Ep.* 24.116–124 在类似语境下，运用与之相仿的路线（包括维吉尔的引文），营造出这种惴惴不安的情绪。

利克斯节而作）的第十一首诗中，运用了同样的主题。作者描写了罗马为殉教者彼得与保罗举行的祭礼：

> 圣歌队唱着永恒之主的赞歌，歌声响彻天际，
> 卡皮托利欧山亦为之震颤。
> 枯槁的幻影在空旷的神庙中战栗，
> 神音使之头晕，基督之名使之目眩。（*Carm.* 19.67–70）

礼拜的歌声直抵天际（但没有传回），震撼了卡皮托利欧山（incusso；对比 Recussum，*Cons. Stil.* 2.405），高扬基督之名，这与奥古斯都或斯提利科的名字形成鲜明对照（6 *Cons. Hon*, 617；*Cons. Stil.* 2.405）。每一处细节都令人想起克劳狄安的类似主题。尽管这段文字写到罗马地形（神庙战栗，幻影颤抖），但其实反映了基督教必然战胜异教的信念。

### 俯瞰罗马

为庆祝斯提利科凯旋进入罗马，克劳狄安向将军本人展现城市全景：

> 请您环顾七山，
> 它们的闪闪金光与阳光争辉，
> 看看布满战利品的拱门、直插云霄的
> 神庙，以及一次次胜利铸就的成果。
> 请用您惊奇的双眼，衡量
> 您庇佑并守护的城市之伟大。（*Cons. Stil.* 3.65–70）

这里的"直插云霄的神庙"（aequataque templa/ nubibus），不禁令我们想起维吉尔，他也描写过厄凡德尔治下罗马城里星星点点的

房屋。后来（即维吉尔时代），城市屋脊与天际齐平（"今天强大的罗马……摩天的高大建筑"，*Aen.* 8.99-100）。克劳狄安典型化的城市景观，出自维吉尔，同时又宣称与奥古斯都治下的罗马，以及此前传说中厄凡德尔最早的定居一脉相承。

罗马建筑的光辉，尤其是其金色屋顶，可与阳光争辉，或"令临近的星光失色"（*Cons. Stil.* 3.133-134）。观者亦为之目眩（attonitis⋯oculis）（*Cons. Stil.* 3.70）。在后来写给霍诺利乌斯的颂诗中，克劳狄安重写了《执政官斯提利科颂》第三首中的两段文字，并更加充分地描写这类耀眼建筑的观感："视线为金属光泽所遮掩，/目眩之余，竟连金子也分辨不出。"（6 *Cons. Hon.* 51-52）① 这种效果堪比神明降临，皇帝驾到，或者来世的神性光环。在颂赞中，罗马的光辉有助于凸显颂赞对象的荣耀。回头看一下《执政官斯提利科颂》3.65-70，尽管斯提利科惊异于罗马的景观，但他是城市的恩主和救星。② 此后，作者再次称颂罗马时，更鲜明地说明了该城与斯提利科的关系：

> 执政官大人，神明的挚友，您如此护佑这座城市。它比天下所有国度都要强大。眼目无法穷尽其疆域，灵感无法畅言其魅力，声音无法表达对其赞美。它的屋脊金光闪闪，与星光同列，与星光争辉。（*Cons. Stil.* 3.130-134）

斯提利科的形象背后，隐现着卢卡努斯（Lucanus）的朱庇特："至尊神从塔尔皮亚岩俯瞰城墙。"（1.195-196）克劳狄安把斯提利科称为"神明的挚友"（proxime dis，即最接近神的），这正暗示了卢卡努斯对至尊神朱庇特的祈求。不过，两位诗人运用 prospicis 的方式

---

① 对于这种目眩的效果，参 Michael Roberts, *The Jeweled Style: Poetry and Poetics in Late Antiquity*, Ithaca: Cornell University Press, 1989, pp.73-75。

② 在 Pacatus 的忒奥多西颂中，罗玛女神高兴地从七座山上，俯瞰忒奥多西治下罗马的和谐场景（*Pan. Lat.* 2.46.1）（感谢某匿名读者的提点）。

有所不同。在卢卡努斯的诗中,该词引导宾格,取"俯瞰"之义;在克劳狄安的诗中,该词引导与格,取"护佑"之义。当然,克劳狄安并非从不使用 prospicis 的第一个含义。执政官意味着监督、治理,故 prospicis 接夺格时,与其本义相契。不过,proxime dis 可据语境解读,即神明的左右,有高高在上之意,即从高处俯瞰全城(prospicio 接宾格时作此解)。① 罗马伟大,其执政官崇高,两者有异曲同工之妙,但也次第分明。换言之,罗马傲视群雄,乃得益于执政官高屋建瓴的监督。

罗马金色的屋顶,跟上方响晴的天空相映成趣,这种俯视的城市景观往往出自从高处远眺的观者。当克劳狄安重写《执政官斯提利科颂》第三首时,皇宫以转喻的方式代表皇帝本人,俯瞰城市的广场和祠庙("昂起高悬于脚下广场的头颅/俯瞰周围众多神庙;众多神祇的瞭望塔/环立四周",6 *Cons. Hon.* 42 – 44)。在《驳西马库斯》第一卷中(*C. Symm.* 1.412 – 414),普鲁登提乌斯采用了同样的主题,但旨在反对异教。忒奥多西远眺罗马城,可城市没入浓浓的黑暗之中,由于空气污浊,天上的亮光无法照到七山("他望着黑云笼罩的城市/没于夜色之中;混芒的空气/把澄明的天空与七山隔绝开来")。当皇帝向城市讲话时,普鲁登提乌斯把污染的城市,转化为鬼魅般的拟人化形象,她戴着金饰、宝石,但四周迷雾缭绕,故难以觉察:浊气和微光令她的首饰黯然失色,异教祭礼的浓烟模糊了她的王冠,异教崇拜中的幽魂和黑色偶像在她身边缭绕(*C. Symm.* 1.415 – 424)。忒奥多西请求罗马昂首起立,目视明亮的天空,即放弃异教崇拜,改信基督教(*C. Symm.* 1.425 – 426)。

普鲁登提乌斯对该主题的重写,多少印证了《驳西马库斯》第

---

① 试比较斯塔提乌斯对图密善雕像的描写,雕像通过转喻代表皇帝本人:"但是,您高昂的头颅矗立在澄澈的天空中,/您似乎鸟瞰着闪闪发光的神庙。"(*Silv.* 1.1.32 – 33.)

一卷的写作时间为公元400年以后，即晚于克劳狄安的《斯提利科颂》第三首的成文时间。① 或许，普鲁登提乌斯只是简单重写类似主题，但他运用的不少桥段，与克劳狄安的诗歌相仿，这表明两者关系紧密。普鲁登提乌斯跟克劳狄安一样，胪列大量金制贵重的战利品；不过，七山在后者笔下金光闪闪，在前者笔下却一片灰暗。② 克劳狄安重写时引入的细节，与普鲁登提乌斯遥相呼应。普鲁登提乌斯提到，罗玛女神身边飞舞着黑暗的灵魂与漆黑的幻影（*C. Symm.* 1.424）。而克劳狄安用了"直插云霄的神庙"（3.68-69），这段文字显然受普鲁登提乌斯的影响："流云缭绕的雕塑/以及簇拥于浓浊天空的神庙。"（6 *Cons. Hon.* 46-47）克劳狄安把普鲁登提乌斯诗中不祥的"黑色幻影"，换成了雕塑（可能在神庙的屋顶上）。普鲁登提乌斯抱怨，空气"混芒"（turbidus, *C. Symm.* 1.413）而"浑浊"（spissus, *C. Symm.* 1.421）。在克劳狄安诗中，天空亦"浓浊"（densum），但并非因为异教污染，而是"神庙簇拥"所致。

普鲁登提乌斯的措辞掷地有声，这多少归功于绝妙的拟人化罗马形象。相比之下，克劳狄安描写城市实景及其光彩之处，描写雕塑、神庙，没有使用拟人手法。实际上，他借分词 volantia［飞翔的］和 stipantibus［充满的］，以活物喻建筑，同样令场面栩栩如生。③ 在克

---

① 有关《驳西马库斯》第一卷的成书时间的争论概述，见 Bastiaensen 1993, 127-128 和 García 1996, 102-108。

② 试比较 auri fulgore（*Cons. Stil.* 3.66）和 multo circumfluis auro（*C. Symm.* 1.418）；indutosque arcus spoliis（*Cons. Stil.* 3.67）和 spoliisque insigne superbis（*C. Symm.* 1.417）；septem circumspice montes, / qui solis radios auri fulgore lacessunt 和 turbidus aer/ arcebat liquidum septena ex arce serenum（*C. Symm.* 1.413-414）。

③ 对于这部分文字的分析，参 Michael Dewar, *Claudian*: *Panegyricus De Sexto Consulatu Honorii Augusti*, 前揭, pp.96-97。动词 stipo 往往指围在某个人四周的人群。

劳狄安看来，罗马城里的名胜乃审美对象，而非崇拜的地点或对象，这也与普鲁登提乌斯所见略同。《驳西马库斯》第一卷中忒奥多西演说末尾，皇帝高呼斩断雕塑的异教关联，让艺术品摆脱宗教崇拜，成为"国家的装饰"（*C. Symm.* 1.504）。①

鲁提利乌斯对罗马胜景的描述，与克劳狄安一脉相承。他谈及"布满战利品的高地"（1.93）（比作群星［94］），并且描述了观者的迷惑之感："金光闪闪的神殿令人目眩。"（1.95）② 在把罗马拟人化时（上述引文），他与普鲁登提乌斯（*C. Symm.* 1.412–426）的做法如出一辙。两位诗人都让罗马昂起头来（*C. Symm* 1.425；Rutilius 1.115），分别面对异教崇拜的污染（普鲁登提乌斯）和新近的劫难与军事失利（鲁提利乌斯）。普鲁登提乌斯的罗玛，其金冠为异教祭祀的烟雾所遮蔽（*C. Symm.* 1.421–422）。鲁提利乌斯则反其道而行——罗玛的金冠熠熠生辉，火焰不停地从她的金盾上冒出。③ 不过，

---

① 在 *Perist.* 2.481–484 中，普鲁登提乌斯表达了同样的情感；参见 *CTh* 16.10.15。

② Decora alta trophaeis 可指挂满战利品的拱门（参见 Claudian, *Cons. Stil.* 3.67 和 6 *Cons. Hon.* 50–51），参 Ernst Doblhofer, *Rutilius Claudius Namatianus, De reditu suo sive Iter Gallicum*, 前揭, 卷二, p.62. alta 可能暗指罗马的七山，但 densis 让我们不禁想到 6 *Cons. Hon.* 47 中的 densum。与群星的比较，见 *Cons. Stil.* 3.134。Vagos 或许对应克劳狄安的 trepidans。面对如此众多的炫目之物，观者无法关注某个物体，这方面参见 Sidonius, *Carm.* 2.420–421。有些文字将罗马帝国的统治，比作明亮的天空或温和的气候（Pliny, *HN* 3.5.39, Florus 2.30）；而 Harald Fuchs（"Zur Verherrlichung Roms und der Romer in dem Gedichte des Rutilius Namatianus", *Basler Zeitschrift für Geschichte und Altertumskunde*, 42, 1943, pp.37–58；尤参 pp.51–58）把罗马的光彩夺目，跟这种类比联系起来。

③ Ernst Doblhofer（*Rutilius Claudius Namatianus, De reditu suo sive Iter Gallicum*, 前揭, 卷二, pp.73–74）以普鲁登提乌斯为例。关于普鲁登提乌斯对鲁提利乌斯的可能影响，参 Rudolf Helmm, "Heidnisches und Christliches bei spatla-

鲁提利乌斯临行前,从奥古斯都门(Portus Augusti)最后一次回望罗马城;心潮澎湃的他,留下了对罗马城最别具一格的描写,与普鲁登提乌斯的视角形成鲜明对比。罗马化为若隐若现的幻景,逐渐从地平线上消失。城市的真实轮廓淡出了诗人的眼帘,但光晕依旧高悬城市上空(至少以心灵之眼看来):

> 看烟雾,我并不知道那个地方
> 是帝国之巅、世界首府
> (虽然荷马盛赞轻烟的痕迹,
> 当它从心爱的家园飘到星空),
> 但一条亮线和澄澈的天空
> 指明了七山上耀眼的屋脊。
> 那里,恒星永照,而看起来
> 罗马为自己创造的白昼更为明亮。(1.193–200)

罗马上方没有烟雾,只有澄澈的天空和更为明亮的白昼。这里的措辞依然有别于普鲁登提乌斯的描述——浓浊的空气隔绝了阳光和七山(*C. Symm.* 1.413–414;参 Rutilius 1.197–198)。① 鲁提利乌斯显然袭用了《奥德赛》(1.57–59):奥德修斯(Odysseus)渴望回到故乡,渴望见到家里的炊烟。不过,鲁提利乌斯没有让烟雾笼罩罗马,这可能也受普鲁登提乌斯影响(他认为异教崇拜的乌烟笼罩着罗马)。鲁提利乌斯眼中的罗马,观自远处,故与其前辈的截然不同。他不断回望罗马城,直至七山轮廓淡出视线(1.189–

---

teinischen Dichtern", in *Natalicium*:*Johannes Geffcken zum 70. Geburtstag*, 1931, Heidelberg:Winter, pp. 1–46;尤参 pp. 16–20。

① 试比较 Rutilius 1.200 的 purior dies 与 Prudentius, *C. Symm.* 1.421 的 spissusque dies。

190)。该场景恰如爱恋者看着心上人渐行渐远,直至彻底消失。唯一区别在于,这里的爱恋者不得不离开自己的心爱之物,而非离他远去的心爱之人。① 每逢此时,爱恋者的感觉都异乎寻常地灵敏。鲁提利乌斯紧盯心爱的罗马城。他坦言,自己之所以依旧看见城市的轮廓,或许是因为情感至深产生的幻觉(1.192)。同样,他的耳畔依稀听见罗马竞技场或剧场的欢呼声回荡天际,"哪怕那声音的确传到他的耳边,或是一厢情愿所致"(1.204)。② 过去,诗人会在民间节日上,赞美普照罗马的光芒以及声音的和谐。鲁提利乌斯为这种言辞赋予特殊的情感内涵,即踏上旅程的爱恋者在远处的所见所闻。他强调感觉不甚可靠,这也与全诗的模糊相契合:《回乡》究竟是赞美罗马一如既往的伟大,还是哀悼无法重现的岁月?

## 台伯河

在罗马城的象征性布局中,台伯河占据着独特位置。斯塔提乌斯三次将罗马七山同台伯河合而为一,作为整个城市的提喻说法(*Silv.* 1.2.144-45,1.5.23-24,2.7.45)。有一篇无名氏作的君士坦丁大帝颂(庆祝皇帝在米尔维安大桥[Milvian Bridge]战役取得胜利),展示了台伯河对古代晚期读者的某些意涵。演说者称颂"神

---

① 参 Ovid *Her.* 2.91-100, 5.53-58, 6.65-72, 10.25-36,以及 13.15-24; *Met.* 11.463-73; Statius *Ach.* 2.23-26。后来某拉丁诗人也写过同样场景,参 Venantius Fortunatus *Carm.* 6.5.193-200。

② Dohlhofer 发现,这段话源于 Verg. *Ecl.* 8.108("相信吗? 在相思中是否会胡思乱想?"[credimus? An qui amant, ipsi sibi somnia fingunt?]),原文同样描写了恋人之间的相思之情。Ausonius 在追思 Paulinus of Nola 的信中,袭用了维吉尔的这一行诗(*Ep.* 24.124)。关于结尾的 fingit amor,见 Ov. *Pont.* 1.9.8。关于爱恋者异乎寻常的直觉,见 Ov. *Her.* 6.71-72; Venantius Fortunatus *Carm.* 6.5.194。

圣的台伯河,你曾为客居此地的埃涅阿斯献计献策,你是被遗弃的罗穆路斯的下一位拯救者";河流运送必需品,为罗马提供养料,环抱城墙,为罗马提供保护(*Pan. Lat.* 12.18.1)。台伯河不单具有地形意义,更唤起了罗马早期历史中弥足珍贵的传说。颂赞者回忆道,在《埃涅阿斯纪》中,河神向埃涅阿斯托梦,命其联手厄凡德尔(*Aen.* 8.31-67)。说起台伯河,我们肯定会记得,罗马缔造者罗穆路斯与瑞穆斯的出生与孩提时期——有人欲使其葬身河底,可河水消退,两人遂留在干燥的高处(Livy, 1.4.3-6)。在伊利娅(Ilia)(= Rhea Silvia)的传奇中,双胞胎的母亲成为河神的妻子(Hor. *Odes* 1.2.17-20)。

在克劳狄安的颂赞中,我们不难看出,作者深谙台伯河的意涵。拟人化的罗玛手持盾牌,上面画着罗穆路斯与瑞穆斯、战神玛尔斯、台伯河(以"虔诚之水"[pius amnis]代称),以及哺育那对双胞胎的母狼(*Prob.* 96-97)。整个画面浓缩了罗马的建城传说。罗玛女神手持这块盾牌,意在表明,她认为自己的伟大之处,源于一系列建城事件。

同样,克劳狄安使台伯河化作人形,在执政官就职典礼上,歌颂普罗比努斯与奥利布利乌斯两兄弟。至于向河神发表的演说,这位古代晚期诗人沿袭了维吉尔的用法。他描写台伯河的形态,其中一处借鉴了那位奥古斯都时代的前辈——两位神祇头上都带着芦苇(或以芦苇为发),尽管从思想角度看,这段文字更切近奥维德(Ovid)《变形记》(*Metamorphoses*)中对南风的描写。① 这里,台伯河并未

---

① 试比较 Claudian, *Prob.* 217("他的头上顶着茂密的芦苇"[vertice luxuriat toto crinalis harundo])与 Verg. *Aen.* 8.34("而他的头上顶着浓密的芦苇"[et crinis umbrosa tegebat harundo]);另参 Ov. *Fast.* 5.637 and Sid. Apoll. *Carm.* 2.333-334。克劳狄安与奥维德的用词并非字字对应,但都集中描写神祇的上半身(头/脸、胡须、额头、胸膛),两位神祇都没入水中,身上滴着水(Claud. *Prob.* 220-223;Ov. *Met.* 1.264-267)。

直接参与人的活动；他的作用是帮助诗人唱赞歌。他宴请各路河神，共贺兄弟出任执政官——民众在城里庆祝，他们在天上庆祝。台伯河是罗马城的提喻说法，承载了该城传奇的历史。因此，台伯河神最适宜嘉许普罗比乌斯与奥利布利斯，体现历史与现在的传承关系。作为传承（continuity）之提喻表述，台伯河神穿着妻子伊利娅（另一对双胞胎罗穆路斯与瑞穆斯之母）编织的斗篷（*Prob.* 224－25）。

在克劳狄安的其他诗歌中，台伯河近似甚至在某种程度上代表罗马城（*Get.* 578；6 *Cons. Hon.* 11，365；cf. Prudentius，*C. Symm.* 2.871）。鲁提利乌斯亦将台伯河刻画为拟人化的神祇。诗人认为，河神的芦苇头饰乃胜利的花环；此前，他强调罗马昔日强大的军事实力，故两者相互呼应（1.151）。① 放眼古代晚期诗人，唯有他跟君士坦丁大帝颂的作者一样，把河流视为罗马城的养育者和补给者：他祈求台伯河顺流而下，送来乡村丰富的物产，逆流而上，送去大海丰富的海产（1.153－154）。彼时的意大利无法保证正常的商业活动；诗人希望，河流能满足罗马的需求（"罗穆路斯的女婢懂得借水之力"，1.152）。为此，他将罗马城与台伯河分而视之，摒弃了克劳狄安以河代城的做法。

## 殉教者之城——罗马

公元 395 年，诺拉的保利努斯旅居奇米提莱（Cimitile）。他每年都从菲利克斯神庙前往罗马，参加 6 月 29 日举行的圣彼得与圣保罗

---

① Doblhofer，*Rutilius Claudius Namatianus*，*De reditu suo sive Iter Gallicum*，前揭，卷二，p.88，试比较 Ov. *Met.* 9.3（"他用芦苇环扎起乱蓬蓬的头发"［inornatos redimitus harundine crines］）以及 Achelous 的河神。关于罗马的军事胜利，见 1.77，93 和 115。鲁提利乌斯还认为，河神的两只角（1.179），其实喻指台伯河的两个河口。

节。他的信中经常提到这场年度之旅,而他为圣菲利克斯节所作的诗歌里,也常把罗马与自己在诺拉的新家作比。① 保利努斯的《寿辰》第一首作于抵达诺拉后。至第二首,他就开始称赞这座新家仅次于罗马。罗马以前"在帝国和胜利之师"中享有尊位,如今"在使徒的墓茔中"亦然(*Carm.* 13.29 – 30)。

军事术语常用来描述殉教者对罗马的保护。② 尤其是殉教者的遗骸,乃防御工事、城墙、塔楼的一部分。保利努斯写道,君士坦丁大帝建立君士坦丁堡(Constantinople),有意仿效罗马,以使徒安得烈(Andrew)与提摩太(Timothy)(对应彼得与保罗)的遗体,镇守新城(建造"双子塔"[*Carm.* 19.337 – 338])。两位使徒的遗体仿佛第二座精神要塞(行 335 – 336),守护着城墙,正如彼得与保罗为罗马的精神要塞(行 339 – 342)。这里暗含着对罗马地形的典型化的处理。殉教者的作用,一如君士坦丁大帝颂的无名作者笔下的台伯河。两者都环抱城墙,守护罗马(*Pan. Lat.* 12.18.1)。另外,这种守护体现在真实的建筑中——罗马城外新建的殉教者祠庙。为罗马殉教贞女阿格尼丝立言的普鲁登提乌斯指出,宗教建筑与世俗建筑都守护着罗马公民,但两者亦有分别:

> 阿格尼丝的墓茔位于罗穆路斯的宫中,
> 她是勇敢的少女,有名的殉教者。
> 在建筑于此的塔楼的视界之内,

---

① 14.65 – 70, 21.25 – 35. 参 Beat Näf, "Paulinus von Nola und Rom", in Studia Patristica, vol.33: Papers Presented at the Twelfth International Conference on Patristic Stud? ies …, ed. Elizabeth A. Livingstone, Louvain: Peeter, 1997, pp. 448 – 453。

② 参 Prosper, *De Ingratis*, 40 – 42: "罗马——彼得的宗座,以弘扬牧人的荣耀,/被打造为世界首府,它不靠武力胁迫/而靠宗教取得。"

这位贞女保卫着罗马公民的安全。(*Perist*. 14. 1 – 4)

换言之，相比城市的塔楼和防御工事，一位少女更真切地守护罗马城（servat salutem）。

基督教作家经常摇摆于殉教者、其遗体或遗骨、存放遗骨的建筑（墓茔）之间。① 圣徒既在人世，又在天堂，替自己守护的城市而向基督求情。公元406年，斯提利科在费苏里（Faesulae）大败东哥特人。翌年1月，保利努斯借其恩主的年度节庆，向菲利克斯及其他殉教者致谢，感谢他们让意大利转危为安。殉教者中最有名的当属彼得与保罗，他们"不停地祈祷，以此守望"（*Carm*. 21. 33 - 34）罗马的安全。殉教者祈祷灵验与否，取决于跟基督的通灵，即与其共入天堂；另一方面，殉教者"守望"的思想，暗示一种更真实的在场，类似凡间的安保措施。从隐喻角度讲，建筑也可以守望。在《第六任执政官霍诺利乌斯颂》中，环绕帕拉丁山的神庙，有如"众多神祇的/瞭望塔"（行43 – 44）。

当时基督教支持殉教者，殉教者的祠庙护佑城市，我们难免会认为，这些都影响了克劳狄安。与此同时，克劳狄安的诗句还表明，保利努斯的"祈祷……守望"（duxere… excubias），具有空间或地形内涵：殉教者的祠庙跟克劳狄安的神庙一样是城市的瞭望塔。在《回乡》第二卷开头，鲁提利乌斯赞美意大利，他同样把城市景观视为防御工事。神的智慧（consilium dei）将亚平宁山脉打造成天然屏障，"拉提姆的瞭望塔"（excubiis Latiis, 2. 33）。罗马有"多重防御工事围护"（2. 39）。鲁提利乌斯指出，基督徒以为，意大利的地形有助于保护罗马，乃上帝和殉教者之意，实则是廊下派式的神意之功。

---

① 例如，Prudentius 的 *Perist*. 14. 3 中的动词 condita。通常，该动词指"埋葬"，但也可指建造宗教建筑、神庙或祭坛（*OLD*, s. v. 10b）。这段文字的效果在于，消除了殉教者阿格尼丝与安放她遗体的祠庙（墓茔）之间的分野。

公元400年，哲罗姆（Jerome）致信贵族基督徒莱塔（Laeta）。信中，他对新的基督教罗马，提出不同寻常的解释：

> 卡皮托利欧山的金色渐渐褪去，罗马的所有神庙都落满烟灰和蛛网。城市的方向已经改变，人潮路过破败的祠庙，前往殉教者的冢墓。（*Ep.* 107.1）

哲罗姆虽然言过其实，但重要的是，他提到的公民改教，意味着重塑城市格局。① 现在，罗马城面朝围成一圈的殉教者祠庙，而非其中心的异教神庙。大约同一时间，普鲁登提乌斯在《驳西马库斯》中描绘了类似的场景：

> 现在，除了少数人留在塔尔皮亚山，
> 厄凡德尔议事厅［的元老］急急前往拿撒勒人的圣所，
> 以及使徒的泉水。（*C. Symm.* 1.547–549）

从诗歌前半部分可以看出，普鲁登提乌斯已经意识到，异教崇

---

① 参 Richard Lim, "People as Power: Games, Munificence and Contested Topography", in *The Transformation of Urbs Roma in Late Antiquity*, ed. W. V. Harris, 1999, pp. 265–281. Journal of Roman Archaeology, Suppl. 33. Portsmouth, R. I.: Journal of Roman Archaeology, 尤参 pp. 265–266；他强调，我们不该浅尝辄止地理解此处哲罗姆对罗马居民的生活方式的改变和普鲁登提乌斯的类似文字。事实上，5世纪时，竞技会仍然是罗马民众公认的第一大事。在本文探讨的文本中，想象的建筑其实岌岌可危，反映了与古代晚期罗马城市生活若即若离的关系。值得注意的是，哲罗姆与普鲁登提乌斯不仅强调新建筑与新纪念碑，还强调人群的移动，以及与这些纪念碑有关的庆祝活动。如果我们抓住基督信徒（plebs Christiana）的想象，就会发现，基督教的神圣地形是否有效，很大程度上取决于它在运动和游行中的地位，参 Mary Carruthers, *The Craft of Thought: Meditation, Rhetoric, and the Making of Images*, 400–1200, Cambridge: Cambridge University Press, 1998, pp. 54–57。

拜与城市的宗教仪式（特别是对维纳斯与罗玛的崇拜），极易影响随波逐流的年轻人（1.199 – 244）。① 现在，崇拜的对象变了。少数人固守传统，仍不肯放弃卡皮托利欧山和塔尔皮亚山的宗教。除了他们，罗马的贵族元老都急不可耐地赶往（ruit）基督教堂和使徒祠庙。作者以提喻手法，即借 curia ［议事厅］代元老院众元老，将罗马市民忏悔方式的改变，融入城市的地形之中。受 curia 影响，fontes ［泉水］不仅指洗礼之水（让人联想到《殉教之冠》第十二首中的使徒彼得，以及使罗马皈依的使徒教义之源头），而且暗示了使徒在城市中的具体化身，即圣彼得大教堂与圣保罗大教堂。词序也反映了这层意思：厄凡德尔的 curia 夹在 apostolici fontes ［使徒的泉水］的中间。curia 跟 rostra ［讲坛］一样，往往代指罗马的公众生活。② 修饰词 Evandria ［厄凡德尔］让普鲁登提乌斯的诗句同维吉尔对史前罗马的恢宏解说联系起来。诗人一边庆祝忏悔形式彻底改变，一边急切地运用帝国之都的世俗传统，勾勒基督教罗马的新景观。

普鲁登提乌斯经常借鉴哲罗姆笔下涌向基督教堂的基督徒形象——梵蒂冈的彼得墓和拉特兰宫（the Lateran）（*C. Symm.* 1.583 – 586）、殉教者祠庙（尤其是劳伦斯祠）（*Perist.* 2.512 – 528）、希波吕图斯陵（*Perist.* 11.189 – 194, 199 – 202）。③ 在希波吕托斯节上，

---

① 关于这段文字的论述，参 Christian Gnilka, "Das Templum Romae und die Statuengruppe bei Prudentius, c. Symm. 1, 215/237", Boreas 17, 1994, pp.65 – 88。

② 关于 Curia: Stat., *Silv.* 1.4.41, 5.5.27; *Pan. Lat.* 2.47.3, 4.35.2; Claud., 4 *Cons. Hon.* 10, 6 *Cons. Hon.* 52; 参 Prudent., *C. Symm.* 1.599。关于 rostra: *Pan. Lat.* 2.473.3; Claud., *Cons. Stil.* 2.390, 3.106, 201; *Get.* 82; 6 *Cons Hon.* 42, 587, 644; Prudent., *Perist.* 11.45。

③ 这里，普鲁登提乌斯暗指维吉尔描述的晨拜（morning salutatio），即奥古斯都时代罗马市民的仪式之一。在基督教罗马，瞻仰殉教者祠庙取代了基督教前强制的社会责任。参 Michael Roberts, *Poetry and the Cult of the Martyrs: The Liber Peristephanon of Prudentius*, Ann Arbor: University of Michigan, 1993, pp.165 – 166。

为接待圣徒仰慕者而有意大建的祠庙，仍难以容纳"潮水般的"崇拜者（*Perist*. 11. 227；参 Jerome，*Ep*. 107. 1）。祠庙把它的养子（即圣徒仰慕者），揽入慈母般的温暖怀抱（"她张开慈母般的臂膀，搂住并安抚她的孩子；他们都挤在其宽广的胸膛中"，行 229 – 230）。这个比喻让人想起以母亲（mater）喻罗马的传统（初见于 Livy，5. 54. 2）。在《执政官斯提利科颂》第三首里称赞罗马的段落中，克劳狄安写道，她把战败者"揽入……自己的怀中，像母亲而不是女主人一样，哺育人类"。普鲁登提乌斯使用并进一步细化了这个比喻。在《殉教之冠》中，圣徒及其祠庙为基督教社团提供了父亲般的保护和滋养。① 通过这种方式，克劳狄安诗中罗马城与罗马帝国的理想关系，得到小范围重现。在《殉教之冠》第十一首中，意大利上上下下，各个阶层的崇拜者，前来参加圣徒的节日，借此机会，他们在殉教者的罗马大教堂母亲般的怀抱中，创立了一年一度的社团仪式。

　　普鲁登提乌斯的罗马诗，往往既描绘建筑，又讲述个人崇拜或集体仪式。在为劳伦斯而作的诗中（*Perist*. 2），他歌颂了刚刚皈依的罗马贵族：

> 有些罗马公民习惯
> 向努玛的圣杓祈祷，
> 他们常瞻仰基督堂，
> 为殉教者歌唱颂歌。
> 元老中最闪耀的光，

---

① 参 *Perist*. 2. 569 – 572；4. 94 – 96；Michael Roberts，*Poetry and the Cult of the Martyrs：The Liber Peristephanon of Prudentius*，前揭，pp. 22 – 24。普鲁登提乌斯把母亲养育同父亲保护结合起来。在阐述克劳狄安的比喻时，他强调了母亲的怀抱以及子女与母亲的关系。关于罗马母亲的内容，见 Wilhelm Gernentz，*Laudes Romae*，Rostock，前揭，pp. 127 – 128。

曾担任牧神节祭司,

他热切地亲吻

使徒与殉教者的门槛。(*Perist.* 2. 513 – 520)

第一节(行 513 – 516)描述了社团的崇拜仪式——为殉教者唱赞美诗。第二节(行 517 – 520)则描述了个人对使徒和殉教者的热爱。两个诗节中,普鲁登提乌斯分别用 atria [殿堂] 和 limina [门槛],提醒读者举行祭拜的地点。他想象着,祭拜者成群结队地进入基督堂,那场面恰如晨拜时罗马要人热闹的会客厅。这种比较同样见于《殉教之冠》第十一首(行 189 – 190 和行 227 – 228,比较的对象为维吉尔的《农事诗》[*Georgics*, 2. 458 – 64])。这里的措辞其实并无新意,但我们可以对照塞内卡(Seneca)。在刻画某富翁时,除了各种祝福语,作者还说起他"拥挤的会客厅"(*Ep.* 76. 12)。普鲁登提乌斯笔下的罗马贵族,现在开始向殉教者寻求庇护,成为其信徒,还到其教堂参加宗教仪式(以取代古典时代的社会仪式)。

普鲁登提乌斯描绘的第二个祭拜之举,其实包含了个人在殉教者祠庙前的虔诚之行。Lumina - limina 的文字游戏强调,元老中的"闪耀之光"(lumina)亲吻圣徒的门槛(lumina)时,表现得非常谦卑。这种虔诚之行在《殉教之冠》里的其他诗歌里,得到充分的发挥。① 我们从一个简单举动,可窥见元老院贵族的思想转变。

在写给使徒彼得与保罗的第十二首诗中,普鲁登提乌斯将罗马城彻彻底底地塑造为基督教圣地。诗歌仅概述两位使徒的殉教经过(故有别于《殉教之冠》里其他诗歌的典型模式)。其戏剧背景为圣徒节的团体庆祝活动,其中描写了与之相关的建筑——圣彼得的洗

---

① Michael Roberts, *Poetry and the Cult of the Martyrs: The Liber Peristephanon of Prudentius*, 前揭, pp. 19 – 20。

礼堂（行 31-44）和城外圣保罗大教堂（行 45-56）。① 普鲁登提乌斯强调，这些建筑分立于台伯河两岸。台伯河就在它们中间流过，并在象征性地形中将其合而为一：

> 神圣的台伯河将两者的骨头分立两岸，
> 因为河流从它们神圣的墓茔中间流过。（*Perist.* 12.29-30）

台伯河依旧神圣（"神圣的台伯河"），它在《埃涅阿斯纪》中即如此（"神圣的河流"，8.72）。不过，维吉尔的台伯河是参与历史进程的拟人化神祇；而在普鲁登提乌斯笔下，台伯河的神圣得益于它与使徒圣茔的关系。普鲁登提乌斯敏感地意识到，台伯河在罗马象征性地形中作用特殊；出人意料的是，阿米安努斯（Ammianus Marcellinus）所见略同。这位历史学家曾遗憾地表示，尤利安（Julian）皇帝应该安葬于罗马城，而非塔尔苏斯（Tarsus）。②

> 西德努斯河就算再美再清，也不应看……（他的）弥留与骨灰，但台伯河应从旁流过，以将其功业昭告天下。台伯河分割了永恒之城，系联古代帝王的陵墓。

阿米安努斯与普鲁登提乌斯，都把台伯河与其两岸的墓茔放到一幅画面中，以此视角看待罗马。阿米安努斯的墓茔，是已封神的先皇陵墓；而普鲁登提乌斯的墓茔，则属于殉教的使徒。在创造象征性地形的过程中，两者如出一辙，但该地形的意义已经改变。在普鲁登提乌斯的诗中，它蕴含着罗马城的基督教史而非帝国史。

《殉教之冠》第十二首歌颂了基督教罗马帝国，受使徒领袖

---

① 以往认为，洗礼堂是教宗 Damasus 在圣彼得教堂内的建筑，参 Christine Smith, "Pope Damasus' Baptistery in St. Peter's Reconsidered", *RAC* 64, 1988, pp. 257-286。

② 感谢我以前的学生 Bret Mulligan 对我的提醒。

(apostolorum principes)彼得与保罗的影响而日趋和谐。公元4世纪下半叶,罗马教会宣传时,经常使用"使徒的和谐"的口号。两位使徒同年同月于罗马殉教,这确保了基督教的统一,确保了他们逝世之地的崇高地位。① 与此同时,concordia[和谐]早已是罗马帝国意识形态的标语——罗马帝国向其子民保证过一种理想的和谐。普鲁登提乌斯的诗歌,以基督教罗马帝国为旨归,熔教宗与帝国的宣传于一炉。另外,一方面,为达到这种理想的和谐,时人将两位圣徒的庆祝仪式放到一天(神圣的罗马地形也反映出来,因为两座宗教建筑,分立于台伯河两岸);另一方面,基督教罗马的建城史,从两位使徒(教会创始人[fundatores Ecclesiae])的殉教叙述中亦可娓娓道来;这两方面都集于普鲁登提乌斯的诗歌。②

---

① 关于"使徒的和谐"(concordia apostolorum),参 Charles Pietri,"Concordia Apostolorum et Renovatio Urbis(Culte des martyrs et propagande pontificale)",MEFR 73,1961,pp. 275 - 322;*Roma Christiana*:*Recherches sur I' Église de Rome*,*son organisation*,*sa politique*,*son idéologie*,*de Miltiade à Sixte III*(311 - 440),Bibliothèque des Écoles françaises d'Athènes et de Rome 224,Rome:École française de Rome,1976。另参 J. M. Huskinson,*Concordia Apostolorum*,*Christian Propaganda at Rome in the Fourth and Fifth Centuries*:*A Study in Early Christian Iconography and Iconology*,BAR International Series 148. Oxford:B. A. R.,1982。有关彼得和保罗作为领袖,参 *Perist*. 2. 459 - 460:"事实上,主宰这里的是两位/使徒领袖";另参 Maximus of Turin,*Hom*. 68:

因此他们是至福的彼得与保罗……他们的遗体安葬于那座城市的山丘上,它们早已成为全天下的领袖。至此,基督展现了其美德的力量,世界之首府在哪里,他王国的首领就在哪里。([*PL* 57. 396B])

② 参 Michael Roberts,*Poetry and the Cult of the Martyrs*:*The Liber Peristephanon of Prudentius*,前揭,pp. 182 - 187。Gaudentius of Brescia 把彼得与保罗称为"两股真正的世界之光、信仰之柱、教会的创始人"(*Sermo* 20. 5;CSEL 68:182. 31 - 32)。

通过与台伯河相关联，普鲁登提乌斯的基督教罗马建城传说得以彰显。诗人强调"台伯河的沼泽深知"殉教地点，它们"为旁边的河水冲刷"。这里提到台伯河及其泽谷，令人想起罗马的建城事件，以及遭遗弃又被发现的罗穆路斯与瑞穆斯兄弟。基督教罗马的建城传说也发生在这个地方。在普鲁登提乌斯建构的古典传统与基督教传统中，台伯河具有近乎偶像的意义。从彼得与保罗跟罗穆路斯与瑞穆斯的内在类比，或许可以看出，为何他要在《驳西马库斯》（为歌颂基督教罗马而作）两卷开篇，加上献给两位使徒的序言。① 不过，教宗莱奥（Pope Leo the Great）率先点明这种比较。在两位使徒的节日上，莱奥做了布道。他向罗玛说道：

> 这些（即彼得与保罗）是你的圣父，是真正的牧羊人。他们把你安置到天国之中，比起以热情筑起你城墙的那些人，你的待遇何等适宜，何等幸运。他们当中，有一个自报家门的人，用兄弟之血玷污了你。正是他们，带领你取得这份荣耀；如此一来，作为神圣的国度、神选的民族、祭司与王室的城邦（受祝的彼得使其成为世界首府），你能依靠神的宗教而非世俗的权力领导拉提姆。通过陆地和海上的节节胜利，你提高了帝国的实力。尽管如此，你以战降服的对手数量，仍不及基督教的和平之功。（*Serm.* 82.1；SC 200：48）

---

① 参 V. Buchheit, "Christliche Romideologie im Laurentius – hymnus des Prudentius", in *Polychronion：Festschrift Franz·Dolger zum 75. Geburtstag*, ed. Peter Wirth, Heidelberg：Winter. 1966, pp. 121 – 144, 尤参 p. 133；François Paschoud, *Roma Aeterna：Etudes sur le patriotisme romain dans Voccident latin à l'époque des grandes invasions*, Bibliotheca Helvetica Romana 7. Rome：Institut suisse de Rome, 1967, pp. 227 – 228；Remo Cacitti, "Subdita Christo servit Roma Deo：Osservazioni sulla teologia politica di Prudenzio", *Aevum* 46, 1972, pp. 423 – 424。

在使徒护佑下，战场上的罗马所向披靡，并逐渐取得如今的霸主地位。罗马的昔日军功与当今尊位之间的对立，使诺拉的保利努斯想起上世纪的最后十年（Carm. 13. 29 – 30）。身为布道者，莱奥说出了普鲁登提乌斯的言外之意。两人的建城史有同有异。使徒是"真父"，他们渴望以往归于罗穆路斯的"国父"（pater patriae）之名（Livy，1. 16. 3，5. 49. 7）。彼得与保罗是"真正的牧羊人"（veri pastores），他们为基督教提供了媲美罗穆路斯与瑞穆斯的例子；身为年轻人，他们守护着养父的羊群。① 教宗的视角缺少以前诗人的转喻或提喻式图景。教宗是基督教布道者，以散文写作，体裁亦殊。不过，其中仍可见拟人化罗马的隐喻或修辞传统。布道伊始，莱奥开门见山地对罗玛表示，过去的"错误之师"（magistra erroris），已成为"真理之学生"（disciplina veritatis）。罗马依旧饱含深情，我们不妨期待他的基督教会众能对此有所回应（尤其是使徒节日上）。

林姆（Richard Lim）曾谈及4、5世纪相互竞争的罗马地形中的城市景观。② 在探讨其作用时，他区分了"世俗化"与"基督教

---

① 关于 Lactantius 重新阐述异教诗歌时对 verus 的用法（Div. Inst. 4. 10. 7, 5. 11. 5, 6. 24. 29），参 Alain Goulon, "Les citations des poetes latins dans l'oeuvre de Lactance", in Lactance et son temps：Recherches actuelles, Actes du IVe Colloque d'Etudes Historiques et Patristiques, Chantilly, 21 – 23 September 1976, ed. J. Fontaine and M. Perrin, Paris：Beauchesne, pp. 107 – 156, 尤参 pp. 144 – 145。莱奥亦从基督教角度出发，对经典来源提出了类似解释。对于莱奥视彼得为基督教罗马之创建者，参 Philip A. McShane, La Romanitas et le Pape Leon le Grand：L'apport culturel des institutions imperiales a laformation des structures ecclesiastiques, Tournai：Desclee, 1979, pp. 109 – 169；对于莱奥对罗马的态度，参 Herve Inglebert, Les Romains chrétiens face a l'histoire de Rome：Histoire, christianisme et romanités en Occident dans l'Antiquité tardive（III$^e$ – V$^e$ siècle）, Paris：Institut d'Etudes Augustinennes, 1996, pp. 635 – 639。

② Richard Lim, "People as Power：Games, Munificence and Contested Topography", 前揭, p. 267。

化"。这两个过程都可以从我们考察的罗马形象来阐释。克劳狄安在基督教当权的时代写作,致献的恩主也是基督徒。对他而言,罗玛女神不再是崇拜的对象。相反,罗玛为诗人的颂赞服务,是历史颂赞题材史诗的神性机制的助推者。诗人把称颂的个体置于人的层面之上,赋予其特殊活动以普世意义,由此模糊了神、人之国的界限,进而达到预想的效果。在视觉技艺层面,罗玛女神的特征一方面暗示其实力和地位,另一方面也提供了一种灵活的媒介,它创造的特殊环境正适合催生独特的诗作。

在普鲁登提乌斯的诗中,世俗化过程更进一步。罗马不再是女神,也没有参与其诗歌里的最初活动,但作为罗马之伟大的拟人化形象,她以丰富的转喻细节,栩栩如生地呈现了修辞学的代言图(rhetorical prosopopeia)。

罗马依旧活跃于5世纪作家的笔下,比如上文莱奥一世的布道,比如5世纪中叶西多尼乌斯(Sidonius Apollinaris)的帝国颂。① 到了6世纪,教宗西马库斯与伪教宗劳伦提乌斯(Laurentius)势不两立,为支持前者,恩诺狄乌斯(Ennodius of Pavia)作《宗教会议之辩》(Libellus de Synodo)。全书结尾,作者连用三处代言——使徒彼得、保罗以及"世界之父"罗马(49.96 - 139, Vogel)。他为东哥特皇帝狄奥多里克(Theoderic)而作的颂赞提到,垂垂老矣的母邦(mater civitatem)在狄奥多里克的兴建计划中重焕生机(263.11.56, Vogel)。罗马母亲已经世俗化。人们既能借她提高罗马教会的尊威,也能以传统方式,称赞意大利的当下统治者,称赞他复活了古老的都城。

本文考察的三位诗人呈现了各自的罗马地形图景。这些图景为

---

① 详参 Apoll. Carm. 2.391 - 523; 5.13 - 53, 63 - 106, 351 - 367, 7.45 - 138。西多尼乌斯的颂歌遵循了克劳狄安的模式。

打算歌颂或论战的人，提供了唾手可得的城市意象。至少有一个母题——"俯瞰罗马"，成为克劳狄安与普鲁登提乌斯的共同语言，后来又为鲁提利乌斯所承袭。普鲁登提乌斯显然清楚，这种地形图景的价值在于，呈现了具有基督教精神的城市意象。在《驳西马库斯》中，他强调，罗马民众特别是元老院阶层，正从罗马的纪念中心，转向拉特兰宫和殉教者祠庙。当然，他最具体系的城市地形图，见于《殉教之冠》第十二首。按照作者的构想，台伯河及分立南北两岸的使徒祠庙，把全城统一起来。普鲁登提乌斯为基督教罗马地图，制定了充满感情又容易重新联结的坐标系。① 它们的回响源自使徒彼得与保罗的殉教经历——台伯河畔的流血事件，同时也源自台伯河在罗马传说与《埃涅阿斯纪》中的涵义。每年的节日上，祭拜者往来于两座使徒祠庙，切身感受普鲁登提乌斯笔下罗马的理想统一。他的模型仍将泽被后世。传入高卢（Gaul）后，他的语言影响了佩里格的保利努斯（Paulinus of Périgueux）对图尔城（Tours）的描述（5世纪中叶）：圣马丁崇拜的两处地点，即他的墓茔及其马尔穆捷修道院（monastery of Marmoutier），分立卢瓦尔河（Loire）两岸（*Vita S. Martin*, 6.71–75）。

公元4世纪与5世纪之交的诗人，一再提到罗马意象，它以隐喻方式被构想为女皇或女神，并且以转喻的方式，为一系列具有历史文化内涵的地方所呈现。这些诗人对罗马城的描绘，反映了当时的矛盾——基督教一统天下后，该如何看待罗马及其传统；罗马的伟大之处在哪里。尤其是鲁提利乌斯，在经历5世纪前十年的

---

① 普鲁登提乌斯的罗马城地图，可放到古代记忆体系中理解。他构建了带有记忆提示且充满文化意蕴的网络图；参 Mary Carruthers, *The Craft of Thought*: *Meditation, Rhetoric, and the Making of Images*, 400–1200, 前揭, pp. 10–16, 40–44, 54–57。

动荡后，不禁追问道，罗马已江河日下还是将东山再起？罗马是多变的，至少罗马意象如此。根深蒂固的思想模式，不会因个人宗教地位的改变而改变。不过，当时诗歌所反映的世俗化与基督教化进程，已经以多种方式，为持续百年甚至更久的争执下了定论。

# 古典作品研究

# 索福克勒斯的《埃勒克特拉》中有城邦吗?

芬格拉斯 (P. J. Finglass) 撰

梁雪珊 译 张培均 校

麦克劳德 (Leona MacLeod) 近期就索福克勒斯《埃勒克特拉》(*Electra*) 撰写专著,① 细致考察了先前有关这部戏剧的学术成果,并做出新颖、独创的贡献。未来任何研究这部戏剧的学者都会受惠于这部作品。不过,意料之中的是,如此发人深省的作品将会引发其他学者对某些过于新颖的观点的争论。拙文将重新检视构成麦克劳德作品重要部分的主题,即这部戏剧中 polis [城邦] 的含义。格里芬 (Jasper Griffin) 的近期文章与麦克劳德持有截然相反的观点。研究了麦克劳德以及格里芬的论证之后,我认为,他们的见解均忽视了城邦在这部戏剧中的确切含义;而我希望更加细致入微地理解这一可能的含义。

对麦克劳德而言,城邦位于索福克勒斯的戏剧的核心位置。在

---

① L. MacLeod, *Dolos and Dike in Sophokles*' Elektra, *Mnemosyne* Supplement 219, Leiden, 2001.

整部专著中，她都用与城邦相关的术语解释人物的行动和动机。特别是，根据她的说法，埃勒克特拉和奥瑞斯忒斯（Orestes）以城邦及其价值观（values）塑造的方式行事。他们可以为死去的父亲以及以他为首的 oikos［家庭］斗争；然而，他们的抗争同样代表了更广泛的社会集体（social unit）以及这个社会集体所代表的伦理原则。遗憾的是，尽管麦克劳德有力地论证了这一立场，但在许多情况下，她的字里行间的阅读似乎有些过度，从而对戏剧的线索也作了过度的阐释。因此，在戏剧本身不曾明示或暗示城邦之处，麦克劳德也认为指向了城邦。

奥瑞斯忒斯在德尔斐领受神谕（行 32 - 37），麦克劳德对此的阐释正是这种趋势的体现。在这段文字中，奥瑞斯忒斯描述自己受到阿波罗的指示，要通过 dolos［阴谋］而非武力完成自己的使命。麦克劳德认为，阿波罗给予奥瑞斯忒斯这个命令，因为这个策略可以"保护城邦免受入侵军队的危害"（同上，页33）。然而，戏剧没有告诉我们这是阿波罗做出神谕的动机。如果我们选择猜测，我们就能想到许多其他实际的理由以解释阴谋能够自称为策略：惊吓敌人的需要，在放逐中组建军队的困难，败于久经沙场的迈锡尼军队之手上的可能……这部戏剧为这些解释提供的线索，不比它为麦克劳德的理论提供的线索更多或更少。这部戏剧根本没有激发我们去猜测这些问题。因此，很难看出，一个观众会如何理解对城邦的关心构成了神之命令的原因。

麦克劳德尤其对埃勒克特拉支持的价值观如何反映更广阔的城邦的价值观感兴趣。如她所言：

> 纵观整部戏剧，有明确的迹象表明，我们要以更宽泛的政治术语去理解情节。然而，更加细微而普遍地感受到的城邦"意识"，明显存在于埃勒克特拉的伦理话语中，正是这种感觉

最富启发。(同上,页19)

这就是说,埃勒克特拉对 aidos［敬畏］、sophrosyne［审慎］和 eusebeia［虔敬］的关心(麦克劳德在自己的专著中清楚地显示出这一点),是她为城邦献身的标志,因为这些正是最基本的社会价值。麦克劳德根据一个重要的例子得出论证:

> ［埃勒克特拉］决定比尊敬母亲更加尊敬父亲,这不仅出于向母亲复仇的某些需求,也因为在城邦这个更广阔的范围内,她对虔敬理想持有敬畏或尊敬之感。(同上,页57)

敬畏、审慎与虔敬在其他地方经常与城邦存在关联。① 对观索福克勒斯的其他作品,在拉特(Radt)整理的辑语683与辑语936中,审慎是明确的公民美德;《埃阿斯》第1076与1350行分别在确凿的政治语境中提及敬畏与虔敬。然而,这些美德不仅局限于政治语境。毋宁说,这些美德适用于各种各样的社会关系,例如用于某人的oikos［家庭］或genos［后代］、朋友、陌生人,甚至用于诸神。这些美德十分基础,并未特别与任何特殊类型的社会组织相关。

索福克勒斯那里可以找出很多提及这些美德的例子。② 例如,《菲罗克忒忒斯》第304行:"这不是一个明智的航海者所去的地方。"菲罗克忒忒斯这句自白中很难看见政治的细节。城邦中促进和谐的审

---

① 例如,比较 D. L. Cairns, *Aidos: The Psychology and Ethics of Honour and Shame in Ancient Greek Literature*, Oxford, 1993, p. 214,作者将敬畏的一个方面描述为"一种在共同体的人际关系中活跃的社会实体"。

② 关于索福克勒斯那里的这些非政治意义上的美德,参 A. Rademaker, *Sophrosyne and the Rhetoric of Self Restraint: Polysemy and Persuasive Use of an Ancient Greek Value Term*, in *Mnemosyne* Supplement 259, Leiden and Boston, p. 141,作者认为某种特定形式的公民审慎是某种"对古典时期的雅典公民十分重要"但"与索福克勒斯的主人公并不特别相关"的事物。

慎与劝说航海者勿要向无人居住的岛屿航行的审慎，两者之间有很大区别。涉及必须用非政治术语阐释这些美德的其他段落，包括《僭主俄狄浦斯》第 646-647 行（[伊奥卡斯特] 建议俄狄浦斯向克瑞昂 [Creon] 的誓言表现出敬畏），以及《菲罗克忒忒斯》第 1439-1444 行（赫拉克勒斯力劝菲罗克忒忒斯和涅奥普托勒摩斯 [Neoptolemus] 在特洛伊之劫时向诸神展示虔敬），还可举出许多其他例子。因此，我们不能假定埃勒克特拉的敬畏、审慎与虔敬必然涉及政治维度，相反，我们必须考察，剧中人物是否确实用此类术语来看待这些价值。

这种考察的结果并不能从政治角度表明埃勒克特拉的价值观。在埃勒克特拉以敬畏与虔敬为己任（self-appropriation）的长篇 rhesis [讲辞] 中（行 254-309），她的重点远非城邦。她关注的并非城邦的命运，而是克吕泰墨涅斯特拉（Clytemnestra）与她丈夫的谋杀者之间的奸情（行 271-276），以及克吕泰墨斯特拉在庆贺谋杀阿伽门农时不知廉耻的愉悦（行 277-281）。这些是对敬畏、审慎与虔敬的背弃，这使埃勒克特拉大为震惊。它们全都与她被迫居住其中的家庭的不正当关系（perverted relationships）有关；那里无一词关乎更大的城邦及其价值观。确实，埃吉斯托斯（Aegisthus）坐上阿伽门农的宝座，是埃勒克特拉愤怒的原因之一（行 266-268），这一点可能被认为有政治含义。然而，即使在这一点上，这项罪行似乎在于，它是她父亲的宝座（ϑρόνοις … / τοῖσιν πατρῴοις [她父亲的宝座]）而非城邦统治的象征；无论如何，随后更强烈的个人指涉立刻将这种指涉包括在内。麦克劳德谈道：

> 这是一个王室家庭，它的成员统治城邦；他们毁灭性的复仇行为自然将冲击城邦。①

---

① MacLeod, *Dolos and Dike in Sophokles*' Elektra, 前揭, p. 19, N. 44。

然而,埃勒克特拉并未强调这一点;实际上,她甚至提都没提。

与欧里庇得斯的《埃勒克特拉》中的类似言辞相对照,尤其能说明问题。在欧里庇得斯的《埃勒克特拉》中,对篡权一事的政治和军事层面的强调更强烈,尤其体现在对埃吉斯托斯挥舞阿伽门农用以统治希腊子弟的王杖的生动描写(行319-322)。索福克勒斯的重心则落在他处,他看似几乎略去了这个场景的政治层面,转而对家庭的堕落作更加细致且个人化的描述。如琼斯(J. Jones)所言:

> 我们观察到,[索福克勒斯]将家庭的覆灭强化并窄化为个人篡权这一主题。①

埃勒克特拉哀悼阿伽门农,不是因为他是被刺杀的国王,而是因为他是死去的父亲。②

事实上,麦克劳德的分析往往看似更切合忒斯库罗斯版的奥瑞斯特斯传说,而非索福克勒斯版。《奥瑞斯忒亚》(Oresteia)一再将我们的注意力引向更广阔的阿尔戈斯背景:贯穿这三联剧(trilogy),特洛伊战争、谋杀阿伽门农以及奥瑞斯忒斯的复仇,对阿尔戈斯人的冲击十分显著。③ 作为三联剧中与索福克勒斯的戏剧最为接近的一部,《奠酒人》(*Choephori*)的政治关切在与复仇情节相关的部分

---

① J. Jones, *On Aristotle and Greek Tragedy*, London, 1962, pp. 148 - 149.

② J. Griffin, "Sophocles and the Democratic City", in J. Griffin ed. *Sophocles Revisited: Essays Presented to Sir Hugh Lloyd - Jones*, Oxford, 1999, pp. 73 - 94, 尤参 pp. 78 - 79。

③ 格里菲思(M. Griffith)有效地收集了实例,参 M. Griffith, "Brilliant Dynasts: Power and Politics in the *Oresteia*", in *Classical Antiquity*, 1995, vol. 14, pp. 76 - 78。在第 77 页注释 58,格里菲思单独列出了《阿伽门农》中提到阿尔戈斯城邦的地方:其数量之多与索福克勒斯戏剧中极少的提及形成有力对比。

尤其明显。因此,当奥瑞斯忒斯描述复仇动机时,他按部就班地强调,自己渴望从一对女人的僭政中解放光荣的阿尔戈斯民众(《奠酒人》,行 302 - 304)。相应地,他在死去的克吕泰墨涅斯特拉与埃吉斯托斯的尸体面前发表的演说,"你们请看,有这一对国家僭主"(行 973),强调复仇的公共意义。歌队随后回应道:"你解放了阿尔戈斯人的城邦。"(行 1046)共同体的解放是这部戏剧至关重要的主题。

另一方面,索福克勒斯以他的方式避免复制前人处理这个主题的手法。他以"不同的做法"① 坚持自己的艺术独立,而非被动地在故事中将城邦的卓越接受为神话假设。这部剧很少强调城邦,这与戏剧对埃勒克特拉这一人物的持续强调有关。埃斯库罗斯那里次要的人物,在索福克勒斯这里主导了戏剧,因此,格里芬说:"这部戏剧的真实主题是女主人公的情感。"② 这部戏剧主要关注谋杀阿伽门农对他的女儿所造成的强烈个人影响,以及后来埃勒克特拉在兄弟回归时所体验到的欣喜若狂。倘若将此与对城邦的相对而言更加有力的强调结合起来,只会冲淡对埃勒克特拉个人情感的着重强调。正因如此,索福克勒斯将注意力从城邦移开的决定,并不只是为了

---

① 比较弗伦克尔(Fraenkel)关于行 77 - 85 的著名评论:"这就好像索福克勒斯说,'我没有忘记《奠酒人》,但我做得不同'。"参 E. D. M. Fraenkel, in *Beobachtungen zu Aristophanes*, Rome, 1962, p. 22, N. 1。

② 参考(格里芬提到的)W. Schadewaldt, *Monolog und Selbstgespräch*, Neue philologische Untersuchungen 2, Berlin, 1928, p. 57:"这部诗的实际内容是女主角的 πάϑη [受苦]。"比较 L. Campbell 编, *Sophocles*, 第二卷, Oxford, 1879—1881, 2.129:"埃勒克特拉的角色主要[是]表达感受";R. C. Jebb 编, *Sophocles*: Electra, Cambridge, 1894, Bristol, 2004, reprin, xliii:"她[埃勒克特拉]的一系列情感是使得整体统一的线索";J. March 编, *Sophocles*: Electra, Warminster, 2001, p. 11:"[埃勒克特拉]表达了情感的高度和深度,从苦涩的仇恨到最温柔的爱,从最深沉的悲伤到最高尚的欢乐。"

将他的戏剧与埃斯库罗斯的区分开来。这与他的戏剧的基本特征相关，即一种非政治的特征，"女性的情感与英雄的悲情"。①

前文深受格里芬的分析的启发，但某种程度上，他的分析是一种更具普遍性的攻击，攻击那些认为希腊悲剧的政治内涵至关重要的学者。② 我能够理解格里芬的方法。他为遏制最新学术时尚中的过度做法而付出的努力也值得称道，不过，这种努力偶尔会使他提出证据基础不完备的武断说法。因此，在总结《埃勒克特拉》时，他解释道："我们的注意力从未被引向阿尔戈斯城邦现在或未来的状态。"③ 但这是相当绝对的说法。因为，在这部戏剧中，确实有一些对城邦和更大共同体的明确指涉，至少值得考虑能否增加某些含义。毕竟，为什么一位作家经常使用某个主题，而在别处出于合理的诗学理由而避免使用这一主题，这一点通常值得考虑。④

事实上，这部戏剧以一种明显的公共方式开场，保傅（Paedago-

---

① J. Griffin, "Sophocles and the Democratic City"，前揭，p. 82。以下文章很好地分析了戏剧的这一方面：B. M. W. Knox, "Sophocles and the *polis*", 1983, p. 7–10，见 J. De Romilly 编，*Sophocle*, Fondation Hardt, Entretiens 29, Vandoeuvres–Geneva, 1983, pp. 1–27; J. Griffin, "Sophocles and the Democratic City"，前揭，pp. 77–82。

② 尤参 J. Griffin, "The Social Function of Attic Tragedy", in *CQ* N. S. 48：39–61, 1998。对格里芬的回应，参见 R. A. S. Seaford, "The Social Function of Attic Tragedy：A Response to Jasper Griffin", in *CQ* N. S. 50：30–44, 2000; S. D. Goldhill, "Civic Ideology and the Problem of Difference：The Politics of Aeschylean Tragedy, Once Again", in *JHS* 120：34–56, 2000; P. J. Rhodes, "Nothing to Do with Democracy：Athenian Drama and the *polis*", in *JHS* 123：104–119, 2003。

③ J. Griffin, "Sophocles and the Democratic City"，前揭，p. 80。

④ 比较 M. Davies, "The Judgement of Paris and *Iliad* Book XXIV", in *JHS* 101, 1981, 页 57，评价莱因哈特（Karl Reinhardt）对《伊利亚特》中帕里斯的评判（Judgement of Paris）的讨论："尤其是，尽管他以极具说服力的方式表明为何没有更经常地提及这一评判，但他根本不试图解释为何需要提到这一评判。"

gus）向奥瑞斯忒斯指出他渴望的各种当地景观（行2-3）。在我们跟随高潮进入佩洛普斯后人的家之前（行10），阿尔戈斯地区（Argolid，行4-5）、迈锡尼的阿波罗神庙（行6-7）、阿尔戈斯的赫拉神庙（行7-8）、迈锡尼城本身（行8-9）接连出现。埃勒克特拉在进场歌中的开场词 ὠγενέθλα γενναίων［心地高贵的朋友们啊，行129］，①也关注超越家庭的世界：［她的］言辞"明确表示歌队是当地高贵的妇女，并将她们置于更大且更具政治含义的共同体语境当中"。②

在第二场，当克吕泰墨涅斯特拉向阿波罗祈祷时，她向埃勒克特拉掩饰了言辞的含义（即她对奥瑞斯忒斯死亡的请求），以避免埃勒克特拉向城邦揭示这一点（"免得她用恶意多话的嘴叫喊出去/把轻率的消息传遍整个城邦"，行641-642）。在劝说妹妹协助她反抗埃吉斯托斯时，埃勒克特拉本人随后设想了民众的热烈夸赞（行976-985）。认出自己的兄弟后，埃勒克特拉在情感高点上转向歌队，并称呼她们为"啊，最亲爱的女友们，女公民们"（行1227）。随后，克吕泰墨涅斯特拉的死亡呼喊激起歌队的欢呼：

啊，不幸的城邦呀！啊，不幸的家族呀！日夜困扰着你的命运快结束了。（行1413-1414）

最后，在第1458-1463行，埃吉斯托斯命令敞开通向宫殿的

---

① 劳埃德-琼斯（Lloyd-Jones）、威尔逊（Wilson）和道（Dawe）写作 γενέθλα，参 P. H. J. Lloyd-Jones 及 N. G. Wilson 编，*Sophoclis Fabulae*, Oxford, 1990，1992年修订重印；R. D. Dawe 编，*Sophoclis Electra*[3], Stuttgart and Leipzig, 1996。而斯廷顿（Stinton）的 γενέθλα 似乎无疑是因为格律，参 T. C. W. Stinton, "Notes on Greek Tragedy, II", in *JHS* 97, 1977, pp. 129-130; in T. C. W. Stinton, *Collected Papers on Greek Tragedy*, Oxford, 1990, pp. 274-276。参见我接下来的相关评论。

② F. Budelmann, *The Language of Sophocles: Communality, Communication and Involvement*, Cambridge, 2000, p. 252.

门,好让所有迈锡尼人和阿尔戈斯人都能看见奥瑞斯忒斯的尸体,从而学会服从他的统治。①

这些对城邦的提及,没有埃斯库罗斯那么多。这些提及中,也没有一个持续很长时间:在每一处提及之后,我们很快回到家庭这个更窄的世界。这些提及无法证明,该剧将城邦提升至戏剧主题的地位。另一方面,鉴于索福克勒斯有削弱城邦作用的充分理由(上文提到的诺克斯[B. M. W. Knox]和格里芬已确认这一点),为什么他随后又提到城邦?而且,索福克勒斯为什么竟将这些对城邦的提及置于戏剧中如此重要的位置?

作品开场,保傅对阿尔戈斯地区的描述受到很多学者的关注。② 克吕泰墨涅斯特拉的祈祷构成戏剧的中心环节,这是漫长的第二场的关键转折。埃勒克特拉认出奥瑞斯忒斯构成了这部作品的情感核心,这是埃勒克特拉总算能够放下悲伤并展现巨大喜悦的时刻。杀死克吕泰墨涅斯特拉构成另一形式的高潮:这是极度悲怆的场景。王后在 skene [舞台] 后的数次哭喊和她女儿在台上的残酷反驳相互交织,在各个方面都如我们方才所见的喜悦相认一样令人难忘。③

---

① 这些相关之处绝大部分都为格里芬所忽视,参 J. Griffin, "Sophocles and the Democratic City",前揭。B. M. W. Knox, "Sophocles and the *polis*",前揭,p. 8,注 11,注意他提到了行 982、1227 及 1413,然而这样做仅表明这些提及非常有限。麦克劳德令人失望地简单提到 πολίτιδες (行 162) 和 ὦπόλις (行 171),由于专注于在不存在城邦的地方寻找城邦,她错过了那些城邦真实存在的地方,参 L. MacLeod, *Dolos and Dike in Sophokles' Elektra*,前揭。

② 甚至诺克斯也承认,"这样一个开场白,对一部强调奥瑞斯忒斯行为之政治含义的戏剧而言,看似是合适的开场符号"。但他随后声称:"事实上,没有什么能[比这种说法]更远离事实。"但他没有说索福克勒斯为何竟在一开始就赋予城邦主题如此重要性。见 B. M. W. Knox, "Sophocles and the *polis*",前揭,p. 8。

③ 在紧接歌队的惊叹的下一行中,埃勒克特拉发出尖锐的哀号:"如果可能,再给她一下。"(行 1415)格里芬誉之为"弑母中最生动的难忘之处",见 J. Griffin, "Sophocles and the Democratic City",前揭,p. 80。然而,如果城邦对戏剧并不重要,就很难看出为什么应该在戏剧的这样一个高潮处提到城邦。

埃吉斯托斯傲慢自信的言辞，标志着一个即将毁灭的政权最后一幕空洞的胜利。① 索福克勒斯绝非完全从戏剧中略去城邦，他已留心安排与城邦相关的线索，在相当戏剧性的重要时刻，戏剧确实包含了城邦。

而这些重要的相关线索，往往伴随着突出强调的表达方式。使用 τις - Rede［某人说］②这种史诗表达方式③的第 977 - 983 行，传达了埃勒克特拉试图得到城邦拥护的梦想，这几行的长度几乎超过了所有其他该类型的例子，④ 更不用说它所具有的戏剧力量了。⑤ 在第 1458 - 1463 行，索福克勒斯以互文修辞（intertextuality）强调埃吉斯托斯的生动言辞，这显然会让人想起埃斯库罗斯《阿伽门农》

---

① 这段言辞中的政治性强调，已在 ἐκπροαστίου［从城外，行 1432］这个短语中有所铺垫。F. Budelmann, *The Language of Sophocles: Communality, Communication and Involvement*, 前揭, 页 261: "贯穿整部戏剧的是, 场景一直围绕着家宅, 而现在, 场景转向城邦语境。"
② 比较 J. R. Wilson, "KAI KE TIΣ ΩΔ' EPEEI: An Homeric Device in Greek Literature", in *ICS* 4: 1 - 15, 1979。
③ 比较荷马《伊利亚特》7.89 - 91 和 12.317 - 321 处赫克托尔和萨尔珀冬（Sarpedon）各自对"τις - Reden"的使用。在这两个例子中，英雄都在想象其他人宣扬他的荣耀。
④ 只有戏剧性较弱的荷马《奥德赛》6.276 - 284（娜乌西卡［Nausicaa］谈及对一个陪她进城的陌生人的可能反应）超过它的长度。
⑤ 麦克劳德求之过深，她称，在这段话中，"埃勒克特拉参照城邦来定义自己的行为", 见 L. MacLeod, *Dolos and Dike in Sophokles' Elektra*, 前揭, p. 144。格里芬正确地指出: "这里没有提到从篡权或僭政中解救共同体, 仅提到以家庭为目的的个人英雄主义行为。"参 J. Griffin, "Sophocles and the Democratic City", 前揭, p. 79, N. 19。比较 B. M. W. Knox, "Sophocles and the *polis*", 前揭, p. 8: "即使在这里, 他们将要庆祝的成就也不是阿尔戈斯的解放, 而是阿特柔斯家宅的得救。"然而, 尽管她设想的庆祝活动与家庭紧密相关, 她仍然将这一庆祝活动看作独特的公共赞扬。如果我们想完全领会这段话, 那么, 两个部分都需得到相当的重视。

(Agamemnon)的结尾(行1646-1648及1667),① 那里提到奥瑞斯忒斯带来的政治威胁。在第1227行,埃勒克特拉用不同寻常的词πολίτιδες来招呼歌队,这是罕见的表达,②"[暗示]一种与城邦的政治及个人的关系"。③ 这个词极少在古典文本中出现,此处显然强调了帕特森(Patterson)等人所谓的公民职能(civic function)。比如,在柏拉图《法义》814c2-4,当说话者[雅典客人]断言妇女充分参加军事行动的重要性时,他将她们称作πολίτιδες;在欧里庇得斯的《埃勒克特拉》行1334-1335("啊,别了,城邦!/啊,我的女同胞们,我对你们说永别了!"),埃勒克特拉正在考虑与更大的共同

---

① 这两段话之间的联系在相连的意象层面同样得到强调:因此,关于行1460-1461("如果说他们中曾有人对他怀过希望"),比较埃斯库罗斯《阿伽门农》行1668("我知道流亡之人总是靠希望过日子");关于行1462("他总该接受我的管束"),比较埃斯库罗斯《阿伽门农》行1639-1640("若有谁不愿服从,我就给他加重轭"),以及行1624("请不要踢刺棒,免得把自己踢伤")。

② 关于这个词出现的(简短)清单,参见 C. Patterson, "*Hai Attikai*: The Other Athenians", in *Helios* N. S. 13(2), 1986, p.66, 注35。关于这个词的罕见之处,参 J. H. Blok, "Recht und Ritus der Polis: Zu Bürgerstatus und Geschlechter verhältnissen im klassischen Athen", in *Historische Zeitschrift* 278, 2004, p.6:"在公民身份的语境中,专门提及妇女的可能性相对较少,大概更不太可能将这类提及纳入保存至今的书面文献。"

③ C. Patterson, "*Hai Attikai*: The Other Athenians", 前揭, p.55。进一步参见 C. Patterson, *Pericles' Citizenship Law of 451-450 B. C.*, Salem, NH, 1981, p.160:"politês [公民] 在宽泛的希腊语用法中表示一种政治的、公共的语境,而 astos [居民] 表示一种家庭的、集体的语境";C. Mossé, "ΑΣΤΗ ΚΑΙ ΠΟΛΙΤΙΣ: La dénomination de la femme athénienne dans les plaidoyers démosthéniens", in *Ktema* 10, 1985, p.79:"此处用 politis [女公民] 与提到 démos [德莫] 有关……指向一个不再与家庭和家族的权利相关却与城市的政治实践相关的维度。"关于语词πολίτις与更常见的ἀστή之间的区别,比较托名德摩斯梯尼59. 107 以及 K. A. Kapparis 编, *Apollodorus*: Against Neaira [D.59], Untersuchungen zur antiken Literatur und Geschichte 53, Berlin and New York, 1999, pp. 399-400 对彼处的注。

体、与她所参与的公民团体（citizen body）即将到来的离别；在伊索克拉底那里（14.51），普拉蒂亚人向雅典人宣告，"我们是你们公民妇女的后代"，这是强调他们在雅典政治中的参与权。这种特殊的称呼方式使埃勒克特拉特别强调歌队作为迈锡尼共同体成员的地位。① 这就暗示了，奥瑞斯忒斯的到来将会对整个共同体产生重大影响，正如利乌（Liou）所说："歌队妇女与解放事业［entreprise de libération］相关，而埃吉斯托斯是僭主。"②

戏剧的解释者不能忽视这些对城邦世界的偶然一瞥。事实上，它们一起构成家庭苦斗的极其连贯的背景图。克吕泰墨涅斯特拉害怕埃勒克特拉向城邦呼吁，这显示出民众对新统治者的敌意（行 641-642）。因此，埃吉斯托斯暗示，奥瑞斯忒斯的死亡将确保征服至今仍拒绝服从他的统治的民众（行 1458-1463）。相反，当保傅指出奥瑞斯忒斯渴望的许多景观时，这个年轻人在一开始就与阿尔戈斯土地建立起亲密联系。歌队对奥瑞斯忒斯及其家宅展现的明显同情，增强了这一联系（例如，行 126-127）。在相认与杀死克吕泰墨涅斯特拉这两个关键时刻，对城邦的提及强调这些事件将对更大的共同体产生有益影响（尤参行 1413-1414："啊，不幸的城邦呀！啊，不幸的家族呀！日夜困扰着你的命运快结束了"）。

在戏剧主要情节背后，这些对更广阔现实的暗示为戏剧事件增添了重要意义。埃勒克特拉向父亲与兄弟的献身，不仅如她所愿，导向家庭的复位（restoration），还导向阿尔戈斯和迈锡尼土地更加幸福的未来。因此，通过偶尔提及（occasional gestures）一种更广阔

---

① F. Budelmann, *The Language of Sophocles*：*Communality*, *Communication and Involvement*, 前揭, p. 258。

② J.-P. Liou, "Aperçus sur Isocrate à la lumière de l'emploi de quelques termes du vocabulaire politique", in *Ktema* 15：5-14, 1990, p. 5, N. 4.

的视野,该剧获得更深刻的深度和更富于变化的结构。然而,由这种"提示"(gesturing)风格培育出的简洁,使索福克勒斯在不违背将我们的注意力集中于埃勒克特拉这一根本目标的情况下,加深作品的含义。当然,对他来说,这需要一个精妙的平衡,这与对他的素材的熟练且复杂的掌控相关。为了避免戏剧受城邦支配与戏剧从不提及城邦这两个极端,他出于有限但明确的戏剧目的而采取中庸之道,阿尔戈斯的政体就是这条道路的一个特征。

从索福克勒斯对戏剧中阿特柔斯的 genos［后代］的处理中,我们能观察到相似的手法。与城邦相似,后代在埃斯库罗斯的《奥瑞斯忒亚》中起关键作用。阿伽门农之受折磨、克吕泰墨涅斯特拉与奥瑞斯忒斯的罪行,是他们自身行为的后果,然而,这些罪行也表明自阿特柔斯的妻子埃洛珀(Aerope)与提埃斯特斯(Thyestes)通奸,及提埃斯特斯的宴会后,萦绕家族的诅咒的运转。因此,探索罪与恶的重复发生构成三联剧的主题,三联剧强调"连续世代的人展现的人类行动的因果链"。①

与此相反,索福克勒斯明显未将戏剧情节置于"过去与未来世代的事件序列"中(同上,页5)。他避免更宽泛地关注阿特柔斯后代,而倾向于注意埃勒克特拉身在其中的那个机能失调(dysfuctional)的家庭。埃勒克特拉的独特性格,部分原因是阿伽门农被谋杀的骇人本质:这一行为深刻地影响了她。另一方面,如果阿伽门农之死仅是一长串杀戮之中最近的一个,那么,戏剧关注的焦点必然会很不相同,这样,对埃勒克特拉的痛苦的关注超出［对］其他事物［的关注］,就不太合适了。那么,为了使戏剧运转,就必须严格削弱在埃斯库罗斯处十分重要的后代的重要性。

然而,后代不可能完全从索福克勒斯的戏剧中消失。保傅介绍

---

① B. M. W. Knox, "Sophocles and the *polis*",前揭,p. 4。

宫殿时说,"和多仇杀的佩洛普斯后人的家"(行10),这简单却强烈地指向了佩洛普斯家宅的血腥历史。后代随后在第一合唱歌的尾声(行502–515)引起人们的注意,歌队此处将家宅当前的厄运溯及佩洛普斯杀害米尔提洛斯(Myrtilus)一事。米尔提洛斯在战车比赛(a chariot race)后的死亡,随后被奥瑞斯忒斯在类似竞赛中的"死亡"取代;因此,毫不意外,歌队对保傅的故事的第一反应是,哀叹古老的主人丧失了 γένος[后代]("唉呀,唉呀,我们主人的古老家系/看来,整个儿地连根断绝了",行764–765)。

奥瑞斯忒斯的"死亡"对克吕泰墨涅斯特拉与埃勒克特拉有至关重要的影响,但我们只需要注意一点:这一"死亡"能够与回溯更远的更大图景相适应。① 克律索特弥斯(Chrysothemis)告诉埃勒克特拉,后者有断绝全部后代的危险(行1010),而埃勒克特拉在她随后对着骨灰罐的言辞中,表达了对哀叹自己及自己后代的渴望(行1121)。最后两次提及后代,一次是在杀害克吕泰墨涅斯特拉之时,当时歌队呼喊"啊,不幸的家族"(行1413);另一次是在杀害埃吉斯托斯之时,在被领去受死之前,他惊呼:"这个家宅难道注定要看到佩洛普斯后代的所有苦难,现在的,还有将来的?"(行1497–1498)

与城邦一样,在戏剧的重要时刻——开场、长篇的报信人说辞的末尾、埃勒克特拉对骨灰罐的哀叹、杀死克吕泰墨涅斯特拉、埃吉斯托斯的最后时刻,我们看到少数几次简单却鲜明提及阿特柔斯后代的地方,这些提及的言辞表达特别有力(就像在第一合唱歌非

---

① 斯廷顿试图反驳这个关联:"无意间反讽地提到一个非事件(non–event),这有些牵强。"参 T. C. W. Stinton, "The Scope and Limits of Allusion in Greek Tragedy", in M. Cropp, E. Fantham, S. E. Scully ed., *Greek Tragedy and Its Legacy*: *Essays Presented to D. J. Conacher*, Calgary, 1986, p.79, in T. C. W. Stinton, *Collected Papers on Greek Tragedy*, 前揭, p.471。然而,两场与战车比赛相关的死亡的出现,皆与佩洛普斯的家宅相关,它们彼此相隔300行,这很难说是偶然。

常乐观的开场之后，十分意外地提到米尔提洛斯）。它们都指向家宅中的古老麻烦，但这些提及并不多，持续时间也不长，不足以使我们的注意力离开埃勒克特拉的个人处境与谋杀阿伽门农所导致的恐怖。这类对一幅更广阔图景的偶尔提及，为我们眼前所见的行为增添了额外的重要性，却不会导致我们放弃专注剧中更明显的家庭小世界。因此，这部戏剧在不失去焦点的情况下获得其深度。①

在每个例子中，我们都在处理一个在埃斯库罗斯那里非常重要的主题，尽管除了少数几个突出的地方外，索福克勒斯通常都避免这个主题。我们是否应该将这些少数例外仅仅作为埃斯库罗斯的《奥瑞斯忒亚》遗留的主题的痕迹，索福克勒斯只能大体上忽略，却不能够完全消除那些主题？或者，我们是否应该认为，索福克勒斯在他的戏剧中以简略形式保留这些主题，是出于某些明确但有限的目的？这样说来，答案就在问题之中。

近期的学术倾向于赞扬希腊悲剧中的政治层面胜于其他层面，即便某部戏剧看似与城邦只有微弱关联或没有关联。然而，任何依靠单一的解释性关键词（single interpretative key）来处理这种体裁的

---

① 第502－515行关于米尔提洛斯的叙述中，这些提到后代的地方显然有细致的运思所在。索福克勒斯没有提到米尔提洛斯死时发出的诅咒（参L. Watson, Arae: *The Curse Poetry of Antiquity*, ARCA Classical and Medieval Texts, Papers and Monographs 26, Leeds, 1991, p. 15, N. 69），因为这可能太过强调后代中因袭的罪恶（正因如此，参见 T. C. W. Stinton, "The Scope and Limits of Allusion in Greek Tragedy", 前揭，页79），从而减轻克吕泰墨涅斯特拉与埃吉斯托斯的罪行。相反的看法，参 R. C. T. Parker, "Through a Glass Darkly: Sophocles and the Divine", in J. Griffin 编, *Sophocles Revisited: Essays Presented to Sir Hugh Lloyd-Jones*, 前揭, p. 11－30, 尤参 p. 18: "重点不在于罪与罚的观念，而仅仅在于自那以后麻烦的延续。"关于索福克勒斯通常拒绝直接呈现诅咒的做法，参 M. L. West, "Ancestral Curses", in J. Griffin ed., *Sophocles Revisited: Essays Presented to Sir Hugh Lloyd-Jones*, 前揭, pp. 31－45。

方法注定不会成功。悲剧是一种变化无穷而又微妙的文学体裁，无法服从这种"一刀切"（Procrustean）的倾向。另一方面，格里芬和其他人对最近以城邦为核心的学术研究的回应固然有其优点，但我们必须小心，以免矫枉过正。如果我们放弃悲剧必须与城邦的所有事物相关的观念，并放弃悲剧与城邦无关的观念，我们才能终于开始领会城邦在像索福克勒斯的《埃勒克特拉》那样的具体戏剧中真正发挥的重要作用。

# 思想史发微

# 回归古典政治哲学与理解美国建国*

布鲁尔（Christopher Bruell）撰

杨志城 译

一

施特劳斯（Leo Strauss）致力于复兴古典政治哲学，这对于理解美国建国有何意义？尤其是，在他不少极为著名的著作导论里，他本人的说法都可以表明，我们针对他的事业而提出这个问题是正当的。比如，《自然权利与历史》（*Natural Right and History*）开篇就提

---

* 1988年6月16—18日，芝加哥大学的奥林（John M. Olin）民主理论和实践研究中心举办了一次论古典理论和实践与美国建国的会议，拙文脱胎于一篇为此会议准备的参会论文。在思考这篇论文涉及的多个主题时，我有幸得到这几位友人的宝贵帮助：潘戈（Tom Pangle）、塔科夫（Nathan Tarcov），尤其是博罗廷（David Bolotin），他们提出的问题、提供的洞见和判断让我免于犯下许多错误，助我再次回到正轨。我还想感谢我的两位研究助理 In Ha Jang 和 Michael Grenke，感谢他们帮我完善原稿和打磨文字以便发表。

出问题：我们这个民族"在成熟以后，是否依然珍视自己在其中孕育成长的信念"？① 换言之，这个民族是否认为《独立宣言》的基本主张依然有效？从这个问题开始，施特劳斯让我们有理由期待，这部著作可能会帮助我们恢复或者增强我们的建国信念，毕竟它的论证顶点是论证古典自然正当，并且证明它比其他替代物更好。《城邦与人》(The City and Man)的类似开篇也表明，此书"转向古典政治思想"，是由于"我们时代的危机、西方的危机"，该书将这一危机解释为"西方对自己的目标不再确定"。《城邦与人》提到的目标与《自然权利与历史》诉诸的建国信念并非完全相同；但我们不难看出两者关系密切。而且，这再一次让我们有理由期待，成功回归古典政治思想将会使西方重新确信其目标。实际上，施特劳斯通过这种方式表明，自己致力于复兴古典政治哲学的努力有着清晰而强烈的意义，这种意义有助于解释，他的著作为什么广泛影响了那些关心美国政治健康的研究者，为什么使其中许多人对美国建国生发出更深厚的兴趣——正如伍德（Gordon Wood）最近的文章所示。②

不过，虽然施特劳斯的著作可能对我们最紧迫的关切有清晰而强烈的影响，换言之，虽然我们清楚地知道他的著作对那些关切有重要影响，但影响的具体性质则是一个有些含混不清的问题。而且，这些含混很可能会影响那些受施特劳斯著作影响的研究者。伍德还指出，那些转向美国建国研究的人也身处这种境况之中。如果我们要回答本文开篇提出的问题，那么，我们必须集中关注这些含混之处，毕竟它们影响了美国的建国研究。

---

① ［译按］中译文参施特劳斯，《自然权利与历史》，彭刚译，北京：三联书店，2016，第三版，导论，页1，译文略有改动。
② "The Fundamentalists and the Constitution", *The New York Review of Books*, 18 February 1988, pp. 33–40.

如施特劳斯所见，而且，他也让许多其他人明白，在相当大的程度上，"西方的危机"拜"历史主义"所赐，而历史主义的形成，则来自为西方提供了普遍目的的现代政治哲学或现代自然权利的瓦解，历史主义认为，所有学说根本上都与某个特定的时间和地点紧密相关，还认为不可能存在普遍目的或永恒真理。历史主义这种哲学学说认为，哲学不可能达到其本质目标，施特劳斯把这种学说的特征描述为"理性的自我毁灭"；施特劳斯最终将它理解为"不同于前现代理性主义的现代理性主义不可避免的结果"。① 那么，回归前现代理性主义——这意味着在根本上回归古典政治哲学——体现了复兴理性主义的最合理的希望，简而言之，将理性主义复兴为一种"科学"，根据施特劳斯凭靠的胡塞尔的说法，这种"科学"

> 将满足最高的理论需求，同时在伦理和宗教方面使一种受纯粹理性规范调节的生活得以可能。②

看到施特劳斯的著作完成了这种回归的人，很可能会认为自己因而有资格在美国建国问题上谈论某种可能性，即有可能认为美国建国的指导原则如同当时所宣称的那样，它们本身就是正确的（true），不仅"在十年或二十年里"或对于"同时的几种文化"而言是正确的，③ 而且在每个地方在每个时代都正确；而他们的许多同时代人，几乎都放弃甚至不让自己仔细思考这种可能性。同时，

---

① "Preface to the English Translation", *Spinoza's Critique of Religion*, trans. E. M. Sinclair, New York: Schocken, 1965, p. 31. ［译按］中译参施特劳斯，《斯宾诺莎的宗教批判》，李永晶译，北京：华夏出版社，2013，页57。

② "Philosophy as Rigorous Science and Political Philosophy", *Studies in Platonic Political Philosophy*, Chicago: University of Chicago, 1983, p. 34. ［译按］中译参施特劳斯，《柏拉图式政治哲学研究》，张缨等译，北京：华夏出版社，2012，页48。

③ 对比 Wood, "The Fundamentalists and the Constitution", p. 34.

以同样的方式，他们也有可能认真对待建国国父们如何理解自己当时试图完成的事情。

虽然施特劳斯的努力为这种可能性提供了基础——他也试图为此提供基础，虽然这些努力的确保证了建国原则的真理性（truth）这个问题正当而合理，但是，他远没有针对这个问题尝试提出一种绝对肯定的回答。施特劳斯意在复兴或者成功复兴的那种理性主义，是"前现代的"理性主义：他努力发现，实际上也试图证实现代理性主义的不足。无论如何，正是施特劳斯本人将建国国父建立政治秩序的"自由民主理论"①（虽说不是所有方面②）追溯到早期形式的现代理性主义。自由民主制和早期现代思想之间的关联是"不可否认的事实"，但这个事实并不会导致我们返回早期现代思想："不要忽略或遗忘尼采对现代理性主义或对现代人的理性信仰的批判。"③ 或者，如施特劳斯在另一个场合所言，

> 所有理性的自由哲学立场全都丧失了其重要性与力量。人们可以公开谴责这一点（施特劳斯实际上的确这么做了），但我

---

① "The Three Waves of Modernity", typescript, 19 (published in *Political Philosophy*: *Ten Essays by Leo Strauss*, ed. H. Gildin, Detroit: Wayne State Press, p. 98)；比较"On a New Interpretation of Plato's Political Philosophy", *Social Research* 13 (1946): 357.［译按］中译参"现代性的三次浪潮""论柏拉图政治哲学新说之一种"，都载于《苏格拉底问题与现代性》（增订本），刘振、彭磊等译，北京：华夏出版社，2016。

② 对比"Liberal Education and Responsibility", *Liberalism Ancient and Modern* (New York: Basic Books, 1968), pp. 15 – 19.［译按］中译参《自由教育与责任》，载于《西方民主与文明危机：施特劳斯读本》，刘小枫选编，北京：华夏出版社，2018。

③ "The Three Waves of Modernity", 20 (*Political Philosophy*: *Ten Essays by Leo Strauss*, p. 98).［译按］中译参《苏格拉底问题与现代性》，前揭，页330。

个人确实无法坚守那些已被认为不充分的哲学立场。①

或许值得注意的是,刚才引用的这两个说法都出现在讲座里,而且,施特劳斯生前只允许公开发表其中一份。因此,当施特劳斯宣称"自由民主制……从我们西方传统的前现代思想……获得了强大的支持"时,② 他的意思不可能是说:我们能够证明建国原则是一种普遍真理,如同它们最初被理解的那样。其理由不仅在于,无论前现代思想家是否更青睐自由民主制而非所有当下可行的替代政制,在一般而言的前现代思想或具体而言的古典政治哲学看来,自由民主制都不是最佳政治秩序。更重要的是,古典政治哲学并不想要提供或者并不认为有可能为任何类型的政治秩序提供一种纯粹理性的基础,即便是最佳的政治秩序:

> 它[古典政治哲学]主张每一个曾经存在或将会出现的政治社会都基于一种特定的根本意见,知识无法代替这种意见,因而必然是一个特殊的或排他主义的社会。③

按照古典政治思想的看法,应该在哲学而非政治中寻找真正的普遍主义。④

---

① "Existentialism", typescript(很可能源自录音带,未经编辑), 4 (edited and published as "An Introduction to Heideggerian Existentialism", in *The Rebirth of Classical Political Rationalism*, ed. T. Pangle [Chicago: University of Chicago, 1989], p. 29)。[译按] 中译参"海德格尔式存在主义导言",《古典政治理性主义的重生》,郭振华等译,叶然校,北京:华夏出版社,2011,页74。

② "The Three Waves of Modernity", 20 (*Political Philosophy: Ten Essays by Leo Strauss*, p. 98). [译按] 中译参《苏格拉底问题与现代性》,前揭,页330。

③ *Liberalism Ancient and Modern*, p. viii.

④ *The City and Man* (Chicago: University of Chicago, 1977), pp. 226-31;对比"Philosophy as Rigorous Science and Political Philosophy", p. 29。[译按] 后者的中译参:"作为严格科学的哲学与政治哲学",载于《柏拉图式政治哲学研究》,前揭。

那么，我们可以总结出一点：施特劳斯致力于复兴古典政治哲学，他的努力在面对现代思想那些最强大的潮流时，再次提出一种真正切实可行的理性主义是否可能的问题，就此而言，对研究美国政治秩序的人来说，施特劳斯的努力有助于他们严肃思考，美国建国国父宣称的建国原则是否为普遍的真理；不过，他的努力并不能保证国父们的说法在最终的分析中站得住脚。

施特劳斯著作对如何理解美国建国的影响，还由于另一个原因而含糊不清，我们在讨论第一个原因时已有所触及。古典政治哲人并非民主分子，更不是自由民主分子。施特劳斯从未试图隐藏这个事实：

> 我不相信从我们同时代某些人的行事前提——民主是好的，亚里士多德也是好的——会有效地得出亚里士多德是个民主分子的结论。①

此外，如果我们接受"亚里士多德是好的"这个前提，那便会在某种程度上质疑"民主是好的"能否作为前提。复兴古典政治哲学，同时也是复兴古典作家所知晓的针对民主的古典批判；尽管古代民主制与我们时代的民主制非常不同，但针对民主的古典批判并非完全不适用于当下。换言之，按照施特劳斯的理解，自由民主制的危机并不完全是因为人们对自由民主制的奠基原则的真实性失去信心；当代美国那些受到合理批评的方面，并非都是由于偏离那些奠基原则的缘故。在分析现代政治哲人的思想时，施特劳斯几乎是

---

① "The Crisis of Political Philosophy", *The Predicament of Modern Politics*, ed. Harold J. Spaeth (Detroit: University of Detroit Press, 1964), pp. 93–94；对比 *The City and Man*, pp. 35–41。[译按]"政治哲学的危机"的中译文参《苏格拉底问题与现代性》，前揭，所引译文见页353。

无情而彻底地揭露出我们现在提到的这些原则的倾向；他偶尔但强有力的说法表明了他如何看待这些原则的当代影响：

> 如果我们观察……我们时代独有的事物，或者说我们时代的特征，那么，我们几乎只会看到，大众的品味与高标准的但严格说来不讲原则的效率在相互作用。①

此外，他还套用并详细解释尼采的说法，以说明"来自内部的威胁民主的危险"：

> 晨报已取代晨祷：每天不再是相同的东西，每天不再是对人的绝对职责和崇高使命的相同提醒，而是每天都有并不提醒什么绝对职责和崇高使命的新玩意；专业化，对于越发琐屑之事知道得越来越多；现实中不可能专注于为数很少却彻底左右人的整全性的本质事物；用一种虚假的普遍性、用各种各样缺乏真正激情的兴趣与好奇作为刺激来弥补专业化；普遍的非利士主义（philistinism）和蔓延的因袭主义（conformism）所带来的危险。②

这些说法加上他对现代政治哲人的批判，可能会在某种程度上支持如下猜想：施特劳斯回归古典政治哲学，这有政治上的动机。他的确将现代自由主义与古典自由对立起来，③ 他还说道：

---

① "Liberal Education and Responsibility", p. 23. ［译按］中译文参"自由教育与责任"，前揭，页345。

② "Existentialism", 7 (*The Rebirth of Classical Political Philosophy*, p. 31).［译按］中译文参《古典政治理性主义的重生》，前揭，页76-77。

③ "The Liberalism of Classical Political Philosophy", *Liberalism Ancient and Modern*, p. 28ff.

> 今天真正的自由之人最紧迫的责任无外乎是对抗那种堕落的自由主义，因为它主张"仅仅是安全而幸福地活着，受到保护，却在其他方面不受规制，这就是人的简单而至上的目标"，还因为它遗忘了品质、卓越或德性。（同上，页 64）

在反驳最终在一流大学的政治科学系占据主流的新政治科学时，他注意到，这种新政治科学与"自由民主制的某种变体"有一种或多或少无意识的和谐，某种他称之为"它的民主主义"的东西。① 因此，他呼吁恢复更古老的政治科学，就等于是在呼吁重新检审"支持和反对自由民主制的那些非常复杂的看法"（同上，页 223，222，205 以下）。他赞同"设立一些前哨，也许许多公民最终会认为，这些前哨有益于共和国，且配得上为共和国定调"。② 但如最后这句引文的上下文所表明的，施特劳斯借此表达的意思不外乎是，我们应该好好利用民主制提供给所有人的自由，来"培育我们的菜园"，也就是说，尽我们所能独立地追求卓越，同时，如果我们是教师（尤其是在政治科学系和法学院当教师），

> 应该更多地鼓励任何可以扩展和深化理解力的措施，而非哪怕在最佳情况下也只能造就狭隘且不讲原则的效率的措施。③

如下这一事实指向了这种克制最深层的原因：施特劳斯希望我们回归的古典政治哲学——尤其鉴于它对政治生活的分析胜于现代

---

① "An Epilogue", *Liberalism Ancient and Modern*, p. 222 及上下文。
② "Liberal Education and Responsibility", p. 24. ［译按］中译文参"自由教育与责任"，前揭，页 346。
③ "Liberal Education and Responsibility", pp. 24 and 19. ［译按］中译文参"自由教育与责任"，前揭，页 346 和页 339。

政治哲学的分析①——在根本上既严厉批评贵族制又严厉批评民主制。这些批评的严厉至多只有程度上的差别。最理想的（比如柏拉图式的）贵族制形式致力于追求卓越或德性；但充分探究"什么是德性"这个问题，会引出结论：

> 政治生活的终极目的无法在政治生活中达到，而只能在献身于沉思即献身于哲学的生活中达到。②

有些人认为，在施特劳斯复兴古典政治哲学的努力背后，他们察觉出某种政治动机，这些人当中也有人意识到，在施特劳斯对古典政治哲学的理解中，这种哲学根本不会号召人们进行政治行动，而是努力揭示"政治生活的限度，所有政治行动和所有政治谋划的限度"。③ 然而，他们将这一事实当作证实而非定然反驳自己观点的证据。他们在其中看到或通过这一点看到施特劳斯的保守主义：他诉诸柏拉图的《王制》以批判政治理想主义（*The City and Man*, p. 127），他还因此试图净化当代那些最优秀的青年对政治行动和政治改革的渴望。④ 但前一段引文足以表明，施特劳斯对西方当下的政治境况并不满意，无论他认为比东方的政治境况好多少。此外，由于他自己不屈从不恰当的绝望，他也不倾向于鼓励其他人对政治

---

① 可参见 "An Epilogue", pp. 209 – 210，以及 *The City and Man*, pp. 10 – 11。

② "On Classical Political Philosophy", *What Is Political Philosophy?* (New York: Free Press, 1959), pp. 90 – 91. ［译按］中译文参《什么是政治哲学》，李世祥等译，北京：华夏出版社，2011/2014，页78。

③ "On Classical Political Philosophy", *What Is Political Philosophy?* (New York: Free Press, 1959), p. 91; *The City and Man*, p. 138. ［译按］中译文参《什么是政治哲学》，前揭，页78。

④ 比较 M. F. Burnyeat, "Sphinx Without a Secret", *The New York Review of Books*, 30 May 1985, pp. 30 – 36。

或任何其他事情抱有这种不恰当的绝望。因为既然那些严肃斗争的结果一般而言无法预测,

> 人们能够永远满怀希望,而不必听天由命,无论面临怎样的命运、何种的艰辛。①

不过,施特劳斯最终尝试提供的,并不是任何一种政治希望。或者说,如果回到文章开始的问题,施特劳斯回归[古典政治哲学]想要达到的最终结果,既不是要尊崇国父的作为——他通过开启复兴一种真正可行的理性主义的可能性而激发了这种尊崇,也不是不满意他们的作为——复兴前现代思想必定会深化这种不满。然而,这些很可能会成为那些作为个体的个人受鼓励踏上的路途上的站点,以解决只有个人才能够解决的问题。我们所说的个人有可能因其献身于自由民主制时表现出的力量和纯粹而出类拔萃,还可能因他们对自由民主之困境的关切或潜在关切的深度而出类拔萃;因为施特劳斯最终尝试提供的希望,几乎确实找到了属于它自己的表达方式,并首先以多少具有某种政治伪装的形态呈现。

## 二

那么,在施特劳本人首先回应之后,他尝试提供哪一种希望呢?此即个人的希望,无论发现自己身处何种境况,个人都有希望能够用理性的或自然的标准或者用理性来引导自己的生活。从这个角度来看,返回古典政治哲学最终是返回哲学,这种哲学试图"将符合

---

① "An Epilogue", p. 209; and "Liberal Education and Responsibility", p. 24. [译按]中译文参"自由教育与责任",前揭,页346。此话引自马基雅维里的《李维史论》,卷二,章29,结尾处。

资格的公民，或更准确地说，将他们符合资格的后代从政治生活引向哲学生活"。① 或者，正如在他死后才发表的一篇论莱辛（Lessing）的早年文章里所言：

> 如果某个人原本设计过一个愿意让沉思真理对实际的、政治的生活有用的科学式社会，此时这人又构想一个"愿意从公民生活实践而上升到沉思的社会"，那么，共济会（即哲学）才会出现。

这就相当于说，"共济会员行善的目的在于使善行变得多余"。② 然而，当我们以这种方式来理解施特劳斯的回归［古典政治哲学］时，这种回归所伴随的困难或含糊之处，与我们在思考这种回归对于理解美国建国的意义时遇到的困难几乎一样大。举一个例子很可能便足以表明这种情形。尽管施特劳斯经常表达这个观点，即古代属人的或政治的科学胜于现代的对应物，但是，他在确认古代自然科学或形而上学的优越性时却极为犹豫。实际上，正如他在某个场合指出的，

> 谁敢说柏拉图的理念学说（如柏拉图所暗示的那样）或亚里士多德的努斯学说（努斯仅仅自我思考，而且本质上与永恒的可见宇宙相关）便是真实的教诲？

但他继续说道，难道这不意味着，

---

① "On Classical Political Philosophy", pp. 93 - 94. 为什么始终是回归某种政治的哲学，这是其中一个原因，尽管并非唯一的原因。比较 "Exoteric Teaching", *Interpretation* 14 (1984): 53, 第一段的结尾，以及拙文最后一个注释。［译按］中译文参《什么是政治哲学》，前揭，页81。

② "Exoteric Teaching", pp. 52 - 53. ［译按］中译文参"显白的教诲"，载于《古典政治理性主义的重生》，前揭，页116。

那些像我本人这样愿意拜倒在古老哲人脚下的人冒着软弱的折衷主义的危险吗？有人有足够的能力来提醒我们这些折衷主义者，每一个堪称伟大的思想家的特性便是目标和灵感的独一无二；我们的折衷主义经不起他们这些人的一击。①

换言之，施特劳斯最终不会接受——尽管可能有时看起来近于接受，②他在《自然权利与历史》中所说的"典型现代的根本的二元论，即非目的论的自然科学和目的论的关于人的科学的二元论……这种立场预设了与亚里士多德的整全观点的决裂"。③他把"这种我们身陷其中的根本的两难困境"追溯至"现代自然科学的胜利"。他还断言，"在解决这个基本问题之前，我们无法找到解决自然正当问题的恰当方法"。④ 既然关于这种解决方法他似乎没有多少内容可说，我们似乎便有理由得出结论，施特劳斯认为回归古典政治哲学只是暂时性的；而且他的某些说法似乎支持我们的判断。⑤但他的其他说法清楚无疑地表明，他在相对年轻的时候就已经得出结论，认为自己已经克服了关键的困难，至少原则上如此。⑥ 因此，

---

① "Existentialism", 11 (*The Rebirth of Classical Political Philosophy*, p. 34).［译按］中译文参《古典政治理性主义的重生》，前揭，页80，译文略有改动。

② 比较 *What Is Political Philosophy?* pp. 38–39；以及 Stanley Rothman, "The Revival of Classical Political Philosophy: A Critique", *APSR* 56 (1962): 350。比较 "On the Intention of Rousseau", *Social Research* 14 (1947): 487。

③ ［译按］见《自然权利与历史》中译本，导论，页8。

④ *Natural Right and History* (Chicago: University of Chicago Press, 1953), p. 8.［译按］见《自然权利与历史》中译本，导论，页8–9。

⑤ 比如可参 *The City and Man*, p. 11。比较 "On a New Interpretation of Plato's Political Philosophy", pp. 338–339。

⑥ *Philosophy and Law*, trans. Fred Baumann (Philadelphia: Jewish Publication Society of America, 1987), pp. 3, 11–16, 111–112; "Preface to the English Translation", p. 31.［译按］中译本参《哲学与律法》，黄瑞成译，北京：华夏

我们被迫去思考他如何得出这个结论。

为了开始处理这个问题,我们必须首先试图更清楚地弄明白,究竟是什么让施特劳斯认为返回前现代哲学值得渴求?我们此处只讨论这个问题的一个方面。换言之,这种回归[前现代哲学]的想法在何种语境中出现在他眼前?他的处女作《斯宾诺莎的宗教批判》(*Spinoza's Critique of Religion*) "以一种非常有力的偏见为出发点,即不可能返回前现代哲学"。① 他的第二本书《哲学与律法》副标题是"论理解迈蒙尼德及其先驱",此书开篇大致如下:

> 迈蒙尼德的理性主义是真正天然的典范,是必须小心保守以免受任何歪曲伪造的标准,是让现代理性主义相形见绌的试金石。

或者更宽泛地说,"中世纪理性主义"才是"标准,能够证明现代理性主义只是一种虚假的理性主义"。② 支持这种严厉反对现代理性主义的理据,显然足以同时驳倒"非理性主义",因为它"只是现代理性主义的一个变种而已"。③ 那么,返回前现代哲学,便发生在施特劳斯探究他称之为"神学-政治问题"的过程中,他的前两本著作就探讨这个问题。诚然,此处所谓"返回",是返回中世纪哲学,而施特劳斯对古典哲学的关注在其后期的著作才变得更加明显,而他对"神学-政治问题"的关注后来则不那么明显了。但一

---

出版社,2012。以及《斯宾诺莎的宗教批判》,前揭,"英译本导言",页57。

① "Preface to the English Translation", p. 31. [译按]参《斯宾诺莎的宗教批判》,前揭,"英译本前言",页57。

② "Introduction", p. 3. [译按]中译文参《哲学与律法》,前揭,导言,页3,译文略有改动。

③ Note 1 to "Introduction", p. 111. [译按]参《哲学与律法》,前揭,导言,页4,脚注1。

开始写作《哲学与律法》时，他就以中世纪哲学的古典（即亚里士多德的和柏拉图的）基础为视角，来理解中世纪哲学，① 除了这个事实以外，施特劳斯在1965年还承认，自从他早期论斯宾诺莎的著作以来，"神学-政治问题就一直是我研究的真正主题"。② 因此，我们必须认为，他在成熟期对古典哲学的关切同样源于他对神学-政治问题的思考，而且得到了这一思考的支撑。

在论斯宾诺莎著作的1962年版"英译本前言"中，通过对写作背景的解释，施特劳斯向我们叙述了他所理解和处理的神学-政治问题。③ 这个问题既有"社会的或政治的"层面（页6），也有涉及作为个体的个人层面。在讨论后一层面时，施特劳斯从讨论"西方的犹太人个体"的例子开始，"这个犹太人个体或其父母切断了他与犹太共同体的联系"。施特劳斯关心的这些个体承认，"他们最深层的问题的解决之道"，就是"重新回归到犹太共同体，回到由犹太教信仰和犹太教生活方式所建立的共同体中"，但是，

---

① "Preface to the English Translation", p. 31；还有其他地方，*Philosophy and Law*, p. 103ff.；"Quelques Remarques sur la Science Politique de Maimonide et de Farabi," *Revue des Etudes Juives* 100（1936）：2-6。

② 其论霍布斯的著作的德文版的前言，见 *Interpretation* 8（1979）：1；比较他生前完成的最后一本书开篇引用的阿维森纳（Avicenna）的说法，见《柏拉图法义的论辩与情节》（*The Argument and the Action of Plato's Laws*, Chicago：University of Chicago, 1975）；比较这一说法对施特劳斯而言的重要性，"A Giving of Accounts", *The College* 25（1970）：3。

③ 除了这个"英译本前言"，我们还可以加上《哲学与律法》的导言——这是一本很早之前的著作，1962年的"英译本前言"从中一字不差地借用了大段内容；还可以加上其他许多说法，如"剖白"（A Giving of Accounts）、论霍布斯的著作1965年德文版的前言以及"神学与哲学的相互影响"。[译按] 这段话原为文中圆括号的内容，为了方便阅读，现挪为脚注。"剖白"以及"神学与哲学的相互影响"的中译文参《苏格拉底问题与现代性》，前揭。

相信这样一种回归已经完全不可能，因为他们相信，犹太教信仰已经被永远颠覆了，不是被盲目的背叛而是被明证无误的反驳颠覆了……他们断言，理智的诚实禁止他们牺牲理智，即便是为了满足最生死攸关的需要。①

施特劳斯分析了，他的同时代人和前辈理解的回归面临怎样的障碍，在此基础上，年轻的施特劳斯看来想要得出相反的结论：

像我们在上述几个段落中勾勒的那些思考让人不禁怀疑，无条件地回归到犹太教正统是否既不可能又不必要，同时这些思考让人怀疑，对于已然迷失在非犹太的现代世界中的犹太人而言，那种回归能否成为犹太人问题的解决方案，能否成为与纯然的前后一致或曰理智的正直兼容的唯一道路。（页15；[译按]见中译本页28）

然而，"诸种模糊的难题依然存在，像美丽的夏日天空中远处一抹小小的浮云。它们不久就以斯宾诺莎的形式出现"（页15）。施特劳斯就"回归运动""那些最为重要的代表"即柯亨（Hermann Cohen）和罗森茨威格（Franz Rosenzweig）所说的内容——或许他在《哲学与律法》的"导言"中比《斯宾诺莎的宗教批判》的"英译本前言"中说得更加清楚——使得这个相当费解的说法较容易理解。这些人"没有毫无保留地回归传统"；换言之，他们没有返回一种纯然的正统。② 他们的保留可以追溯到启蒙运动（尤其是斯宾诺莎），追溯到一种同时据说已经被"克服"了的哲学。所谓斯宾诺莎或启

---

① 《斯宾诺莎的宗教批判》，页7。[译按]参《斯宾诺莎的宗教批判》，前揭，"英译本前言"，页12。

② 见《哲学与律法》的"导言"，页8以下；比较《斯宾诺莎的宗教批判》的英译本前言，页13-15和27。

蒙运动思想的克服行为、对这种启蒙思想长期以来的依赖,这两个事实让我们有必要重启斯宾诺莎或启蒙运动"实际上是否驳倒了正统"这个问题。①"如果仍然有回归正统的可能,那么条件就是斯宾诺莎在每个方面都是错的。"(页15)

在《斯宾诺莎的宗教批判》的"英译本前言"和《哲学与律法》的"导言"中,施特劳斯概括了他早期检审斯宾诺莎时得出的结果,这一检审的结果就是《斯宾诺莎的宗教批判》。从这些概括中似乎可以发现,他得出的结论,即斯宾诺莎在关键方面错了,即便不是每一个方面都错,或者说斯宾诺莎没有驳倒正统。② 然而,这种表面印象尽管最终不会误导人,也必须加以修正。如下事实可作为这一看法的最直接论据:施特劳斯本人并没有简单采取与斯宾诺莎对立的立场——迄今为止也没有这样的对立立场,而现在,这种立场甚至被抛弃了。

正如他在《哲学与律法》的"导言"中最为清楚的说法:

> 尽管启蒙对正统的攻击失败了,但这两股敌对势力的斗争,对启蒙仍具有极为重大的积极后果。③

他甚至说到那种为启蒙"辩护"的东西。④ 按照施特劳斯的说法,

---

① 《斯宾诺莎的宗教批判》的英译本前言,页27-28;《哲学与律法》的"导言",页9-10。比较施特劳斯论霍布斯一书德文版的前言,页1,以及"剖白",页3。
② 同上,页28-29;《哲学与律法》的"导言",页10-11。
③ 《哲学与律法》的"导言",页19;比较"剖白",页3。[译按] 参《哲学与律法》中译本页12。
④ 同上,页13、15、16、18、19;对比《斯宾诺莎的宗教批判》,英译本前言,页30。

通过启蒙与正统之争而变得比以往更加清楚和更广为人知的是：正统的前提——创世、神迹和启示的真实性——并非（哲学地或历史地）可知，而只能被信仰，因此，正统的前提缺乏可知之物所特有的约束性。①

施特劳斯接受的这个结论，距离这个观点就只有一步之遥，即"神迹主张与人类前科学的状态有关，因此毫无尊严"。② 正如我们从《斯宾诺莎的宗教批判》中所知，"实证精神"（positive mind）另外迈出的一步是，这种实证精神"发现自己……不会被任何有关神迹的言说所左右，因而亦不会被任何神迹的经验所左右"，因为对它而言，

> 显而易见的是，先知与使徒尽管带着冷静与严肃描述了那些神迹，但他们却未以同样的方式观察并分析他们的神迹。（页134-135）

> 神迹……被视为在这样一种意识状态下发生，即不能进行严格的经验科学研究的意识状态下。（页136）

"实证精神"拿这种意识状态来和自身比较，这种"实证精神"或曰"实证意识"，"自我意识到经验性的意识"（页126），便认为自己在诚实对待如其所是的世界方面取得了一种纯粹和决定性的进

---

① 《哲学与律法》的"导言"，页19；比较《斯宾诺莎的宗教批判》，英译本前言，页28：因此，只有在正统派"对自己加以限制，并且断言自己相信"根本的东西，斯宾诺莎的反驳才无效。[译按] 参《哲学与律法》中译本页13，《斯宾诺莎的宗教批判》中译本页53。

② 《哲学与律法》的"导言"，页22。比较 "The Mutual Influence of Theology and Philosophy", *The Independent Journal of Philosophy* 3 (1979): 115；[译按] 参《哲学与律法》中译本页15。"The Mutual Influence of Theology and Philosophy" 的中译参《苏格拉底问题与现代性》，前揭。

步。在放弃更有野心却有缺陷的尝试（即试图证明神迹不可能）之后，它便只要求神迹必须"得到确凿无疑的确定性"，其方法是让神迹屈从于实证主义"精密的观察和严格的分析"（页213和134）。但施特劳斯最终理解到，这种要求本身或"想要'确立'的意志"摧毁了体验神迹的可能性（页213-214）。施特劳斯因此怀疑，这种要求或意志本身是否是"某种想当然的东西"（页214，对比页145）。由于怀疑这个问题，他便将这视作"针对现实世界经验的信与不信两种态度之间的问题"（页198）。他得出结论：

> 如同对神迹的肯定遭到了实证精神的质疑一样，实证性的神迹批判亦遭到了或在信仰中或在怀疑中等待神迹到来的人们的质疑。①

因此，"实证精神"所号称的开明，在施特劳斯看来并不彻底。②

得出这一点之后，施特劳斯在这个阶段下了如下结论：

---

① 《斯宾诺莎的宗教批判》，页214。对比"The Mutual Influence of Theology and Philosophy"，页116；尤其是《哲学与律法》的"导言"，页15。[译按]参中译本页289。

② 这种开明正在变为"正直"，施特劳斯将"正直"与"专注"（attentiveness）或"热爱真理"区分开来，将"正直"与"对待如其所是的世界时的真正开明"区分开来（《哲学与律法》的"导言"的注释12）。有可能甚至非常有可能是，施特劳斯在最终理解对宗教的实证批判的这种局限时得到了历史主义的帮助，历史主义"将现代自然科学理解为一种在诸'世界建构'形式中受历史制约的形式"（《哲学与律法》的"导言"，中译本页15；对比《哲学与律法》"导言"的注释2）。不管怎么说，他洞悉到实证批判的这种局限，这一定是向他确证了历史主义对现代自然科学的批判的（有限的）真理（《哲学与律法》的"导言"，中译本页15-16；对比"On a New Interpretation of Plato's Political Philosophy"，页338以下）。

斯宾诺莎与犹太教之间、不信仰与信仰之间的敌对关系，最终不是理论上的而是道德上的。①

他检审了历史上的这种敌对关系，进而认为，

斯宾诺莎的［宗教］批判的最后定论和最终正当性，就在这种出于理智正直的无神论，它通过激进地理解正统来激进地克服正统……②

但这种解决问题的方法同样无法让他满意：

它的根基乃是一个意志行动、一个信仰行动，而以信仰为根基对任何哲学来说都是致命的。③

因此，就在说到"出于理智正直的无神论"克服了正统之后，

---

① 《斯宾诺莎的宗教批判》的英译本前言，页29。比较《哲学与律法》的"导言"，页15-16。［译按］参《斯宾诺莎的宗教批判》中译本页54。

② 同上，页30。比较《哲学与律法》的"导言"，页19。［译按］同上，页56。

③ 同上，页30。最近一篇评价施特劳斯著作的论文（"Truth for philosophers alone?" by Stephen Holmes, *Times Literary Supplement*, 1-7 December 1989, pp. 1319-1324）根本没有表明其写作者意识到施特劳斯的这种不满，或更宽泛而言，意识到施特劳斯对正直的批判。因而，这篇论文实际上认为施特劳斯持有"教条式的无神论"立场，而施特劳斯对"教条式的无神论"的公开谴责激起了上一代批评者的愤怒（参见施特劳斯对Schaar和Wolin的回应，见 *American Political Science Review* 57 [1963]: 153）。［译按］施特劳斯对Schaar和Wolin的回应，见"Replies to Schaar and Wolin: I-VI", by Herbert Storing, Leo Strauss, Walter Berns, Leo Weinstein and Robert Horwitz, *American Political Science Review* 57 (1963): 151-160。Schaar和Wolin的说法见："Review: Essays on the Scientific Study of Politics: A Critique", *The American Political Science Review*, Vol. 57, No. 1 (Mar., 1963), pp. 125-150。

他称这相同的发展过程为"正统因理性哲学的自我毁灭而取得的胜利"。① 然而,正如他进而指出的,犹太正统和尼采都无法完全摒弃理性或客观真理的诉求。再说,"其他的各种观察和经验确认了这样的疑虑,即宣称告别理性恐怕是不明智的做法"。正是在这个关头,施特劳斯

> 因此开始想要弄明白,理性的自我毁灭是否是现代理性主义——它不同于前现代的理性主义,尤其不同于犹太-中世纪理性主义及其古典根基(亚里士多德式和柏拉图式的理性主义)——不可避免的结果。②

---

① 《斯宾诺莎的宗教批判》的英译本前言,页30。再次比较《哲学与律法》,"导言"的注释1:"非理性主义只不过是现代理性主义的一个变种而已";对比《自然权利与历史》,页74-76,以及 "The Mutual Influence of Theology and Philosophy", pp. 117-118。

② 《斯宾诺莎的宗教批判》的英译本前言,页31。就在"英译本前言"里,施特劳斯暗示了那种可能导致其"思想转向"的东西,这种"转向"在于他最终认为回归前现代哲学不仅是值得欲求的而且是可能的:他说,《斯宾诺莎的宗教批判》的英译本末尾所刊印的评施米特《政治的概念》的文章首次表达了他自己的[思想]转向。在那篇文章里,施特劳斯说道,"为了发起"施米特想要对现代政治哲学发起的"彻底批判",施米特"必须首先消除那种认为人性之恶是动物之恶因而是'无辜之恶'(innocent evil)的观念,并且必须试图返回那种认为人性之恶是道德堕落的观念"(英译本页345)。至于这一说法的重要性,请对比《斯宾诺莎的宗教批判》这本论斯宾诺莎的书,当时写作这本书时,施特劳斯仍然基于"重返前现代哲学是不可能的"这一前提,英译本页204,以及 The City and Man, pp. 38-40,以及 "On a New Interpretation of Plato's Political Philosophy", p. 344。对比《自然权利与历史》,页78。[译按]参《斯宾诺莎的宗教批判》中译本页56-57。施特劳斯评施米特文章的中译文,参迈尔,《隐匿的对话:施米特与施特劳斯》,朱雁冰等译,华夏出版社,2008,附录一,页204。

# 旧文新刊

# 公羊稽疑

錢堃新　撰

　　昔杜子春、鄭興父子正《周禮》音讀，明其通假。鄭君贊之曰："二三君子所變易，灼然如晦之見明。"《春秋》之晦於公羊家也久矣，孰明之哉。孔子之作《春秋》，在魯哀公十四年春，西狩獲麟以後，其沒在十六年四月，相距纔二年耳。其間講習之日，蓋甚微淺。是以七十子之徒，人人異端，各安其意。漢興，《春秋》傳者三家。《公羊傳》非常異義可怪之論，又有黜周王魯，改文從質諸說。武帝好焉，首立學官，二傳見抑，久而後顯。何休治公羊家言益精，更難二家。鄭君雖入室操戈，然猶喜用公羊家言，少所是正。晉王接謂何休訓釋甚詳，而黜周王魯，大體乖硋。史稱接所注《公羊春秋》，多有新義，惜其書已佚，無由知其得失。清孔廣森作《公羊通義》，始祛諸說，大義粗明。然於傳中駁雜之辭，猶未盡觀其竅，竊嘗憾焉。用稽之經籍，甄其可疑者。為明孔、徵齊、正緯、案傳上下、議師，凡六篇。賦性愚闇，何足以易晦為明，庶為同志導夫先路云爾。

鎮江　錢堃新敘

## 明　孔

何劭公注《公羊傳》，詳黜周王魯，改周之文從殷之質諸說。謂皆孔子微言，公羊高得諸子夏者也。孔子之旨，誠如公羊家之說耶，則必有以合於羣經。使羣經所記孔子之言，不爽於公羊家之說，斯公羊家言信矣。

孔子，魯人，孔父嘉六世孫，宋微子之苗裔也。《禮記·儒行》孔子告哀公曰："丘少居魯，衣逢掖之衣。長居宋，冠章甫之冠。"（章甫，殷冠）《檀弓》記孔子且卒，告子貢曰："丘也殷人也，予疇昔之夜，夢坐奠於兩楹之間。"（上文稱殷人殯於二楹之間）此孔子不忘殷之證也。然孔子嘗曰："周監於二代，郁郁乎文哉，吾從周。"又曰："甚矣吾衰也久矣，吾不復夢見周公。"推孔子衣冠夢想之所及，則雖不忘其為殷後，固不若從周之決矣。顧魯之典制，亦雜用殷禮。《禮記·明堂位》稱成王命魯祀周公以天子之禮樂，誠其服器甚詳。《魯頌·閟宮》篇亦云："白牡騂剛，萬舞洋洋。"《公羊》文十三年傳云：

> 周公稱大廟，魯公稱世室，羣公稱宮。……周公用白牡，魯公用騂犅，羣公不毛。（案：白牡殷制，騂犅周制，犅為正字，剛，假借字。）

蓋周公廟雖用天子禮，猶以嫌雜用殷制也，然孔子嘗非之曰："魯之效禘非禮也，周公其衰矣。"是孔子環境雖涉於殷，仍不少貶從周之志也，故其平日所恒言，無幾微從殷之旨，若夫損益典禮之說，則見於《論語》"麻冕""問為邦""問十世"諸章。公西華志孔子之喪，亦兼用三代（見《檀弓》）。蓋用先代之禮，時人所許，亦以行孔子之志也，至如制作，則終有所不敢。子思嘗名之曰：

> 非天子不議禮，不制度，不考文。……雖有其德，苟無其位，[亦]不敢作禮樂焉。（見《中庸》）

子思，孔子之孫，其言顯白如此，則孔子雖有損益之說，未嘗有制禮之事也。嘗自謂好古，述而不作，問言及政，不過曰近悅遠來，富而後教。詳事則九經之目，敘志則《堯曰》一章，皆誦說在昔，籀繹其理。其作《春秋》，蓋臨之以文王，垂是非之正法。

《公羊傳》之首章曰："王者孰謂？謂文王也。"其卒章曰："君子樂道堯舜之道。"子夏所傳《春秋》，莫大乎是矣。孔子欲為東周，何遽黜周？方且欺魯，奚必王魯？猶曰知我罪我者，終以天子之事為嫌。而況於作法以行黜陟乎！焦循嘗謂："《周官》《儀禮》，一代之書，《禮記》，萬世制禮之法。"孔子之為大聖，教萬世制禮之法耳，何貴乎空為一王之制耶？孔子惟不制禮而立教，故宰我以為賢於堯舜，亦惟未嘗制禮。故孟子論井地，由《大田》之詩推致之；荀子述《王制》，仍據《周官》也。二賢誦法孔子，著書甚富，無一言及孔子之制。孔子之不制禮亦明矣。

且孔子屢歎中庸，未尚聞其尚質也。故曰："質勝文則野，文勝質則史，文質彬彬，然後君子。"彬彬則中庸矣。其答林放問禮之本，則曰："禮與其奢也，甯儉；喪與其易也，甯戚。"言貴乎中也。棘子成尚質，見譏於子貢，孔子之意可知矣。惟子思作《表記》，稱四代文物之殊，猶曰："虞夏之文，不勝其質。殷周之質，不勝其文。"方謂殷周同敝，何嘗知其祖從殷之質哉！及公羊家興，始倡言孔子黜周王魯，從殷之質，為漢制法，《淮南王書》遂有"殷變夏，周變殷，春秋變周"之說（見《氾論訓》）。

何休《公羊傳注》於是明文家、質家之異，有所謂春秋制者。如隱元年"歸賵"一條，《傳》曰：

> 賵者，蓋以馬，以乘馬束帛。（注曰："此道周制也。"）車馬曰賵，貨財曰賻，衣被曰襚。（注曰："此皆春秋制也。"）

分張相承之文，指為兩代之制，竟不知其所據。清末皮錫瑞箋《禮記·王制》一篇以為醇過孟、荀，非孔子不能作。一若孔子先作《王制》，為筆削之經者。果如皮氏之說，則《王制》篇為聖筆，尊之宜在《孝經》《論語》上。胡為孔門不傳，孟、荀不道？果如皮氏說，則孔子之《春秋》，直如立法未頒，便據以誅賞。刻深過於申、韓，何以為孔子（章太炎有文駁之，不具引）？且《春秋》者，所以寓褒貶行事，俾堯、舜、文王之道深切著明也。故其禮為時制，事為實錄。清末公羊家乃稱文王為文字之王，孔子以自喻，若西歐謂報人為無冕王者。

又謂："《春秋》借事明義，其事之合與不合，備與不備，本所不計。"於是魯隱非真能讓，祭仲非真知權，齊襄非能復讎，宋襄非真仁義，皆可以褒美矣。孔子平日慎言，惡似而非者，其於時賢，亦少所推許。一旦懷鉛筆削，遂漫無紀極如此耶？化無以為有，轉實而成虛，及康有為而託古改制之說起，羣經若土芥矣。夫環境之涉於殷，經典所同載也。黜周王魯，改文從質諸說，儒者所難辨也。公羊家因同載之文，構難辨之實，持之固而爭之急，號為口說獨傳之秘。於是二傳所無者，《公羊》專有之。漢人文飾未密者，清人從而彌縫之，其術愈巧，惑世愈甚。此《公羊傳》所以先立學官，紛紛至今而加厲也。

## 徵 齊

《漢書·儒林傳》曰：

> 宣帝即位，聞衛太子好《穀梁春秋》，以問丞相韋賢、長信少府夏侯勝及侍中樂陵侯史高，皆魯人也。言穀梁子本魯學，公羊氏乃齊學也，宜興《穀梁》。

齊學一語，非厚誣公羊，考諸太公、桓公之政，鄒衍陰陽之說，可明徵焉。太公之治齊，舉賢而上功，與魯之尊賢而親親者有別。劉向《說苑·政理篇》曰：

> 太公尊賢，先疏後親，先義後仁。伯禽親親，先內後外，先仁後義。魯有王道，仁厚也。齊有霸迹，武政也。

其於齊魯立國之異，辨之詳矣。

子思之論殷周，則曰："殷人先罰而後賞，尊而不親"，"周人賞罰用爵列，親而不尊"（見《禮記·表記》）。然則齊魯之異，猶殷周之異，齊政其近於殷乎。及管仲相齊，作內政以寄軍令，貴輕重，慎權衡。桓公以霸，魯國積弱。然孔子嘗稱管仲之器小，又曰："齊一變，至於魯。魯一變，至於道。"豈不以魯秉周禮，愈於齊之近殷用霸耶？孔子弟子多齊籍，好尚不盡相合。故有《齊論語》《齊詩》，自成統紀。《公羊傳》即《齊春秋》也。《漢書·地理志》序齊俗云：

> 其土多好經術，矜功名，舒緩闊達而足智。其失夸奢朋黨，言與行繆，虛詐不情，急之則離散，緩之則放縱。

夫學術之興，啟於當時之政俗，魯秉周禮，孔子生焉。

鄒衍之興於齊，亦非偶然也。衍之事跡，見《史記·孟荀列傳》，其書已佚，《漢志》載其目，曰《鄒子》四十九篇，《鄒子終始》五十六篇。史遷謂其

> 深觀陰陽消息，而作怪迂之變，《終始》《大聖》之篇，十餘萬言。其語閎大不經，必先驗小物，推而大之，至於無垠⋯⋯稱引天地剖判以來，五德轉移，治各有宜，而符應若茲⋯⋯然要其歸，必止乎仁義節儉，君臣上下六親之施，始也濫耳。

據是以推，仁義儒術，節儉墨道，君臣上下六親之施，則兩家之所同。鄒衍蓋受學儒墨，而濫於機祥者與！自老子以禮為忠信之薄，墨子遂有《非樂》《节葬》之篇，益務於質。墨子曰："為可長，行可久，先質而後文，此聖人之務。"（《說苑·尚質篇》引）鄒子則曰：

> 政教文質者，所以云救也。當時則用，過則舍之，有易則易也。故守一不變者，未睹治之至也。（《漢書·嚴安傳》引）

鄒衍蓋取墨子尚質之意，謂宜變法以為治，而公羊家因有從質改制之說矣。

鄒子又曰："五德從所不勝，虞土、夏木、殷金、周火。"（《文選》李注引）《呂氏春秋》《明理》《名類》諸篇，言災異五德甚悉，殆亦衍之遺說。此又公羊家通三統之說所由昉也。其學善引人事以合天，而怪迂不可考校。《莊子》所謂齊諧，《孟子》稱齊東野人之語，蓋皆指以為說。荀子作《天論》，非之最力。又以謂

> 略法先王而不知其統，猶然而材劇志大，聞見雜博，案往造舊說，謂之五行。甚僻違而無類，幽隱而無說，閉約而無解。

(見《非十二子篇》)

指為子思、孟子之咎。蓋《中庸》言天命之性嘗本於五行（鄭君注《中庸》用五行配五性，必有所本）。《表記》又以文質優劣四代，並鄒衍所託始也（孟子學於子思之門人，其言五行不可考，其載於孟子外書歟）。其後燕齊海上方士傳衍術，奏之秦始皇。始皇采用之。以秦為水德，"更命河曰德水，以冬十月為年首，色上黑，度以六為名，音上大呂，事統上法"（見《史記·封禪書》）。

鄒衍之學，於是光被秦漢間矣。夫齊國之政近乎殷，齊國之俗夸以誕。鄒衍參合儒墨，消息乎陰陽，亦殷人先鬼而後禮之遺意也。公羊高本齊人，五傳至壽，始共同籍弟子胡毋子都著於竹帛，其所漸染者亦廣矣。故其文多齊言，義閎大而任權變。齊學一語，洵不誣也。

# 原 緯

漢自中興以後，儒者甚傳緯學，謂皆出諸孔子。桓譚張衡頗疾之，以為哀、平之際，小才伎數之人所矯稱，非聖人之法。二說相戾，而皆未得其中。孔穎達《書·鴻範》疏曰：

> 緯候之書，不知誰作。通人討覈，謂偽起哀平。雖復前漢之末始有此書，以前學者，必相傳此說。

其言近之矣，猶未考其造作之詳也。余嘗細繹《史》《漢》及《春秋》《公羊傳》注，然後知其起於西漢尊經以後，漁獵傳記，月益歲增，而公羊先師裁定之也。

何言乎其起於西漢尊經以後？案劉熙曰：

> 緯，圍也，反覆圍繞以成經也。圖，度也，盡其品度也。

讖者，纖也，其義纖微也。

三者同實，而得名有先後。《史記·趙世家》，扁鵲稱秦穆述上帝之言，公孫支書而藏之，秦讖於是出，則讖之由來久矣。《始皇本紀》二十六年，"始皇推終始五德之傳"，改正上黑，為水德之始。三十二年，燕人盧生使入海還，奏錄圖書曰："亡秦者胡也。"三十四年，燒《詩》《書》百家語，有敢偶語《詩》《書》，棄市，所不去者醫藥、卜筮、種樹之書。秦之所信奉與存之者，亦已約矣，彼為《詩》《書》百家語者，開焚禁之令，甯能舍其所好，默默而已耶？將改換塗飾以通其道也。

漢之始興，縱橫之徒猶眾。及武宣之世，諸侯漸削，縱橫無所用，而漢廷多以辭賦進者。論者謂辭賦即縱橫家之所化。人之改轍以求通，大抵然矣。當秦之禁，天下儒生猶眾。淳于緘口，叔孫遁逃，孔甲抒憤於陳王，伏生藏《書》於屋壁。其改轍求通之士，必且有寓其說於陰陽圖讖之書者。

由是儒言與陰陽家合，而圖讖滋益多，然猶未有緯之名也。及漢武帝建元五年，立五經博士，退百家之學，學術定於一尊，公卿斐然向化。於是傳記之儒，師改轍之智，緣時好以寓其說，扳附羣經，以求疾售，號為緯書。向之見棄者，又轉而風靡一時。劉勰曰：

六經彪炳而緯候稠疊，《孝》《論》昭皙而《鈎》《讖》葳蕤。

塗飾附驥之巧，固無所逃於明察之鑒也。

何言乎漁獵傳記，月益歲增耶？孔子沒後，迄乎漢平之立，凡四百七十九年。其間多兵爭屠戮，聞人之書泯滅者亦眾矣，造緯之人時或得之於朽絕之餘，適足以資其剿襲，然其嘉言懿訓，猶有可徵於典籍者。如《乾鑿度》与孟、京易学相表里，"卦氣起中孚"，

《稽覽圖》詳之。《禮記·經解》引《易》曰："君子慎始，差若毫釐，謬以千里。"而《通卦驗》有之。張霸偽撰百兩篇，作緯者即造《中候》十八篇以符百二十篇之數，而《史記》所載簡狄吞卵生契之事在焉。《詩·毛傳》謂"尊而君之則稱皇天，元氣廣大則稱昊天，仁覆閔下則稱旻天"。而《尚書·帝命驗》有其文。《尚書·大傳》言："主春者鳥，昏中可以種穀，主夏者火，昏中可以種黍。"而《尚書·考靈耀》有其文。《春秋文曜鈎》言："雖有明天子，必視熒惑所在。"與《史記·天官書》合。

《春秋含文嘉》言："天子射熊，諸侯射麋，大夫射虎豹，士射鹿豕。"與《鄉射禮記》合。《尚書大傳》謂"夏以十三月為正，殷以十二月為正，周以十一月為正"。其說見於《樂緯稽耀嘉》，漢翼奉言"臣學《齊詩》，聞五際之要。"其說見於《詩緯汎歷樞》。又史遷自序引孔子曰："我欲載之空言，不如見之行事之深切著明。"則《春秋緯》文。蓋寬饒引《易傳》："五帝官天下，三王家天下，家以傳子，官以傳賢。"則《易緯》文也。其採摭之廣，陳義之精，假託之巧，固足以取信於諸儒矣。故以鄭康成之識，猶且為《中候》作注，又於《釋廢疾》論之曰：

> 孔子雖有聖德，不敢顯然改先王之法，以教授於世。若其所欲改，其陰書於緯，藏之以傳後王。(《禮記·王制》疏引)

此公羊家虛誕之辭，鄭君信之不疑者，緯書勦襲古語極多，足以亂真，習而不察故也。然矯偽之書，可以蒙一時，不可欺後世。王肅偽《家語》，張湛竄《列子》，未嘗不眩惑時人，終無所逃於明敏之心目。及宋大明中，始禁圖讖，隋煬帝令搜天下書籍，與讖緯相涉者，皆焚之，為吏所糾者至死，至是無復其學者。《隋書·經籍志》敘之曰：

又有《七經緯》三十六篇，並云孔子所作……然其文辭淺俗，顛倒舛謬，不類聖人之旨。相傳疑世人造為之後，或者又加點竄，非其實錄。

蓋其漁獵既多，作者不一，遂致正變互乖，純駁相錯。即其精者言之，雖鄭君不能無信；即其怪者言之，則不能免於宋隋之焚禁也。當劉向父子校書時，讖緯未入中秘，無由著錄。張衡遂以劉錄無緯，謂其起於哀平以後，不悟莽篡秀興，纔十五年，此數十卷書，豈可造於皇遽間耶。彼亦徒疾其虛妄，未暇究其採撼成書之漸爾。

何言乎公羊先師裁定之耶？《公羊春秋》漢景時始著竹帛，與緯接踵而興。今考其《傳》，與緯書相應者十餘條（詳見案傳上篇）。如桓經四年"公狩于郎"，《傳》無"夏田"文，同於《運斗樞》之類。不知壽與子都襲緯耶，造緯之人剿諸傳耶？將辭出一年，使互見於二書耶？隱九年，"三月，庚辰，大雨雪"，《考異郵》識其雪深七尺。何休解之曰："師說以為平地七尺雪者，盛陰之氣也。"夫休，公羊師也。其所謂師，即指公羊先師，而其說乃同於《考異郵》。若非辭出一手，使二書互見，休豈肯尊異如是哉！漢武帝最好《公羊》，其說為博士所遵，故其緯皆與公羊家言相應，及何休作注，所引緯說出《春秋緯》以外者，無慮數十百條。苟非公羊家裁定於其意間，又安能契合若此。

清人徐養原《辨緯》謂："皆西京博士家言，為今文之學者。"蓋已得其近似矣。且《公羊疏》引《閔因敘》曰：

昔孔子受端門之命，制《春秋》之義，使子夏等十四人求《周史記》。

《感精符》《考異郵》《說題辭》具有其文。說者又稱孔子曰："《春秋》屬商""傳我書者公羊高也""董仲舒亂我書"。其文均見於緯，七十之子傳經者眾矣，醇篤之士出公羊高、董仲舒上者，又非無其人也。乃獨詳三賢之名，若佛門懸記之為者。託聖人之語，以重其一家之學，故知七緯由公羊先師裁定也。戰國秦漢之間，士之假託古聖為書者頗眾，更何尤乎《公羊》一家，然自孔子沒後，歷年三百二十六，為景帝之元年，公羊氏隱其傳五世，然後著於竹帛。又歷三百二十五年，得何氏之注，然後精審可行遠。蓋必俟七緯三十六篇盡出，始能左提右挈，號為墨守也。公羊家之立說，亦艱矣哉！

## 案傳上

余始讀《春秋公羊傳注》，見何邵公繁引緯說，以為鄭君稱"《公羊》善於讖"。蓋指何注言之。及讀《禮記·王制》，疏引鄭君《釋廢疾》曰：

> 《穀梁》四時田者，近孔子故也。《公羊》正當六國之亡，讖緯見讀，而傳為三時田。作傳有先後，雖異，不足以斷《穀梁》也。

案桓篇，四年春正月，公狩于郎。《穀梁傳》曰："春曰田，夏曰苗，秋曰蒐，冬曰狩。"《公羊傳》則謂"春曰苗，秋曰蒐，冬曰狩。"不以夏田，與《運斗樞》之文相合。然後知善於讖云者，固通傳注而言也。又《鄭志》張逸問："注曰《書說》，《書說》何書也？"答曰：

> 《尚書緯》也。當為注時，在文網中。嫌引秘書，故諸所牽強圖讖，皆謂之注云。

如鄭君之例，則《公羊疏》中所稱《春秋說》《孝經說》之類，皆緯矣。今案《公羊傳》文，合諸緯說，有徵於疏者，又二十一條。

隱篇元年，"公及邾婁儀父盟于眛"。《傳》曰："曷為稱字，褒之也。"疏引《春秋說》云，褒儀父善趣聖者，其相合一也。

又"公子益師卒"。《傳》曰："所見異辭，所聞異辭，所傳聞異辭。"注云：

> 所見者謂昭、定、哀，所聞者謂文、宣、成、襄，所傳聞者謂隱、桓、莊、閔、僖。

疏以為皆《春秋緯》文，傳雖未縷數，三世之名則同，其相合二也（桓二年哀十四年傳同）。

九年三月，"庚辰，大雨雪"，《傳》曰："何以書，記異也。何異爾，俶甚也。"（《詩·大雅·既醉》箋：俶，厚也。）注云："師說以為平地七尺雪。"《開元占經》引《攷異郵》云："庚辰大雨雪，雪深七尺。"其相合三也。

桓篇十有三年：

> 春二月公會紀侯、鄭伯，己巳，及齊侯、宋公、衛侯、燕人戰，齊師、宋師、衛師、燕師敗績。

《傳》曰："何以不地，近也。惡乎近？近乎圍。"注云："今親戰龍門，兵攻城池尤危。"疏引《春秋說》云："龍門之戰，民死傷者滿溝。"其相合四也。

莊篇元年冬，"王使榮叔來錫桓公命"。傳曰："命者何？加我服也。"注云：

> 禮有九錫，一曰車馬，二曰衣服，三曰樂則，四曰朱戶，五曰納陛，六曰虎賁，七曰弓矢，八曰鈇鉞，九曰秬鬯。

疏謂此《禮緯·合文嘉》文。其相合五也（文元年毛伯錫命傳文同）。

十年秋九月，"荊敗蔡師于莘，以蔡侯獻舞歸"。《傳》曰：

> 荊者何？州名也。州不若國，國不若氏，氏不若人，人不若名，名不若字，字不若子。

注云："因周本有奪爵稱國氏人名字之科，故加州文備七等以進退之。"疏引《說題辭》云："北斗七星有政，春秋亦以七等宣化。"《運斗樞》云："春秋設七等之文，以貶絕錄行，應斗屈伸。"其相合六也。

《傳》又曰："蔡侯獻舞何以名絕。曷為絕之？獲也。曷為不言其獲？不與夷狄之獲中國也。"疏引《運斗樞》云："抑楚言荊，不使夷狄主中國。"其相合七也。

十有七年秋，"鄭瞻自齊逃來"，《傳》曰："何以書？書甚佞也。曰：佞人來矣！佞人來矣！"注云："信其計策，以取齊淫女。"疏云："知取齊淫女是鄭瞻之計者，《春秋說》文云。"其相合八也。

僖篇八年，"秋七月，禘于太廟，用致夫人"。《傳》曰：

> 夫人何以不稱姜氏？貶。曷為貶？譏以妾為妻也。其言以妾為妻奈何？蓋脅于齊媵女之先至者也。

注云："僖公本聘楚女為嫡，齊女為媵，齊先致其女，脅僖公使用為嫡。"疏以為《春秋說》文。其相合九也。

十有九年，"冬，梁亡"。《傳》曰："其言梁亡何？自亡也。其自亡奈何？魚爛而亡也。"注云：

> 梁君隆刑峻法，一家犯罪，四家坐之，一國之中，無不被刑者，百姓一旦相率俱去，狀若魚爛。魚爛從內發，故云爾。

著其自亡者，明百姓得去之，君當絕者。

疏云："《史記》《春秋說》有此文。"其相合十也。

成篇十年夏，"齊人來媵"。《傳》曰："三國來媵，非禮也。"注云："唯天子娶十二女。"疏以為《保乾圖》文。其相合十一也。

十有五年冬十有一月，"叔孫僑如會晉士燮、齊高無咎……會吳于鐘離"。《傳》曰："《春秋》內其國而外諸夏，內諸夏而外夷狄。"《傳》第一題下疏引宋氏注《春秋說》，有異外內一科。其相合十二也。

十有七年，"九月，辛丑，用郊"。《傳》曰："然則郊曷用？郊用正月上辛。"注云："三王之郊，一用夏正。言正月者，春秋之制也。"疏未引緯說。然文篇五年榮叔歸含一條，何注曰："天子以珠，諸侯以玉，大夫以碧，士以貝，春秋之制也。"疏謂："皆《春秋說》文，故云春秋之制。"以此例之，則郊用正月上辛之云，亦載在緯書矣。其相合十三也。

襄篇三十年，"秋七月，叔弓如宋，葬宋共姬"。《傳》曰："吾聞之也，婦人夜出，不見傅母不下堂。"注曰："選老大夫為傅，選老大夫妻為母。"疏謂《春秋說》文。其相合十四也。

昭篇十二年，"夏，曹公孫會自鄸出奔宋"。《傳》曰："或為主于國，或為主于師。"注云："古者諸侯師出，世子率輿守國，次宜為君者持棺絮從，所以備不虞。"疏謂《春秋說》文。其相合十五也。

定篇六年冬，"季孫斯、仲孫忌帥師圍運"。《傳》曰："此仲孫何忌也？曷為謂之仲孫忌，譏二名。二名非禮也。"注曰："欲見王者治定，無所復為譏，唯有二名，故譏之。此春秋之制也。"疏未引緯說，依文五年例，亦當有所見。其相合十六也（哀篇三年《魏多》《傳》同）。

八年冬，"盜竊寶玉大弓"。《傳》曰："寶者何？璋判白。"注云："判，半也，半圭曰璋。白藏天子，青藏諸侯。"疏云："白藏天子，青藏諸侯，《春秋說》文。"其相合十七也。

十有二年夏，"季孫斯、仲孫何忌帥師墮費"。《傳》曰："孔子行乎季孫，三月不違，家不藏甲，邑無百雉之城。"注云：

> 孔子曰："陪臣執國命。"采長數叛者，坐邑有城池之固，家有甲之兵藏故也，季氏說其言而墮之。

疏謂《春秋說》及《史記》皆有此言。其相合十八也。

哀篇十有三年夏，"公會晉侯及吳子于黃池"。《傳》曰："吳何以稱子？吳主會也……吳在是，則天下諸侯莫敢不至也。"注曰："齊晉前驅，魯衛驂乘，滕薛俠轂而趨。"疏謂《春秋說》文。其相合十九也。

十有四年，"春，西狩獲麟"。《傳》曰："然則孰狩之？薪采者也。"疏引《春秋說》云："不言姓名為虛主。"宋氏注云："劉帝未至，故云虛主，若書姓名，時王惡之。"其相合二十也。

傳又曰："有王者則至。"注云："《援神契》曰，德至鳥獸則鳳凰翔麒麟臻。"其相合二十一也。

其間有重出四條，並"夏不田"一條，凡二十六條，其文同於緯者十四條，意相發者九條，可推校而得者三條，大氐隱約其辭，鮮如"夏不田"一條之顯白者，此古今學者，所以習而不察也。然清儒孔廣森作《公羊通義》，則盡削緯書之名不載（其所存者，或見於《繁露》，或指為舊說，不謂其出於緯也）。更於鄭瞻條下申之曰：

> 鄭瞻之事，傳無明文，何注每有此類，疏輒以為出《春秋說》。然若龍門之戰，僖之取楚女，緯侯未興，董仲舒已言之。

漢《藝文志》又有《公羊外傳》五十篇，今亦未見，云云之說，疑皆公羊師學相承，未敢以意取去。

疑之而不以意取去，可謂慎矣！然猶未知公羊師裁定七緯，託諸孔子之妙用也。又於"狩郎"條下駁注曰：

> 《周禮》四時皆田，《傳》惟三時者，諸侯之制也。禮，天子周城，諸侯軒城。天子宮縣，諸侯軒縣，周有四望，魯有三望。天子備四時之祭，諸侯祠則不礿，礿則不嘗，嘗則不烝，烝則不祠。皆闕其一，以下於王，故歲亦唯三田而已。何邵公以為春秋之制夏不田者，妄也。（後引《繁露》"夏獮"之號，謂公羊師說亦有四時田。）

其言魯三田之故，誠曲當禮意矣。《公羊傳》之於禮義，蓋有本原，而後師迷失其說，豈造緯之人妄相牽合，聞者喜其便已，因不守其傳，以致亂真歟。夫梁亡，用辛，龍門之戰三條，並見於《繁露》，而注與疏以為緯說，是造緯者勦襲《繁露》也。三統之說，亦惟詳於《繁露》，不見本傳。及宋氏注《春秋說》，則臚舉三科九旨之屬，何休作注，益治其說，使彌綸全《傳》矣。造緯者勦襲之迹，固顯然可循也。後師不知簡擇，又從而裁定潤飾之，使子夏之傳，泯滅於《公羊》鼎興之會，亦《春秋》之不幸矣。

## 案傳下

清儒皮錫瑞作《春秋通論》，引兩漢人行誼依《公羊》者二十二事，碑文用《公羊》義者八事。以為"《春秋》為後世立法，惟《公羊》能發明斯義，惟漢人能實行斯義"。余意不然，漢人之好《公羊》，由傳家綢繆漢事以逢迎之也。閒嘗讀《公羊傳》序，其言曰："治古學貴文章者謂之俗儒。"又讀《穀梁傳》序，則曰："《公羊》辯而裁，其失也俗。"恒若茫然，不識所謂。其後深味《公羊傳》，稽之漢初事，乃知俗之云者，言其託乎聖意，牽合漢俗爾（疏或指說者言乖典籍辭理失所，或以傳事若單伯淫叔姬，鄫子請魯女者，當之皆失其旨）。

《隋書·經籍志》之序讖緯曰：

> 起王莽好符命，光武以圖讖興，遂盛行於世……俗儒趨時，益為其學，篇卷第目，轉加增廣。言五經者，皆憑讖為說。唯孔安國、毛公、賈逵之徒獨非之，相承以為袄妄，亂中庸之典。故因漢魯恭王、河間獻王所得古文，參而考之，以成其義，謂之"古學"。當世之儒，又非毀之，竟不得行。魏代王肅推引古學以難其義。王弼、杜預從而明之，自是古學稍立。

是則今古學之異，在乎信緯與否；所謂俗儒者，亦由趨時造緯或引緯說矣。然《隋志》所論猶未盡也。造緯之意，在乎託聖以干漢。以余所考，《公羊傳》家已倡之於前，造緯者因而效之爾。夫論功貴乎首謀，讞獄先坐造意，漢儒之弊，莫過於託聖以干祿。《隋志》不問景帝時著錄之《公羊》，而徒咎武帝後勦襲之七緯，故曰《隋志》所論未盡也。

何言乎《公羊傳》家託聖以干漢耶？漢初諸帝多內寵，並后奪嫡之事數見。高帝寵戚夫人，欲立趙王如意，幾廢太子。孝文帝立，尊其母薄姬為皇太后。孝文未為帝時，王后卒，所生四男更病死。文帝立數月，公卿請立太子；而竇姬男最長，立為太子，竇姬為皇后（並見《外戚傳》）。公羊壽、胡毋子都習聞漢故，因著於《傳》首曰："子以母貴，母以子貴。"子以母貴是矣，母以子貴曷為耶？何邵公不察，乃注曰："禮，妾子立，則母得為夫人，夫人成風是也。"案：成風之卒葬，《公羊》無明文，《穀梁》以僖八年"用致夫人"即成風，謂立妾非正（《公羊》以僖八年夫人為聖姜、義則無別）。"一則以宗廟臨之而後貶，一則以外之弗夫人而見正。"又於文九年秦人來歸僖公成風之襚一條，稱外之弗夫人焉。則妾子立而母稱夫人，衰周之俗，漢之權制，非文王周公之經禮。此《公羊傳》家託聖干漢之一證也。

漢初封建，徒因六國之故跡，不法西周之盛典，地大兵強，賓客咻之，十年之間，反者九起。高帝創於流矢，孝文側席不安，賈誼首發讜諍，以為"欲天下之治安，莫若眾建諸侯而少其力"。景帝用晁錯計，亟削諸侯，而七國同反。武帝時，主父偃稱"古者諸侯地不過百里"。始下推恩之令，使諸侯王得分戶邑以封子弟。不行黜陟，而藩國自析矣。蓋用《公羊》之義也。隱五年《傳》曰：

> 天子三公稱公，王者之後稱公，其餘大國稱侯，小國稱伯子男。

注云："大國謂百里也。小國謂伯七十里也，子男五十里。"疏引《禮記·王制》解之。桓十一年九月，"鄭忽出奔衛"。《傳》曰："忽何以名？春秋伯子男一也。辭無所貶。"注云："《春秋》改周之文，從殷之質，合伯子男為一。"案：《傳》義蓋出於《王制》，而《王制》云云則本之孟子也。《王制》曰：

> 王者之制祿爵，公侯伯子男凡五等。天子之田方千里，公侯田方百里，伯七十里，子男五十里。

鄭君注云：

> 此地，殷所因夏爵三等之制也。《春秋》變周之文，從殷之質，合伯子男以為一。則殷爵三等者，公侯伯也。

鄭意雖欲彌縫《周禮》《王制》，而此注則同於何休。蓋鄭君嘗治《公羊》，又信讖緯出於孔子，未能加以別白也。考諸《論語》，孔子無削諸侯之說，他書亦無之。惟孟子病列國地大，答北宮錡"周班"之問，全同《王制》。又詰慎子曰：

> 周公之封於魯，為方百里也，地非不足，而儉於百里。太公之封於齊也，亦為方百里也，地非不足也，而儉於百里。今魯方百里者五，子以為有王者作，則魯在所損乎？在所益乎？

則本乎周之先封，以定百里之制，始於孟子矣，及漢文帝使博士諸生刺六經中語作《王制》（見《史記·封禪書》，盧植亦云然），亦錄孟子之文。公羊壽胡毋子都生景帝世，亦病諸侯強大，因謂為孔子之旨，著之於《傳》。此《傳》家託聖干漢之二證也。

漢高帝七年，自將擊韓王信，乘勝逐北，遂至平城。為匈奴所圍七日，用陳平秘計始得出。孝惠高后時，單于冒頓為書謾侮，度不能勝之，因與和親。文景之世，北邊恆見寇掠，薦女納幣不暇給，武帝元光二年詔問公卿曰：

> 朕飾子女，以配單于，金幣文繡，賂之甚厚，單于待命如嫚，侵盜亡已，邊境被害，朕甚閔之，今欲舉兵攻之，如何。

元朔六年，衛青擊匈奴再勝，詔議賞功，又曰："今中國一統而北邊未安，朕甚悼之。"誠可謂創巨而痛深矣。自是以後，數十年間，用兵三方，內外殫盡，猶不能服之。然漢世論者，輒盛贊武帝之功，以為"攄高、文之宿憤"，奠萬世之丕基（劉歆、班固語）。漢人之甚讎匈奴，於茲可見矣，公羊壽、胡毋子都憤仍世而仇不復，因著之傳。莊四年夏，"紀侯大去其國"，《傳》曰：

> 曷為不言齊滅之？為襄公諱也。春秋為賢者諱，何賢乎襄

公？復仇也。何仇爾？遠祖也。哀公亨乎周，紀侯譖之，以襄公之為於此焉者，事祖禰之心盡矣。盡者何？襄公將復仇乎紀，卜之曰："師喪分焉，寡人死之，不為不吉也。"遠祖者幾世乎？九世矣。九世猶可以復仇乎？雖百世可也。

蓋以勵後之為帝者也。其年冬，"公及齊人狩于郜"。《傳》曰："公曷為與微者狩？齊侯也。齊侯則其稱人何？諱與仇狩也。"蓋恐其忘高帝后之仇也。九年秋，"八月庚申，及齊師戰于乾時，我師敗績"。《傳》曰："內不言敗，此其言敗何？伐敗也。曷為伐敗？復仇也。"蓋以為復仇雖敗，猶愈於和親也。定之四年，吳敗楚於伯莒，《傳》不贊闔廬為子胥復仇，而大其以夷狄憂中國。蓋謂匹夫之仇不足復也。其言復國仇之義，羣書莫與比，亦漢之時勢啟之矣。或謂《傳》之美齊襄，所以甚魯莊忘仇爾。誠欲譏魯莊，狩郜一傳已足，何必先美齊襄，又何事極言百世乎。極言至於百世，則《傳》家託聖干漢之三證也。

高帝挾數用術，鼓舞豪傑，得其意於天下。方其倚韓信也，解衣推食以結其心。一旦生疑，偽遊雲夢以縛之。英布始至，踞床洗而召之，布怒欲自殺，出就舍，張御食飲如王居，又大喜過望。項籍死，置酒圖隨何招布功。先對眾折之曰：腐儒，為天下安用腐儒哉。其不可測率如此。文帝用柔。吳王濞謀反，賜之几杖。匈奴強不可制，則好辭慰撫之。景帝聽信晁錯之言，一時無兩。及七國反，朝服斬之東市。蓋其正譎兼濟，祖孫一系之傳也。公羊氏齊人，習於管、晏之權譎，聞漢廷美談，能無色然而喜乎。桓十一年秋九月，宋人執祭仲。《傳》曰：

何以不名？賢也。何賢乎祭仲？以為知權也。其為知權奈何？莊公死已葬，祭仲將往省于留，塗出于宋，宋人執之。謂之曰："為我出忽而立突。"祭仲不從其言，則君必死，國必亡，從其言，則君可以生易死，國可以存易亡，少遼緩之，則突可故出而忽可故反。是不可得則病，然後有鄭國。古人之有權者，祭仲之權是也。權者何？權者反於經，然後有善者也，權之所設，舍死亡無所設。行權有道，自貶損以行權，不害人以行權。殺人以自生，亡人以自存，君子不為也。

其言精詣，非諸經所及，亦《傳》家集義之所致爾。綜觀《傳》旨，蓋惟君相可以行權，大夫以下則有別（《傳》賢祭仲而貶逢丑父，祭仲相而丑父士故也）。故《傳》五見"大夫無遂事"之文，而率非之也。至於出使行師，則視其所為以為斷。莊十九年，"秋，公子結媵陳人之婦于鄄，遂及齊侯宋公盟"。《傳》曰："聘禮，大夫受命不受辭，出竟有可以安社稷利國家者，則專之可也。"此董仲舒所謂救危除患也。宣八年，"夏六月，公子遂如齊，至黃，乃復"。《傳》曰：

> 何言乎有疾乃復？譏，何譏爾？大夫以君命出，聞喪，徐行而不反。

此董氏所謂不以親害尊，私妨公也。襄十九年秋七月，"晉士匄帥師侵齊，至穀，聞齊侯卒，乃還"。《傳》曰：

> 此受命乎君而伐齊，則何大乎其不伐喪？大夫君命出，進退在大夫也。

此董氏所謂將率用兵也。三者褒譏相悖，而各有所處，孔子所稱可以權者，或者其不遠乎。然《穀梁》皆非之，以為祭仲不死君難，公子結要盟，士匄專君命。則權變者，公羊一家之所獨也。賈逵曰，《公羊》多任於權變。此《傳》家託聖干漢之四證矣。

他如譏世卿，通三統，君親無將諸義，皆秦漢間陰陽法家之遺，漢儒所樂道，又《傳》家所預聞，信以為孔子之傳者。清儒鍾文烝曰：

《公羊》之書，言母以子貴，言大夫不世及，國君九世猶可復仇之等，皆秦人之法，戰國之論也。（見《穀梁補注》）

亦必有所見矣。夫聖賢之為書，不能無涉於當時。《易》有傳，《禮》有記，《詩》《書》有序，皆所以明作者之旨也。《春秋》褒善貶惡，往往入微，正賴作傳者明之耳。公羊氏受經於子夏，五傳而著竹帛，以視身傳親見者固自不侔。又並其一家之主張，齊地之夸俗，秦漢之習尚，錯雜於其間，則其書雖大有造於兩漢，亦不得與《穀梁》同以謹嚴稱矣。清儒俞正燮論《公羊傳》及注曰：

《公羊傳》，漢廷儒臣通經致用干祿之書也。何休所說，漢末公府掾致用干祿之書也。

其言激切，未造平允，大為皮錫瑞所譏。致略舉漢初事以為證，無使俞氏久蒙訕笑焉。

## 議　師

或問曰：經旨深微，羣賢為之傳記而後明。傳義隱約，諸儒為之箋注而後達。東漢儒者，多守專門之學，卓然成家。其幸全於今者，鄭氏書外，《公羊傳注》號為精密。今子獨追咎之，何也？應之曰：所貴於傳注者，在發明聖賢之旨，其曲折以求合，譬如影之附形，響之隨聲，不苟下己意也。故雖文有繁省，而理無異同。若子夏《喪服傳》，鄭氏三禮注是矣。至如《公羊傳注》，則有異於經傳者三：一曰托聖創制，二曰援今正古，三曰以災異附人事。

號為微言，矜其獨得之秘焉。孔子不語怪，而《春秋》記災異，至一百四十五條，蓋以謹陰陽之變，不必主時政得失也。宣十五年"秋初稅畝。冬蝝生"。《公羊傳》曰：

> 蝝生不書，此何以書？幸之也。幸之者何？猶曰受之云爾。受之云爾者何？上受古易常，應是而有天災。其諸則宜於此焉變矣。

始以災異附合人事，然猶不失君子恐懼修省之旨。及何休作注，遂一一摭拾事狀，以明天人之應。如隱三年"春王二月已巳日有食之"，則云"是後衛州吁弒其君完，諸侯初僭，魯隱係獲，公子翬進諂謀"。哀十三年"冬十有一月有星孛于東方"，則云"是後周室遂微，諸侯相兼，為秦所滅，燔書道絕"。若是者，上下二百四十二年之間，觸目皆見。於是漢人《鴻範》五行之學，託根於孔子之書矣。援今正古之條，已詳《案傳》二篇，不用復述。然皆單辭孤義，不如注之專輒也。

託聖創制之事，莫要於三統三世兩科。三世異辭，屢見本《傳》，何氏說之極密，固已不勝其弊矣。至於新周、故宋、黜杞、王魯諸說，尤何氏所篤好。而求之本《傳》，則或不得其朕。新周一辭，僅見本《傳》。宣十六年，"夏成周宣謝（同榭）災"。《傳》曰：

> 城周者何？東周也……樂器藏焉爾。成周宣謝災何以書？記災也。外災不書，此何以書？新周也。

清儒孔廣森曰：

> 敬王避子朝之難，更遷成周。作《傳》者據時言之，故號成周為新周，猶新絳新鄭云爾。

持說明道，古今所未有。何注乃云：

> 孔子以《春秋》當新王，上黜杞，下新周而故宋。因天災中興之樂器，示周不復興。故繫宣謝於成周，使若國文。黜而新之，從為王者後記災也。

夫地不繫乎國，《春秋》多有之，不皆黜也。傳解成周為東周，又申之以新周，所以博異聞；本無關於宏旨，注乃轉新周為新亡國之意，使與故宋為故亡國之意相對，黜周為二王之後，以明《春秋》之王魯，而不知新周故宋之同屬不辭也。然《傳》猶有其文，未至如故宋黜杞之以無為有。

故宋見於《穀梁傳》，其曰："孔子故宋也。"宋下省一人字耳。何休竊取之，而大變其旨趣。《春秋》書杞，乍伯乍子，《公羊》悉未發傳，何休因以飾其說，而不知其謬悠之甚也。如莊二十七年，"冬，杞伯來朝"。何云：

> 杞夏後不稱公者，《春秋》黜杞新周而故宋，以《春秋》當新王，黜而不稱侯者，方以子貶。杞伯為黜，說在僖二十二年。

僖二十二年，"冬十有一月，杞子卒"。何云：

> 《春秋》伯、子、男一也，辭無所貶。貶稱子者，《春秋》黜杞不明，故以一等貶之，明本非伯，乃公也。

一若黜陟諸侯，悉由孔子者，公羊家動言孔子遜順，誠專黜諸侯，又焉為遜順乎。案：諸侯黜陟，見於《春秋》者，又有邾與小邾以附庸進，滕薛以侯降。蓋周王之黜陟，猶可行於小國。《春秋》因而錄之，非大義之所在。

何氏欲明王魯一義，又指侯非滕薛本爵，以其來朝襃之。然則小邾之進子，又曷為耶？誠所謂多所牴牾者矣。本《傳》亦無王魯明文，何氏主之尤力，隱元年"春王正月"，《傳》曰："君之始年也。"何云：

> 王者諸侯皆稱君，所以通其義於王者。惟王者然後改元立號，《春秋》託新王受命於魯，故因以錄即位。明王者當繼天奉元，養成萬物。

又"三月，公及邾婁儀父盟于眛"。《傳》曰："曷為稱字？襃之也。曷為獨襃乎此？因其可襃而襃之。此其為可襃奈何？漸進也。"何曰：

> 《春秋》王魯。託隱公以為始受命王。因儀父先與隱公盟，假以見襃賞之法。譬若隱公受命而王，諸侯有倡始先歸之者，當進而封之，以率其後。

又"秋七月，天王使宰咺來歸惠公仲子之賵"。《傳》曰："兼之，非禮也。"何曰：

> 《春秋》王魯，以魯為天下化首，明親來被王化漸漬禮義者，在可備責之域，故從內小惡舉之。

一年之中，三稱王魯，終隱之世，凡八稱焉。其後十一公之事，又屢稱焉，宜若傳詳其文，以應黜周之義矣。乃不惟無王魯之文，且"王者無外""不敢勝天子""不與致天子"之句，層見疊出。

不惟無黜周之義，且《春秋》書天王崩，殊會王世子，序王人於諸侯之上。《傳》不黜周，《春秋》更尊周，顯與何注不同，何哉？徐彥亦知王魯一義之顯戾經與《傳》也，於隱元年"祭伯來"，

《傳》下疏之曰：

> 若來奔魯者，見王者以天下為家，無絕義，故不言奔矣。若奔別國，即見《春秋》黜周，與外諸侯同例，故言奔矣，既以魯為王而不專黜周者，若專黜周，則非遜順之義故也。

夫尊尊親親，《春秋》之義，悖之則亂。繫王於春，實與霸者而文不與，尊尊也。內其國而外諸夏，諱敗諱弒諱大惡，親親也。孔子書魯事，張其美而隱其惡，凡以親親爾。

公羊家不察，指為王魯，又虛造新周、故宋、黜杞三旨以實之，一旦與周經舛，如祭伯來之條，則遁而稱遜順之說。假使孔子宜遜順，何如不黜周王魯之為愈哉。班固嘗譏經師碎義逃難，殆謂是矣。且《春秋》所為信信疑疑者，避不敏也。昭十二年，"春齊高偃帥師納北燕伯于陽"。《傳》曰：

> 伯于陽者何？公子陽生也。子曰：我乃知之矣。在側者曰：子苟知之，何以不革？曰：如爾所不知何？《春秋》之信史也。其序則齊桓晉文，其會則主會者為之也，其詞則丘有罪焉耳。

夫列國之會，不以德優劣，國大小相序，微而可革者也；"夏五""伯于陽"之類之闕誤，尤微而可革者也，《春秋》猶仍而不革，以表其可信。而謂名分之大，黜陟之重，反可信手改削，悍然不顧，黜周同二王之後，尊魯為受命之王，虛襃滕薛，實貶夏裔乎？必不然矣。當公羊壽、胡毋子都之著竹帛也，已不能無諧時順俗之心，然猶凜凜守先師大義，不敢肆意矯誣。及何休為《解詁》，始全載董仲舒以下復師之說，指為孔子之意。此吾所以不憚辭費，科簡何注以存《傳》意也。

問者曰：三科九旨之說，蓋始於胡毋子都，故董仲舒樂道其人，何注依其條例，然其書已湮，無由詳其義旨。《漢志》錄《公羊外傳》五十篇，《章句》三十八篇，《雜記》八十三篇，又不知作者何人，果已悉載科旨以否。及董仲舒作《繁露》，乃大暢三科之旨，其見於《王道》《楚莊王》《三代質文改制》諸篇者，可覆案也。兩漢公羊博士，莫非董氏之傳，何注亦祖述胡董遺意耳。今子不追咎胡董，獨罪何氏，亦奚為耶？應之曰：詁經與著述異趣，自西漢而然矣。著述所以明己，雖裁截經文，取資時俗不害也。詁經所以明彼，則不貴一己之意，而在曲折以求合聖賢之旨。《春秋繁露》，著述之流也；《公羊解詁》，詁經之書也，安得相提而並論之哉！

且何氏之序曰："略依胡毋生條例，多得其正。"是未嘗全依胡毋之書也。又曰：

> 講誦師言，至於百萬，猶有不解。時加釀嘲辭，援引他經，失其句讀，以無為有，甚可閔笑者，不可勝記。

則又訾博士之傳也。《後書儒林傳》稱：

> 李育少習《公羊春秋》，沈思專精，博覽書傳……以為前世陳元蒲升之徒，更相非析，而多引圖讖，不據理體……於是以公羊義難賈逵，往返皆有理證。

又：何休

> 作《公羊解詁》，覃思不闚門十有七年……與其師博士羊弼述李育意，以難二傳。

是又何氏據李羊理體，自出杼機之明證也。《前書夏侯勝傳》曰：

勝從父子建，自師事勝及歐陽高，左右采獲。又從五經諸儒問與《尚書》相出入者，牽引以次章句，俱文飾說，勝非之曰："建所謂章句小儒，破碎大道。"建亦非勝，為學疏略，難以應敵。

是則小夏侯一家雖立博士，已非伏生之舊矣。何休恨嚴顏之徒不能應敵，為古文家所蹈，遂牽引陰陽家言，俱文飾說，橫以著述之餘，入詁經之體。點污經傳，罣誤來世。則休者亦夏侯建之流歟。清儒劉逢祿不察，乃撰《公羊何氏釋例》一書，悉以何氏說為春秋之意，不知其持之愈固，去聖人夷曠之體愈遠也。康有為益擴其所未發，作《春秋董氏學》，上扳仲舒以固其說。章太炎憤焉，因排董仲舒。劉氏執何注以蓋《春秋》，猶魯人知有陽虎不知有公室也；章氏惡常州派以及董子，猶陳琳檄曹而詆夏侯也。皆無當於經籍之體，故余稽之《春秋》經傳，歸咎何氏焉。

問者曰：何注雖未盡善，然已傳之一千七百餘年，言《公羊》者不能廢也。今子獨疑且咎之，縱不嫌辭費，究何所取乎？應之曰：吾欲以求孔子之志也。《春秋》之傳五家，其傳者三，猶一父而生三子，縱不全肖，皆有其一體焉。為三傳之學者，不思溯其所以同，而務崇其所以異。漢武而後，三家相鬩，迭為勝衰，趙匡黜之而愈乖，孔廣森怪之而莫悟，亦猶三子之後嗣，徒知親其祖禰而莫尊其祖之所自出也，余病之有年矣，將比輯三傳大義而差取之，校其小異，甄其大同，為《春秋三傳義宗》一書，以求合孔子時中之志。《公羊》家矜其口說，憑陵傳記，託義若閟，取類則俗。不祛其偏畸之說，則不能成吾書。此本篇之所由作也。

且何氏之說，多同於董生。董生之書，不必其獨得，其微文奧旨，宜有所受於秦漢間大儒者，其身陷乎危亂之中，其心獨超然存乎堯舜文王之治，為漢制法，撥亂世而反之正，雖遭時不偶，不可謂非命世之英也。乃以求售之切，託名孔子，不復存其姓氏。後師又務張其說，使掩護《公羊春秋》，如日月之食焉。非所謂"離則雙美，合則兩傷"者耶？然則雖黜董何之說，使別於《公羊傳》，亦無害於其說之可傳矣。

# 评 论

# 认识论的侵入与"道""德"的失守
## ——许渊冲英译《论语》问题之管见

蔡新乐　撰

许译《论语》无视中西哲学的基本差别，引入西方特有的认识论，直接以"主体""客体"之类的概念来传译夫子之教，将夫子描述为需要向西方学习的人物。这样，在此译的语境之中，"天人合一"缺席，"人"的存在显然已成问题；儒家主张的"教化"之和谐，畸变为"统治者与被统治者之间的关系"，"好德"之"德"外在化为"义务"，或成为"偶然之事"。如文中举例所示，如此等等，都可说明，只有回到"合外内之道"才可谈得上此一经典的翻译，但也只能从"内德打造"入手展开。问题是，这样的历史仍有待未来？

## 一　问题的提出

《论语》（或许还有别的经典）的英译有一奇特现象：对经文的

思想内涵不予重视,更关注言语表达的顺畅和美。许渊冲的《论语》英译就是一例。但如此付出的代价却是,在重要问题上,夫子所讲的畸变为"西方原有的"。

现代"新儒家"的代表人物牟宗三早就指出:

> 它[中国哲学]的进路或出发点并不是希腊那一套。它不是由知识上的定义入手的。所以它没有知识论与逻辑。它的着重点是生命与德性。它的出发点或进路是敬天爱民的道德实践,是践仁成圣的道德实践,是由这种实践注意到"性命天道相贯通"而开出的。①

但在对"道"和"德"的处理上,许译似并未关注如何使《论语》避免认识论的侵入,反倒热情地加以拥抱,甚至将之作为指导性的思想框架,尽管异质而难谐。若夫子之教已成"西方早就有的",传译《论语》有何意义?问题严重,非常值得关注:在翻译之中,通过英文言语表达,如何走出"认识论",真正回到儒家思想?但本文只是点出问题,真正的解决仍有待未来。

## 二 "学"的支离与"道"的沦陷

许译《论语》一开篇就表现出特定的认识论取向:

> 例1. 学而时习之,不亦说乎?(《论语·学而》)②
> 许译:Is it not a delight, said the Master, to acquire knowl-

---

① 牟宗三,《中国哲学的特质》,上海:上海古籍出版社,1997,页10。
② 《论语注疏》,何晏注、邢昺疏,北京:北京大学出版社,1999,页1。后文所引《论语》,尽出此著,直接加行内注,给出篇名和页码,不详注。

edge and put it into practice?①

但程树德早就指出:"今人以求知识为学,古人则以修身为学。"② 或有疑问说,经文译解,本来就是"智者见智,仁者见仁",又何妨因应时代而自得其是?不过,问题是,"求知"并非夫子的主要关切。如许氏另一部著作所示,其取向即西方思想:

> "学"就是取得知识,"习"就是付诸实践,"说"字和"悦"字通用,就是喜悦、愉快。整句的意思是:获得了知识,并且经常应用,那不是很愉快的事吗?这句话说明了认识和实践的关系,说明了实践是得到知识的方法,愉快是得到知识的结果,也可以说是目的,一句话中包含了认识论、方法论和目的论,真是内容丰富、言简意赅。③

但这种观点,正说明译者对中西哲学的区别缺少常识性的了解:

> 中国学术思想既鲜与西方相合,自不能以西方哲学为标准来定取舍。若以逻辑与知识论的观点看中国哲学,那么中国哲学根本没有这些,至少可以说贫乏极了。若以此断定中国没有哲学,那是自己太狭陋。④

如此,许译之"学"正是要"学西方",且根本上要"仿效"苏格拉底式的"认识你自己"。若夫子取向希腊,儒家还有什么译

---

① *Thus Spoke the Master*,许渊冲译,北京:五洲传播出版社,2012,页9。下引此著译文,直接加行内注,给出页码,不详注。
② 程树德,《论语集释》第一册(《新编诸子集成》),程俊英、蒋见元点校,北京:中华书局,1990,页4。
③ 许渊冲,《〈论语〉译话》,北京:北京大学出版社,2017,页2。
④ 牟宗三,《中国哲学的特质》,前揭,页17。

解、译介的价值？但对此问题，译者似并没有清楚的认识，因而，在另一例中，对"道"的译介亦是直接运用西方哲学的表达方式：

例2. 人能弘道，非道弘人。（《论语·卫灵公》，页216）

许译：The subjective can amplify the objective, but the objective cannot amplify the subjective. (p.146)

邢昺《正义》：此章论道也。弘，大也。道者，通物之名，虚无妙用，不可须臾离。但仁者见之谓之仁，知者见之谓之知，是人才大者，道随之大也，故曰人能弘道。百姓日用而不知，是人才小者，道亦随小，而道不能大其人也，故曰非道弘人。（页216）

皇侃《义疏》：道者，通物之妙也。通物之法，本通于可通，不通于不可通。若人才大，则道随之而大，是人能弘道也。若人才小，不能使大，是非弘道之人也。[1]

朱熹《集注》：弘，阔而大之也。人外无道，道外无人。然人心有觉，而道体无为；故人能大其道，道不能大其人也。张子曰："心能尽性，人能弘道也；性不能检其心，非道弘人也。"[2]

刘宝楠《正义》：道随才为大小，故人能自大其道，即可极仁圣人之旨。而非道可弘人，故行之不著，习矣不察，终身由之，而不知其道，则仍不免为众。[3]

杨伯峻认为，此章意不可解，朱熹强作解人是不对的。[4] 而钱

---

[1] 皇侃，《论语义疏》，高尚榘点校，北京：中华书局，2013，页409。
[2] 朱熹，《四书章句集注》，北京：中华书局，1983，页167。
[3] 刘宝楠，《论语正义》，高流水点校，北京：中华书局，1954，页346。
[4] 详见《论语译注》，杨伯峻，北京：中华书局，1980，页168。

穆的解说，似可视为对之的批判：

> 弘，廓大之义。道，指人道。道由人兴，亦由人行。自有人类，始则浑浑噩噩，久而智德日成，文物日备，斯即人能弘道。人由始生，渐至长大，学思益积益进，才大则道随而小。《中庸》云："苟不至德，至道不凝焉。"［……］惜乎后之学者，不能于此章真切体悟，歧说兹兴，而人之弘道之力因亦未能大有所发挥，洵可憾也。①

李泽厚进一步从儒学角度解释说：

> 这又是后世理学家（如王阳明）、今日新儒学（如牟宗三）的一个大题目。无非是讲中国的"道体"、"本体"均与人的"心"、"性"相联，而非另一物。"本体"即在人的"心"、"性"中，所以"道"靠人（当然是"道心"）去光大，而人不可依赖任何外物即使是"道"来光大自己。这从形上角度说明了儒学"自力更生"、"自强不息"的非人格神的人文精神。②

依此见，本章是说，心有多大，则道便能弘大到多高。而许译完全脱开"心源"的立场，转向"主客"二分，将"道"与"心"割裂开来，如此也就将经文之中并不存在的"神"引入译文：若"主体"能"扩大"（amplify）"客体"，其中隐含的意向一定是"人必胜于神"！这种典型的"浮士德精神"，为《论语》之所无。

"学"的"心源"在英文之中尚未建立，译者就已启用另一套

---

① 钱穆，《论语新解》，北京：生活·读书·新知三联书店，2002，页416。

② 李泽厚，《论语今读》，北京：中华书局，2015，页300。

"哲学"语汇,将此"源"更改为"主体"的能动性之类的东西,因而,也就与儒家之"心"渐行渐远,而几不相涉。许渊冲指出,理雅各(Legge James)的译文"A man can enlarge the principles which he follows; those principles do not enlarge the man",①"说的是一个人能扩大他所遵循的原则,这些原则不会使这个人变得更高大",因而,"译的是词"。许渊冲强调,"如要译意",则需考虑他的主客二分的译文。② 理雅各的"人能扩大他所遵循的原则",已将"人"与"原则"区分开来,同时也就将"人之心"排斥在外;而且,"原则"(principle)本身或是"客观的"东西,而不再寄寓于人心之中:从伦理学的视角来说,如英文中 act on principle [依原则而行] 之所示,那是外在于"人心"的。即便如此,许氏还认为理译不足以体现"译意"之所需,故需再进一步"同化";于是,"主体能扩大客体,而客体并不能扩大主体"也就成了他的"最佳选择"。但如此走向认识论的纵深,译文只能离夫子之教越来越远。因为,此译若是正确,那是否意味着,夫子之道也就是在仿效西方的"认识论原则"?

在儒家乃至中国哲学看来,人与天道本为一体,而主体客体之类的西方哲学论说,主张的则是主客二分。这是人人皆知的"知识论"。不知为什么,译者要张冠李戴,完全不顾及"离合"之别?比如,在解说过经文和译文"意义"之后,他特地提出:

> 今天看来,孔子的这句话可能要改成"人能弘道,道能弘人",就是时势造英雄,英雄造时势,互为因果的辩证关系了。(同上,页147)

---

① *The Analects*, James Legge 译,南京:译林出版社,2010,页151。
② 详见许渊冲,《〈论语〉译话》,前揭,页146。

这，难道是要"弘扬"所谓的"主体（性）"，因而译者可以对经文随意"更改"？若是一般解释，或可随心所欲；但既是翻译，又如何能如此"随意"？这里的"随意"，早已远离经文之意。而认识论的主客二分其本身就一定会因二分而导致不断的分裂。这意味着，译者的主体性并不能及于文本的主体性，因为后者只能以客体的面目出现，而难能见出其真正自我归属的一面。于是，译者作为主体，便可随意甚或蛮横地从经文之中抽取他所需要的"认识"，而根本无需顾及其中的众多人等的思想和精神走向，同时也自然可以完全无视经文所要凸显的儒家的价值取向，反而将一己之思强加其中。在一方是主体，一方是客体，亦即，在一方可以作为人，另一方无权作为人或具有生命形态的思想的前提下，解经本身已经存在着极大的不平等，这一活动怎样落实，译解又如何走向生命？

而且，即依许译，若"学"之趋向为"求知"，那么，依其"主体"之"认识论"，今人之"认识"或"知识"必比古人高明，那么，所谓"圣贤之书"便会成为明日黄花，夫子之"好古，敏以求之"（《论语·述而》，页92）及其"述而不作、信而好古"（同上，页84）的倾向，乃至他以尧舜为榜样的理想追求，就毫无意义了。这样的"进步论"，难道不会影响《论语》经文译解的合理性和可行性吗？

也就是说，一方面，译者将认识论引入，同时也就把作为主体的译者定位为可以对经文随意而为的"神"；而另一方面，这样的"神化的人"当然远远比古人高明，尽管这暗含着这样一种思路：《论语》已经过时，因为夫子的教导问题多多，故而可另行解释。但此一观念的两难之处在于，《论语》仍需翻译，尽管其本身并不具有"主体性"。因此，它只能是某种"过去、过时的文本"或"故典"，作为客体对象，也就无所谓人生哲理的内涵；即令有这方面的思想，那也是作为主体的译者赋予的。

例3. 天生德于予。(《论语·述而》,页93)
许译:I have the inner virtue in me. (p.49)

依照中国古人的"天人合一"宇宙论,假若没有"天",人不可能存在;同样的,假若没有人,天也一样是不可能存在的。但是,若依此译,则"人本身可能就拥有自生的内在美德(inner virtue)",那么,人便完全是"自主""自足"的,而这不是中国古人的宇宙论所能接受的。依后者,如此"独立"的人,根本上就是不存在的。因为,"德"不能是一个方面的"德",而一定是有两种力量同时运动所造成的:诸如阴阳、天地、乾坤等等,说的就是这样的意思。

天人相合,用今人的话来说就是:"超越的"就是"内在的",反之亦然,[①] 突出"生命天道相贯通"(同上,页25)。"中国的'天'这个观念也是负责万物的存在,所谓'天道生化'。"(同上,页72)

就英译而论,"天"的翻译当然一直是一问题。如安乐哲(Roger T. Ames)[②] 所说,"天"在英文中有六种表达,但与之罕见对应。故而,他与人合译的《论语》,直接以音译处理。[③] 尽管如此,毕竟过去的译文都做出了努力,译出了相应的"天"。但许译反是,译文

---

[①] 牟宗三,《中国哲学的特质》,前揭,页36。
[②] 详见安乐哲,《中国哲学的翻译问题》,何金俐译,收入安乐哲,《和而不同:中西哲学的会通》,温海明等译,北京:北京大学出版社,2009,页346。
[③] 详见 Roger T. Ames and Henry Rosemont Jr (trans),*The Analects of Confucius: A Philosophical Translation*, New York: Ballantine Books, 1998, pp. 46 - 48。

体现出的完全是"自我"的力量。如此,"内在的美德"中的 virtue,最为突出的力量当是"理性的思想能力"。果如此,则一己之挺立,也就不是中国古人的天地之间的那种挺立,而是可以掌控万有的独立。此一个体主义,当然不会是中国哲学之中原有的,而正是认识论框架下的个体主义:自我的自足自满,正源自个人的理性力量的登峰造极,因而可以胜似上帝。

但是,如上所述,在《论语》的语境中,若"天"缺席,人也一样是不存在的:天人相合,天才存在,人也才可能存在。

不过,译者并未关注,应如何回到夫子之道或中国哲学的一般导向,才可真正传译经文的微言大义,而是一再突出认识论特有的"分离":

> 例4. 予一以贯之。(《论语·卫灵公》,页207)
> 许译:I know only one in many and many in one.(p.105)
> 例5. 吾道一以贯之。(《论语·里仁》,页51)
> 许译:[…] my principles can be simplified.(p.29)

> 邢昺《正义》:贯,统也。孔子语曾子言,我所行之道,唯用一理以统天下万事之理也。(《论语注疏》,页51)
> 皇侃《正义》:贯,犹统也。孔子语曾子曰:吾教化之理,唯用一道以贯通天下万理也。故王弼曰:"贯,犹统也。夫事有归,理有会。故得其归,事虽殷大,可以一名举;总其会,理虽博,可以至约穷也。譬犹以君御民,执一统众之道也。"①
> 朱熹《集注》:贯,通也。夫子之一理浑然而泛应曲当,譬则天地之至诚无息,而万物各得其所也。自此之外,固无余法,

---

① 皇侃,《论语义疏》,前揭,页90。

而亦无待于推矣。①

"一贯之道"非常神圣,因为那意味着,夫子之教有一个"主线贯穿其中",而那体现的正是"天人相合"的伟大宇宙精神,亦即人间社会理想的基本走向。

但是,对此形而上指向非常强烈的思想论断,许译竟将之释为"可以简化"的"原理"。如此,中国古人之"道"化为必加"分析""析理"(或"析离")的"推原才可求知之理",也就是"认识论"支配或指导下必以"分解"的方式才可"认识"的那种"原本之理"。那么,若作为"主体"的"解析者",随意加以"简化",可有客观的标准予以分辨,以期求得客观的效果,同时使之具有"真理"的价值或形态?反之亦可问,那会不会是主体自己的虚构,因为根本就找不到第三方来鉴定和判断?

正因为在"认识论"之中,原本就没有可谓"客观"的"第三方",因而,译者便可随心所欲处理经文?如例4文之所示,"一贯"已被"析离"为"一与多"和"多与一"(的"一贯"),那么,在"一与多"的那个"之间",有没有"断裂"的可能,而使"贯"之"贯穿""贯通"或"串连""串并"的作用不能发挥,从而,导致"一贯之道"出现破裂并最终失效?许译的"一与多"的关系的"一贯之道",不就是这样非常"无效"的翻译吗?它仅仅聚焦于"一与多"的关系,而"贯"本身并没有突出;或更准确地说,此译之中根本就没有"贯"出场。如此,也就说明,"一"和"多"之间的那个"之间",其本身就是一种"裂隙"和"断裂"。"贯"在许译中的缺席,恰恰又是其认识论导向的一种表现:夫子的"一贯之道"在如此的主客体的分别和对立之中,必然失去它"贯通"

---

① 朱熹,《四书章句集注》,前揭,页72。

或"通贯"的作用:"一"与"多"彼此有可能隔绝,正如主客体本来就泾渭分明一样!

## 三 道听而涂说,德之弃也

例6. 道听而涂说,德之弃也。(《论语·阳货》,页239)

许译:To spread the rumor you have heard on the way is to neglect your duty.(p. 123)

"德"当是"内德"。夫子说的是,人若以讹传讹,或传谣道路,那便是放弃修德的表现。因而,经文这里的"德"应指对"内德的打造"。而许译中相应的duty,实则并不相应:其意为moral or legal obligation,[道德上或法律上的]责任、义务;task or action that sb. must perform,[某人必须执行的]任务或行动。① 二者相较,一内一外,一指人的自我之修炼,一指社会性的道德的约束,取向截然相反,如何起到传译"德"的作用?但译者对此似毫不顾忌,在翻译另一名句时,也一样如法炮制:

例7. 吾未见好德如好色者也。(《论语·子罕》《论语·卫灵公》,页119,页212)

许译A:I have never seen a man who loves his duty more than beauty.(p. 61)

许译B:Never have I seen a man who loves his duty more than beauty.(p. 137)

---

① 霍思比(A. S. Hornby),《牛津高阶英汉双解词典》,李北达译,北京:商务印书馆,1997,页452。

许译 C: In vain have I looked for one who loves his duty more than beauty. (p. 107)

"德"本应指人的第二天性：夫子感叹人心不古，不能像先贤那样秉持"德教"，打造自己。他认为，人若能像保持先天的"好色"之心那样来"好德"，来构建第二天性，善莫大焉。如此理解，便会发现，以 duty 来传译"德"的"第二天性"意义，根本起不到作用；它所能突出的反倒是，"人爱自己的责任（或义务）"应像"爱美"一般。但如此解会，就词语搭配本身而言，不论英文还是汉语，能否成立已是一个问题：义务或责任，需要人的喜欢或爱吗，若那是真正的义务或责任？不从学理入手解经，而只关注言语表达，显然此路不通。而译者在将此译与理雅各和韦利（Arthur Waley）进行比较之后，坚持认为："以意而论，似乎不如前译。以意美、音美、形美论，却有超越。"① 但是，这里的悖论意味极其强烈：若"意"已成问题，译文不能再现经文的"原意"，那么，无论如何"美"，也不能使之复归"意"之正道。

《卫灵公》的"好德如好色"，前文有"已矣夫"，那是在描写夫子的感叹：难道真的是完了吗？因为，我并没有见过"好德"之人呐。若是将后者解为"完成"的情况，如"我见不到像喜欢美色一样喜欢美德的人了"② 之所示，那么，要么是在写，讲话者行将就木，故而没有机会再见到；要么是说，"好德之人"业已灭绝。如此极端的取义之法，应该不是夫子教人之道。实际上，"已矣夫"的感叹，与"好德如好色"的期许相配合，二者之间的相辅相成，才正是译者应捕捉到的。这里应发挥作用的，也就是中庸之道。作为

---

① 许渊冲，《〈论语〉译话》，前揭，页91。
② 吴量恺主编，《四书辞典》，武汉：崇文书局，2012，页138。

一种方法论,最为重要的当然是它的"内化"导向。惜乎,我们在今译之中已很难体会得到。因为,众多译者是将之作为"道德"来解了。

将"德"外化为"道德"的结果是,后者可能成为理想,如加以"追求"(如"我没有见过追求道德像追求女色一样努力的人"①),似乎就不是难以企及的。而且,"追求道德"难道不是在强调,有关人等没有道德吗?如此,"喜爱道德"能说得通吗("我没有见过喜爱道德如同喜爱美色的人"②)?经文的意思就是对必然要打造的、内修的一己之德的那种美德追求。实际上,道德是不变的或很难变化的,人的美德的打造却需要时时体贴,二者应该是内外分明的。尽管彼此有相互重叠的部分,但"德"毕竟不能等同于"道德"。

"德"外化为"道德",在英译中也一样会产生不无争议的效果。依辜鸿铭的英译"I do not now see a man who can love moral worth in man as he loves beauty in woman",③ 似乎"人对人身上的道德价值的喜爱"所"能"做到的程度,不如对"女色"的喜爱,那么,这是否在说,在夫子眼中,天下人有可能都是"好色之徒"?在另一译文"I do not now see a man who can love moral worth as he loves beauty in woman"(同上,页465)中,他将 in man 删除,是否要进一步说明,他对"内在之德"或"心源之力"是无所谓的,或者说没有注意?因而,前一译文中的这一词组只和 in woman 形成对比,而不是

---

① 《四书》,王国轩、张燕婴、蓝旭、万丽华译,北京:中华书局,2007,页43。
② 杨逢彬,《论语新注新译》,陈云豪校,北京:北京大学出版社,2016,页178。
③ "The Discourses and Sayings of Confucius",辜鸿铭译,收入辜鸿铭,《辜鸿铭文集》(下),黄兴涛等编译,海口:海南出版社,页410。

要说明,"人内在的"。

"德"并不是也不能等同于"道德",因为它不具备"现代"意义上的那种"规范性"和约束力。依《论语》,人的典范是圣人。而圣人不过是"南面"而已,抱持的是一颗待人恭敬的心,故而,经文之中讲舜帝"无为而治者,其舜也与?夫何为哉?恭己正南面而已矣"(《论语·卫灵公》,页208)。因而,"为政以德,譬如北辰,居其所而众星共之"(《论语·为政》,页14)之中的"德"是"无为之德",并不对庶民百姓产生强制力。同样的,《论语·泰伯》记载夫子对尧帝的赞美"唯天为大,唯尧则之"(页106),而"天何言哉"(《论语·阳货》,页241)。圣人如此,而人人都可成为尧舜,我们还有什么理由一定要说,"德"是社会化的"道德"约束力,并且"逼使"人接受呢?

实际上,正如夫子所说"天生德于予"(《论语·述而》,页93),我们普通人的"德"也一样来自上天,因而,对它的修造也就意味着"生命力"本身的打造,如此才可能"据于德"(《论语·述而》,页85)。圣人"道之以德"(《论语·为政》,页15),并不是要硬性地将"德"强加于人,而是更加关注如何"不言"而胜千言万言,在不断的"吾日三省吾身"(《论语·学而》,页4)和"内自讼"(《论语·公冶长》,页68),"反求诸己"(《孟子·公孙丑上》)[①]或曰"自反"(《孟子·离娄下》,同上,页233)之中,体贴上天的"好生之德"(《尚书·大禹谟》)[②],"如切如磋,如琢如磨",[③]不断强

---

[①]《孟子注疏》,赵岐注、孙奭疏,北京:北京大学出版社,1999,页96。

[②]《尚书正义》(李学勤主编《十三经注疏》之二),孔安国传、孔颖达疏,北京:北京大学出版社,页91。

[③] 原文见《诗经·卫风·淇奥》,子贡引(《论语·学而》),《论语注疏》,前揭,页12。

化这一第二天性；只有如此，才可"以身作则"，进而以"风化"之力影响众人和文化创造。还应指出，这第二天性其本身应是活泼泼的，一如"好色"之"色"。如此，才可真正成就朱熹所说的"活水源头"而应物不穷。

这样，"好德"之"德"也就是时时需要修造、打磨的那种"内德"，是"不可须臾离也"①的。那么，又如何可以译为duty这样表达的是"义务"或"责任"的词语呢？此词可与"道德"外在的约束作用相提并论，却与"德"所要求的内修和内化背道而驰，显然是不可取的。

例8. 凤兮凤兮，何德之衰？（《论语·微子》，页249）

许译：Oh, phoenix! Oh, phoenix! How unfortunate you are! （p. 127 – 128）

何晏引孔安国注曰："比孔子于凤鸟。凤鸟待圣君乃见，非孔子周行求合，故曰衰。"（《论语·微子》，页249）因而，"德衰"是楚狂接舆对夫子的讥讽：认为他修德不力，一己努力毫无作用，根本不能补弊兴衰。不过，尽管"往者不可谏"，但"来者犹可追"，还是可以选择以像他这样的隐士的方式继续生存的。

因而，杨伯峻将"何德之衰"处理为"为什么这么倒霉"，②并没有突出重心。一个今译将解为"德运"，③二字联姻或意味着"修德不到位，因而没有遇到好时候"，故而结果只能是"衰"。注者对

---

① 《礼记·中庸》，收入《礼记正义》（下），郑玄注，孔颖达疏，北京：北京大学出版社，页1422。

② 《论语译注》，前揭，页193。

③ 《〈论语〉最新英文全译全注本》，吴国珍译，福州：福建教育出版社，2015，页468。

此处的"德"的其他含义解释为:"德行"、①"道德"、②"风格",③钱穆则保留"德"字未译。④

此语的英译一般是要突出:美德衰落。如理雅各:How is your virtue degenerated;⑤ 韦利:How dwindled is your power!⑥ (若 power 指的是"内在之力" [inner power],以此来喻德,则或许也可接受?)

后世译文一般仿照理雅各。⑦ 但辜鸿铭关注的或是时间,故而译为:"Where is the glory of your prime?"⑧ 意为:昔日难追,凤凰的辉煌业已不再。不过,凤的"德"却很难体现。而吴国珍将之译为

----

① 详见来可泓,《论语直解》,上海:复旦大学出版社,1996,页509;李泽厚,《论语今读》,前揭,页342;彭亚飞,《论语选评》,长沙:岳麓书社,2006,页251;孙钦善,《论语本解》,北京:生活·读书·新知三联书店,2009,页235;《四书》,王国轩、张燕婴、蓝旭、万丽华译,前揭,页93;吴量恺(主编),《四书辞典》,前揭,页160;杨朝明主编,《论语诠解》,济南:山东友谊出版社,2013,页328;杨逢彬,《论语新注新译》,北京:北京大学出版社,2016,页355;朱振家,《论语全解》,上海:上海古籍出版社,2014,页290;及邹憬,《论语通解》,南京:译林出版社,2014,页271。
② 详见徐志刚,《论语通译》,北京:人民文学出版社,1997,页236;另参张其成,《张其成全解论语》,北京:华夏出版社,2017,页358。
③ 详见刘君祖,《新解论语》(上篇),北京:中信出版集团,2016,页221。
④ 详见钱穆,《论语新解》,前揭,页470。
⑤ *The Analects*, James Legge 译,前揭,页151。
⑥ *The Analects*, Arthur Waley 译,北京:外语教学与研究出版社,1998,页243。
⑦ 如 *Confucius: The Analects*, D. C. Lau(刘殿爵)译,北京:中华书局,2008,页339;*Confucius: The Analects*, Raymond Dawson 译, Oxford: Oxford University Press, 1993, p.74; *The Analects of Confucius: A Philosophical Translation*, Roger T. Ames and Henry Rosemont Jr trans, p.213 等。
⑧ "The Discourses and Sayings of Confucius",辜鸿铭译,前揭,页489。

How come you are so unlucky?① 与许渊冲的译文 How unfortunate you are!（页128）如出一辙，无奈和杨伯峻的处理也一样，避重就轻，而未及于楚狂的心中之语："德之不修"（《论语·述而》，页84），正好体现在你孔子自身身上，所以，你四处奔走，才会一无所获；那不仅仅是时候不好的缘故吧？既然内在里的"德性"之力已呈衰落之象，还是尽快避开疯狂的尘世，像我这样隐居山野，而善加调养，以便真正"起衰"。因而，时机不遇的意向是次一级的，不应将之作为主要意义译出。

许译对"德"的回避还表现在以下两个表达上：其一，在"执德不弘"的译文中，将人本身的内在力量推向另一种存在；其二，忽视"德"之"风化"之力。

例9. 子张曰："执德不弘，信道不笃，焉能为有？焉能为无？"（《论语·子张》，页255）

许译：If a man holds what is right only in a narrow sense and believes in right principles but not firmly, could he be said to hold and believe in what is right? Or could he not?（p. 132）

此译连用两个 right，那么，"正确的或对的东西"指的是"德"，而"正确的或对的原理"可以表达"道"的主导意向吗？就形式而论，what is right 是从句，而 right principles 为名词词组，二者并不相当；且后者还是复数，如果"道"多种多样或多样变化，又如何"信道笃焉"而一心一意？确需考虑。

邢昺《正义》曰：

此章言人行之不备者。弘，大也。笃，厚也。亡，无也。

---

① 吴国珍，《〈论语〉最新英文全译全注》，前揭，页467。

言人执守其德，不能弘大，虽信善道，不能笃厚，人之若此，虽存于世，何能为有而重？虽没于世，何能为无而轻？言于世无所轻重也。(《论语正义》，页255)

《周易·坤卦·彖传》云"含弘光大"。论者引入将此语解为

> 一个人执德不能含弘光大，信道不能笃实辉光，安能成为有行之人，又安能避免成为无行之人？①

"无行"即"无德"，既然是"无德"，"有无"之"生死存亡"之意昭然若揭：这样的人可有可无。

许渊冲认为，理雅各将问句处理为：What account can be made of his existence or non‑existence? "'存在'说得太大，其实只是有无道德的问题。"② 这可否说明，译者的确没有正确领会"德"的打造对人生存在至关重要的作用，因而，才会将视线拉向"道德"？而以"狭义上的正确的东西"来译"执德不弘"，不但"狭义"的意义一片模糊，且大有"凡是正确的、对的"就是"德"的意涵之架势。这是在讲黑格尔所说的"存在的就是合理的"，抑或是"客观的"（如what is right之所示）就是"正确的"？不论所指为何，它与"人心之德"有什么关系？

但是，将"德"释为"道德"，不少今译都是如此。③ 不过，如上文所不断强调的，"德"并不应解为"道德"：

---

① 许仁图，《子曰论语》（下册）上海：上海三联书店，2014，页673。
② 许渊冲，《〈论语〉译话》，前揭，页180。
③ 详见李泽厚，《论语今读》，前揭，页350；孙钦善，《论语本解》，前揭，页242；《四书》，王国轩、张燕婴、蓝旭、万丽华译，前揭，页97；杨伯峻（译注），《论语译注》，前揭，页199；杨朝明主编，《论语诠解》，前揭，页336；及朱振家，《论语全解》，前揭，页298。

> 道德：社会意识形态之一，是人们共同生活及其行为的准则和规范。道德通过社会的或一定阶级的舆论对社会生活起约束作用。①

且经文中毕竟还有一"道"字。如此，"执德不弘，信道不笃"，"德""道"二者在这里的确是应该分别开来解释才说得通。不过，由于译解者对之漠不关心，于是，今译之中，在"道"本应出现的地方，除杨伯峻将之解为"信仰"外，②众多译者都将之处理为"道义"。③这样，"道德"若是成了业已板结化的"概念"，那肯定不再能趋向儒家"内德打造"的过程的意涵，"人德"或曰"仁德"的丰富意味也会因静态化而不复存在。同时，"道义"之中也一样有一"道"字。那么，"德"与"道"的今译如此重复，二者有无区别？如何解释，才更为合理？

来可泓将之译为："保持仁德，但不弘扬，信仰道义，但不忠诚。"④但若译解者能关注儒家的思想方法论——中庸之道，问题便可迎刃而解。因为，"弘德"必突出人本身的努力，因而，可解为"人的内在知德"的不断打造的"含弘光大"；而"信道"必是相应的"天道"，只能对之"心志弥坚"。如此，一内一外，一远一近，人天相待，相辅相成，不正是经文的意义吗？对基本的思想导向不予深究，甚至置之不理，或已成惯习，因而，"道德"的"道"与"道义"的"道"的重复抑或不重复，已不再重要。那么，许译导

---

① 中国社会科学院语言研究所词典编辑室，《现代汉语词典（汉英对照）》，北京：外语教学与研究出版社，2002，页399。
② 杨伯峻，《论语译注》，前揭，页199。
③ 详见李泽厚，《论语今读》，前揭，页350；孙钦善，《论语本解》，前揭，页242；《四书》，王国轩、张燕婴、蓝旭、万丽华译，前揭，页97；杨朝明主编，《论语诠解》，前揭，页336；及朱振家，《论语全解》，前揭，页298。
④ 来可泓，《论语直解》，前揭，页522。

向"德"的 what is right only in a narrow sense［只是在狭义上正确的东西］，以及指向"道"的 right principles［诸多正确的原理］，也一样不需要区以别之？但是，在儒家经典之中，重要性胜似生命的"内在的（美）德"，为什么会"只能"在"狭义上"加以界定？又为什么"（天）道"竟然复繁不已，人又如何"持守"，更遑论"笃之"！

　　人"执德不弘"被译为"在狭义上执持正确的东西"。但是，那不还是"执持正确的东西"吗？"狭义"只是更能聚焦，或注意力更加集中，因而，有可能更为"正确"。这不同样是一种"弘扬"？又如何讲那是要不得的？难道说，这样的人如此执持或坚持，就说不上"正确"？同时，"道"骤然复繁起来，以至于人不知如何集中注意力，以求循何"道"而行，才可成为"有行之人"。如此翻译，一方面否认"狭义"，另一方面又不承认"精简为一"的必要性，因而与例4"吾道一以贯之"的译文 my principles can be simplified 恰相反动。这样，两方面的撕扯，"（行）德"不允许"狭义"或"简化"，而"道"则不认同"简化"或"纯一"；同时，又与"一贯之道"的"道"的译解的"简化"形成相反的取向，那么，我们到底应如何理解，才能说是达到了"德"的那种"正确"（what is right）？而且，又该如何判断，"德"与"道"原本一体，少有分别，因而，不当以"认识论"的眼光区以别之？但是，遗憾的是，我们所能读到的，却还是价值取向截然相反的"德"与"道"！

　　的确，若这样修"德"，不能"狭义"，有可能不能对准？若如此信"道"，则也一样会因为太过复繁，而不能认可？那么，"德"内化之"弘"如何可能，"道"的提升之"笃实"又何以趋近？而且，在二者完全撕裂开来的情况下，"修道修德"之合一，就不可能进入儒家之思的视域。如此，人之"德"不可"狭义"是否或已否定了它的"被修"的可能性，而"道"的"复数化"是否也已否定了它的"被信"的可行性？那么，再追问下去，果真如此，"我们"

在"西方"、在英文之中,何以为"人"?许译所显现的问题,难道还不严重吗?

而在英译之中,辜鸿铭将"德"译为 goodness,而"道"则作 truth［真理］,同时仍以 his principles［原理］加以回应,① 似乎二者都可为"道"。韦利将之处理为 moral force（道德的力量）,而"道"则是 the Way。② 不过,若"道德之力"足以成为"德",那会不会是社会化的力量反过来对人施加的压力,使之就范,进而才营造出这种东西?"德"的先天性质或曰天赐之质,已隐而不彰。同时,人本身对它的打造之力也一样不见踪影。此外,最为重要的是,"心德"不是内在的吗,和外在的社会力量的约束与支配有何干系?

吴国珍将之译为 morality,③ 意为"道德素养"（moral qualities）,一样是典型的抽象表达。这样的素养,为什么要 carry forward 呢?难道说,不是只有具备如此的"素养",就能在社会之中立身行事了吗?因此,为什么又要"额外"在社会上"推广"开来呢?也就是说,若"德"不从"内在"角度说起,而拉向外在的东西,则可能就是说不通的。不然,道德（性）就成了"发扬光大"的对象;而那只能意味着,有关的社会之中的人物"业已亡德"?

而在道森（Dawson）那里,"执德不弘",转化为英文之后,成了 If someone grasps hold of virtue but does not hold it firmly④［若人捕捉到了美德,但并不能紧抓］。但这样的"美德"（virtue）或非为人本身所具有,因而,才要去"捕捉""紧紧抓住"。

---

① "The Discourses and Sayings of Confucius",辜鸿铭译,前揭,页494。
② *The Analects*,Arthur Waley 译,前揭,页251。
③ 吴国珍,《〈论语〉最新英文全译全注》,前揭,页477。
④ *Confucius*：*The Analects*,Raymond Dawson trans,Oxford and New York：Oxford University Press,1993,p.77.

例 10. 子欲善而民善矣。君子之德风，小人之德草。(《论语·颜渊》，页 166)

许译：If you rule in the right way, people will be good. The relation between the ruler and the ruled is like that between the wind and the grass. (p. 83)

经文"善"字一句之中二见。但一向推崇"三美"的译者在这里却并没有加以突出，而是别道另行。但问题是，"子欲善而民善矣"分明说的是，若你追求心中的善，那么，众民也自然一样会追求。这正是你的"德"之"风化"的结果。因而，那是使人"衷心感动"的结果，而不是通过主动的渲染或强力逼使来争取到的；否则，也就算不上"心服"，"民善"也会成为空话。儒家强调的是"德政"的"无为"（详上），因而，此句当不是讲"治理之法适宜"（rule in the right way）。

就第二句来看，译者直奔"君子小人之间的关系"而去，却忘掉了这样的"关系"本应建立在"君子之德"和"小人之德"的基础之上。若是君子没有这样可为"立身之据"的"德"，不论以"位"还是以"德"称，君子之名还能及其实。而"小人之德"不也是这样：难道说，地位不高的人，没有生存所必需的"（内）德"？刻意加以回避的结果是，经文对"德"的凸显，在译文中荡然无存，余下的只是赤裸裸的"统治者"和"被统治者"的"关系"。这是在彰显"二者之间的张力""错落""距离"或"斗争"，还是在显示如后世诗歌之中所歌颂的"风吹草低见牛羊"的景象——"风教"即为"风育"，其中蕴藏着勃勃生机，一旦机会来临便会喷薄而出。如此，"君子"和"小人"只有在这样的"德教"的"风化"之下，才可体现为"一体"，或曰"水乳交融"甚或"如胶似漆"的整体性。其中当然不会存在许译之中所含有的那种"之间"的"裂隙"！

在这里，我们再一次读到了认识论的"味道"：一向强化和突出"和谐"的文化思想，一旦外传，一个难以避免的结果就一定是这样的"撕裂"吗？在前文之中，我们看到的是"主体客体"的二分的"撕裂"；而在这里，我们注意到的，则是"统治者与被统治者"的"斗争之戏"所必然导致的"撕裂"。若此解不谬，那么，"德"实际上在它的缺席情况下也已被撕裂。

此处的"君子之德风"的"德"，各家今译分别是，杨伯峻、杨逢彬及张其成译为"作风"；① 钱穆未译；② 孙钦善、李泽厚、王国轩等、杨朝明及朱振家译为"道德"；③ 徐志刚译为"品德"；④ 邹憬、吴量恺、刘君祖及何新译为"德行"；⑤ 来可泓译为"行为"。⑥

韦尔（Ware）译的是 mind，⑦ Ames and Rosemont（1998：158）译为 excellence，⑧ 道森和穆勒（Muller）译作 the nature，⑨ 刘殿爵用

---

① 详见杨伯峻，《论语译注》，前揭，页129；杨逢彬，《论语新注新译》，前揭，页234；张其成，《张其成全解论语》，前揭，页258。

② 详见钱穆，《论语新解》，前揭，页320。

③ 详见孙钦善，《论语本解》，前揭，页154；李泽厚，《论语今读》，前揭，页233；《四书》，王国轩、张燕婴、蓝旭、万丽华译，前揭，页59；杨朝明主编，《论语诠解》，前揭，页225；及朱振家，《论语全解》，前揭，页186。

④ 详见徐志刚，《论语通译》，前揭，页153。

⑤ 详见邹憬，《论语通解》，前揭，页179；吴量恺主编，《四书辞典》，前揭，页115；刘君祖，《新解论语》（下篇）北京：中信出版集团，2016，页54。

⑥ 详见来可泓，《论语直解》，前揭，页333。

⑦ *The Sayings of Confucius*, James R. Ware trans, New York：Bartleby Com., 2001, p.32.

⑧ *The Analects of Confucius：A Philosophical Translation*, Roger T. Ames and Henry Rosemont Jr. trans, p.158

⑨ *Confucius：The Analects*, Raymond Dawson trans, p.47；*The Analects of Confucius*, A. Charles Muller trans, http：//www.acmuller.net/con‑dao/analects.html2018.2.10.

的是 by nature,① Collie, Watson, Slingerland, Brooks and Brooks, Bloom 及倪培民的译文为 the virtue,② 陈荣捷和金安平的是 the character,③ 而韦利的则是 the essence;④ 林戊荪则用 the morality,⑤ 辜鸿铭译为 the moral power。⑥ 所有这些译文的特点几乎都是将之处理为抽象名词，也就是将之与"人心之德"的涵养与强化相分离，进而将之拉出"内在世界"，甚至最终突出"不变的本质"，因而，难免与儒家之追求背道而驰。而如此异样且多样的选择，正可说明，"德"像众多儒家思想观念一样，在英文中仍"不定型"，且未为人所接受，故而译者急需在起步点上做出相应努力。

还应指出，许译的处理仿照了理雅各的译文：The relation between superiors and inferiors, is like that between the wind and the

---

① D. C. Lau（译），*Confucius：The Analects*，前揭，页217。
② *The Chinese Classical Work：Commonly Called the Four Books*, David Collie trans, Malacca: The Mission Press, 1828, p. 55; *The Analects of Confucius*, Burton Watson trans, New York: Columbia University Press, 2007, p. 83; *Confucius: Analects*, Edward Slingerland trans, Indianapolis/Cambridge: Hackett Publishing Company, Inc., 2003, p. 134; *The Original Analects: Sayings of Confucius and His Disciples*, E. Bruce. Brooks and A. Taeko Brooks trans, New York: Columbia University Press, 1998, p. 94; "The Analects", Irene Bloom trans, Wm. Theodore de Bary and Irene Bloom ed., *Sources of Chinese Tradition*, New York: Columbia University Press, 1999, p. 57; *Understanding the Analects of Confucius: A New Translation of Lunyu with Annotations*, Peimin Ni trans, New York: State University of New York Press, 2017, p. 296.
③ *A Source Book of Chinese Philosophy*, Wing-Tsit Chan trans, Princeton: University of Princeton Press, 1963, p. 40; *The Analects*, Anpin Chin trans, New York: Penguin Books, 2014, p. 70.
④ *The Analects*, Arthur Waley trans, p. 155.
⑤ *Getting to Know Confucius—A New Translation of The Analects*，林戊荪译，北京：外文出版社，2010，页215。
⑥ "The Discourses and Sayings of Confucius"，辜鸿铭译，前揭，页437。

grass。① 如此,"之间"的裂隙,在英译中,或已早就嵌入并且深入儒家的"四海之内皆兄弟"(《论语·颜渊》,页159)的和谐社会之中,使人与人的"之间"界线分明,进而将人类引入恒久的对峙、分歧甚或对立?进一步说,不论"君子"还是"小人",都已"亡德";抑或情况至少是,人无需"德",因而,也就有必要将之转换成"关系",而将"人心之德"或"精神世界"完全外化为社会性的某种东西,让人纠缠于说不清道不明的"主子"和"属下"的纠纷,而好似一阵风一般,将草儿吹起吹落。那么,众多的"属下"如同"草芥"吗?但这样的话,一个问题便会应运而生:若"小人"已经如此,与之对应存在的"君子"还算是"君子"吗?倒不如反过来强调:君子一定要发挥其"德性"的"风化"作用,才可将整个世界变成一个上下互动、彼此呼应的"生生不息"的所在。

## 小　结

认识论既是西方特有的思想系统,那就不应将之运用于《论语》的跨文化翻译,更不应将之作为思想框架来引导甚至范导译文的思想指向。实际上,或许是因为译者并未关注基本常识,所以,才会那么突出地强调"美"的重要性,尽管它与《论语》的哲学语境显然并不对应。

上文或已清楚地告诉我们,《论语》英译的关键在于,思想的提高,必走中国道路,儒学著述的翻译要求回归儒家的"感兴",而不是"认识"的理性化;需回到"体知"的"向心力",而不是"主体"的"客观化"和外在化。翻译活动,也应像人一样:"如切如

---

① *The Analects*, James Legge trans, p. 113.

磋，如琢如磨"；而且，需要打造的，当不止于词句，而首先还有译者自己的"德性"。

儒家提倡"尊德性而道问学"。① "德性"指的是"人的自然禀赋"。② 儒家认为，人性本善，但需不断修炼，所以，"君子不可以不修身"③ "修身则道立"（同上，页1442）；作为人的"自然禀赋"，而力求其"止于至善"（同上，页1592），也只能如此"琢磨"。这既是人生存在的要义，也应是跨文化翻译的历史导向。但是，长期以来，我们过多接受西方影响，几乎淹没其中，已经近乎遗忘了安身立命的这一根本依据。

熊十力曾经强调：

> 近世列强之才，于物理知识方面确有训练，惜于天道不肯究。④

他的这一论断突出的是，西方文化帝国主义的侵略背后的诸多思想实际上并没有关注如何"修身"，而是外向侵凌、施暴于大自然和其他民族国家，如此的霸权导致的是，一方面，"现代学者"不知"做人"为何物；另一方面，不"反求诸己"有可能使人蜕变为另一种族类，而彻底遗忘人之为人其根本就在于"德性"的培养、充实和强化。

---

① 《礼记·中庸》，《礼记正义》（下），郑玄注、孔颖达疏，前揭，页1455。
② 广东、广西、湖南、河南辞源修订组、商务印书馆编辑部，《辞源》（第二册），北京：商务印书馆，1980，页1089。
③ 《礼记·中庸》，《礼记正义》（下），前揭，页1440。
④ 熊十力，《韩非子评论》，收于萧萐父主编，《熊十力全集》（第五卷），武汉：湖北教育出版社，2001，页323。

若"内德"的打造已被忘记,那么,"合外内之道也,故时措之宜也"① 的中庸之道也就无从发挥其作用,《论语》的跨文化翻译还能算是翻译吗?

(作者单位:深圳大学外国语学院)

---

① 《礼记·中庸》,《礼记正义》(下),前揭,页1450。

**图书在版编目（CIP）数据**

罗马的建国叙述/娄林主编.--北京：华夏出版社有限公司，2020.1
（经典与解释）
ISBN 978-7-5080-9883-8

Ⅰ.①罗… Ⅱ.①娄… Ⅲ.①政治制度史－研究－古罗马 Ⅳ.①D754.69

中国版本图书馆 CIP 数据核字(2019)第 268595 号

## 罗马的建国叙述

| 主　　编 | 娄　林 | |
|---|---|---|
| 责任编辑 | 王霄翎 | 刘雨潇 |
| 责任印制 | 刘　洋 | |
| 出版发行 | 华夏出版社有限公司 | |
| 经　　销 | 新华书店 | |
| 印　　刷 | 三河市少明印务有限公司 | |
| 装　　订 | 三河市少明印务有限公司 | |
| 版　　次 | 2020 年 1 月北京第 1 版<br>2020 年 1 月北京第 1 次印刷 | |
| 开　　本 | 880×1230　1/32 | |
| 印　　张 | 8.875 | |
| 字　　数 | 223 千字 | |
| 定　　价 | 59.00 元 | |

**华夏出版社有限公司**　地址:北京市东直门外香河园北里 4 号　邮编:100028
网址:www.hxph.com.cn　电话:(010)64663331(转)
若发现本版图书有印装质量问题，请与我社营销中心联系调换。

西方传统：经典与解释
Classici et Commentarii
**HERMES**
刘小枫◎主编

## 古今丛编

克尔凯郭尔 [美]江思图 著
货币哲学 [德]西美尔 著
孟德斯鸠的自由主义哲学 [美]潘戈 著
莫尔及其乌托邦 [德]考茨基 著
试论古今革命 [法]夏多布里昂 著
但丁：皈依的诗学 [美]弗里切罗 著
在西方的目光下 [英]康拉德 著
大学与博雅教育 董成龙 编
探究哲学与信仰 [美]郝岚 著
民主的本性 [法]马南 著
梅尔维尔的政治哲学 李小均 编/译
席勒美学的哲学背景 [美]维塞尔 著
果戈里与鬼 [俄]梅列日科夫斯基 著
自传性反思 [美]沃格林 著
黑格尔与普世秩序 [美]希克斯 等著
新的方式与制度 [美]曼斯菲尔德 著
科耶夫的新拉丁帝国 [法]科耶夫 等著
《利维坦》附录 [英]霍布斯 著
或此或彼（上、下）[丹麦]基尔克果 著
海德格尔式的现代神学 刘小枫 选编
双重束缚 [法]基拉尔 著
古今之争中的核心问题 [德]迈尔 著
论永恒的智慧 [德]苏索 著
宗教经验种种 [美]詹姆斯 著
尼采反卢梭 [美]凯斯·安塞尔-皮尔逊 著
舍勒思想评述 [美]弗林斯 著
诗与哲学之争 [美]罗森 著
神圣与世俗 [罗]伊利亚德 著
但丁的圣约书 [美]霍金斯 著

## 古典学丛编

论王政 [古罗马]金嘴狄翁 著
论希罗多德 [古罗马]卢里叶 著
探究希腊人的灵魂 [美]戴维斯 著
尤利安文选 马勇 编/译
论月面 [古罗马]普鲁塔克 著
雅典谐剧与逻各斯 [美]奥里根 著
菜园哲人伊壁鸠鲁 罗晓颖 选编
《劳作与时日》笺释 吴雅凌 撰
希腊古风时期的真理大师 [法]德蒂安 著
古罗马的教育 [英]葛怀恩 著
古典学与现代性 刘小枫 编
表演文化与雅典民主政制
[英]戈尔德希尔、奥斯本 编
西方古典文献学发凡 刘小枫 编
古典语文学常谈 [德]克拉夫特 著
古希腊文学常谈 [英]多佛 等著
撒路斯特与政治史学 刘小枫 编
希罗多德的王霸之辨 吴小锋 编/译
第二代智术师 [英]安德森 著
英雄诗系笺释 [古希腊]荷马 著
统治的热望 [美]福特 著
论埃及神学与哲学 [古希腊]普鲁塔克 著
凯撒的剑与笔 李世祥 编/译
伊壁鸠鲁主义的政治哲学
[意]詹姆斯·尼古拉斯 著
修昔底德笔下的人性 [美]欧文 著
修昔底德笔下的演说 [美]斯塔特 著
古希腊政治理论 [美]格雷纳 著
神谱笺释 吴雅凌 撰
赫西俄德：神话之艺
[法]居代·德·拉孔波 等著
赫拉克勒斯之盾笺释 罗逍然 译笺
《埃涅阿斯纪》章义 王承教 选编
维吉尔的帝国 [美]阿德勒 著
塔西佗的政治史学 曾维术 编

## 古希腊诗歌丛编
- 古希腊早期诉歌诗人 [英]鲍勒 著
- 诗歌与城邦 [美]费拉格、纳吉 主编
- 阿尔戈英雄纪(上、下) [古希腊]阿波罗尼俄斯 著
- 俄耳甫斯教祷歌 吴雅凌 编译
- 俄耳甫斯教辑语 吴雅凌 编译

## 古希腊肃剧注疏集
- 希腊肃剧与政治哲学 [美]阿伦斯多夫 著

## 古希腊礼法研究
- 希腊人的正义观 [英]哈夫洛克 著

## 廊下派集
- 廊下派的苏格拉底 程志敏 徐健 选编
- 廊下派的神和宇宙 [墨]里卡多·萨勒斯 编
- 廊下派的城邦观 [英]斯科菲尔德 著

## 希伯莱圣经历代注疏
- 希腊化世界中的犹太人 [英]威廉逊 著
- 第一亚当和第二亚当 [德]朋霍费尔 著

## 新约历代经解
- 属灵的寓意 [古罗马]俄里根 著

## 基督教与古典传统
- 保罗与马克安 [德]文森 著
- 加尔文与现代政治的基础 [美]汉考克 著
- 无执之道 [德]文森 著
- 恐惧与战栗 [丹麦]基尔克果 著
- 托尔斯泰与陀思妥耶夫斯基 [俄]梅列日科夫斯基 著
- 论宗教大法官的传说 [俄]罗赞诺夫 著
- 海德格尔与有限性思想(重订版) 刘小枫 选编
- 上帝国的信息 [德]拉加茨 著
- 基督教理论与现代 [德]特洛尔奇 著
- 亚历山大的克雷芒 [意]塞尔瓦托·利拉 著
- 中世纪的心灵之旅 [意]圣·波纳文图拉 著

## 德意志古典传统丛编
- 论荷尔德林 [德]沃尔夫冈·宾德尔 著
- 彭忒西勒亚 [德]克莱斯特 著
- 穆佐书简 [奥]里尔克 著
- 纪念苏格拉底——哈曼文选 刘新利 选编
- 夜颂中的革命和宗教 [德]诺瓦利斯 著
- 大革命与诗化小说 [德]诺瓦利斯 著
- 黑格尔的观念论 [美]皮平 著
- 浪漫派风格——施勒格尔批评文集 [德]施勒格尔 著

## 美国宪政与古典传统
- 美国1787年宪法讲疏 [美]阿纳斯塔普罗 著

## 世界史与古典传统
- 西方古代的天下观 刘小枫 编
- 从普遍历史到历史主义 刘小枫 编

## 启蒙研究丛编
- 浪漫的律令 [美]拜泽尔 著
- 现实与理性 [法]科维纲 著
- 论古人的智慧 [英]培根 著
- 托兰德与激进启蒙 刘小枫 编
- 图书馆里的古今之战 [英]斯威夫特 著

## 政治史学丛编
- 自然科学史与玫瑰 [法]雷比瑟 著

## 荷马注疏集
- 不为人知的奥德修斯 [美]诺特维克 著
- 模仿荷马 [美]丹尼斯·麦克唐纳 著

## 品达注疏集
- 幽暗的诱惑 [美]汉密尔顿 著

## 欧里庇得斯集
- 自由与僭越 罗峰 编译

## 阿里斯托芬集
- 《阿卡奈人》笺释 [古希腊]阿里斯托芬 著

## 色诺芬注疏集
- 居鲁士的教育 [古希腊]色诺芬 著
- 色诺芬的《会饮》 [古希腊]色诺芬 著

## 柏拉图注疏集
- 立法与德性——柏拉图《法义》发微 林志猛 编
- 柏拉图的灵魂学 [加]罗宾逊 著

柏拉图书简　彭磊 译注
克力同章句　程志敏 郑兴凤 撰
哲学的奥德赛——《王制》引论　[美]郝兰 著
爱欲与启蒙的迷醉　[美]贝尔格 著
为哲学的写作技艺一辩　[美]伯格 著
柏拉图式的迷宫——《斐多》义疏　[美]伯格 著
哲学如何成为苏格拉底式的　[美]朗佩特 著
苏格拉底与希琵阿斯　王江涛 编译
理想国　[古希腊]柏拉图 著
谁来教育老师　刘小枫 编
立法者的神学　林志猛 编
柏拉图对话中的神　[法]薇依 著
厄庇诺米斯　[古希腊]柏拉图 著
智慧与幸福　程志敏 选编
论柏拉图对话　[德]施莱尔马赫 著
柏拉图《美诺》疏证　[美]克莱因 著
政治哲学的悖论　[美]郝岚 著
神话诗人柏拉图　张文涛 选编
阿尔喀比亚德　[古希腊]柏拉图 著
叙拉古的雅典异乡人　彭磊 选编
阿威罗伊论《王制》　[阿拉伯]阿威罗伊 著
《王制》要义　刘小枫 选编
柏拉图的《会饮》　[古希腊]柏拉图 等著
苏格拉底的申辩（修订版）　[古希腊]柏拉图 著
苏格拉底与政治共同体　[美]尼柯尔斯 著
政制与美德——柏拉图《法义》疏解　[美]潘戈 著
《法义》导读　[法]卡斯代尔·布舒奇 著
论真理的本质　[德]海德格尔 著
哲人的无知　[德]费勃 著
米诺斯　[古希腊]柏拉图 著
情敌　[古希腊]柏拉图 著

## 亚里士多德注疏集
亚里士多德《政治学》中的教诲　[美]潘戈 著
品格的技艺　[美]加佛 著
亚里士多德哲学的基本概念　[德]海德格尔 著
《政治学》疏证　[意]托马斯·阿奎那 著
尼各马可伦理学义疏　[美]伯格 著
哲学之诗　[美]戴维斯 著
对亚里士多德的现象学解释　[德]海德格尔 著
城邦与自然——亚里士多德与现代性　刘小枫 编
论诗术中篇义疏　[阿拉伯]阿威罗伊 著
哲学的政治　[美]戴维斯 著

## 普鲁塔克集
普鲁塔克的《对比列传》　[英]达夫 著
普鲁塔克的实践伦理学　[比利时]胡芙 著

## 阿尔法拉比集
政治制度与政治箴言　阿尔法拉比 著

## 马基雅维利集
君主及其战争技艺　娄林 选编

## 莎士比亚绎读
莎士比亚的历史剧　[英]蒂利亚德 著
莎士比亚戏剧与政治哲学　彭磊 选编
莎士比亚的政治盛典　[美]阿鲁里斯/苏利文 编
丹麦王子与马基雅维利　罗峰 选编

## 洛克集
上帝、洛克与平等　[美]沃尔德伦 著

## 卢梭集
论哲学生活的幸福　[德]迈尔 著
致博蒙书　[法]卢梭 著
政治制度论　[法]卢梭 著
哲学的自传　[美]戴维斯 著
文学与道德杂篇　[法]卢梭 著
设计论证　[美]吉尔丁 著
卢梭的自然状态　[美]普拉特纳 等著
卢梭的榜样人生　[美]凯利 著

## 莱辛注疏集
汉堡剧评　[德]莱辛 著
关于悲剧的通信　[德]莱辛 著
《智者纳坦》（研究版）　[德]莱辛 等著
启蒙运动的内在问题　[美]维塞尔 著

莱辛剧作七种 [德]莱辛 著
历史与启示——莱辛神学文选 [德]莱辛 著
论人类的教育 [德]莱辛 著

## 尼采注疏集
何为尼采的扎拉图斯特拉 [德]迈尔 著
尼采引论 [德]施特格迈尔 著
尼采与基督教 刘小枫 编
尼采眼中的苏格拉底 [美]丹豪瑟 著
尼采的使命 [美]朗佩特 著
尼采与现时代 [美]朗佩特 著
动物与超人之间的绳索 [德]A.彼珀 著

## 施特劳斯集
论僭政（重订本） [美]施特劳斯 [法]科耶夫 著
苏格拉底问题与现代性（增订本）
犹太哲人与启蒙（增订本）
霍布斯的宗教批判
斯宾诺莎的宗教批判
门德尔松与莱辛
哲学与律法——论迈蒙尼德及其先驱
迫害与写作艺术
柏拉图式政治哲学研究
论柏拉图的《会饮》
柏拉图《法义》的论辩与情节
什么是政治哲学
古典政治理性主义的重生（重订本）
回归古典政治哲学——施特劳斯通信集
苏格拉底与阿里斯托芬

\*\*\*

施特劳斯的持久重要性 [美]朗佩特 著
论源初遗忘 [美]维克利 著
政治哲学与启示宗教的挑战 [德]迈尔 著
阅读施特劳斯 [美]斯密什 著
施特劳斯与流亡政治学 [美]谢帕德 著
隐匿的对话 [德]迈尔 著

驯服欲望 [法]科耶夫 等著

## 施米特集
宪法专政 [美]罗斯托 著
施米特对自由主义的批判 [美]约翰·麦考米克 著

## 伯纳德特集
古典诗学之路（第二版） [美]伯格 编
弓与琴（重订本） [美]伯纳德特 著
神圣的罪业 [美]伯纳德特 著

## 布鲁姆集
巨人与侏儒（1960-1990）
人应该如何生活——柏拉图《王制》释义
爱的设计——卢梭与浪漫派
爱的戏剧——莎士比亚与自然
爱的阶梯——柏拉图的《会饮》
伊索克拉底的政治哲学

## 沃格林集
自传体反思录 [美]沃格林 著

## 大学素质教育读本
古典诗文绎读 西学卷·古代编（上、下）
古典诗文绎读 西学卷·现代编（上、下）

中国传统：经典与解释
Classici et Commentarii
华夏廊庑
刘小枫 陈少明 主编

《孔丛子》训读及研究／雷欣翰 撰
论语说义／[清]宋翔凤 撰
周易古经注解考辨／李炳海 著
浮山文集／[明]方以智 著
药地炮庄／[明]方以智 著
药地炮庄笺释·总论篇／[明]方以智 著
青原志略／[明]方以智 编
冬灰录／[明]方以智 著
冬炼三时传旧火／邢益海 编
《毛诗》郑王比义发微／史应勇 著

宋人经筵诗讲义四种 / [宋]张纲 等撰
道德真经藏室纂微篇 / [宋]陈景元 撰
道德真经四子古道集解 / [金]寇才质 撰
皇清经解提要 / [清]沈豫 撰
经学通论 / [清]皮锡瑞 著
松阳讲义 / [清]陆陇其 著
起凤书院答问 / [清]姚永朴 撰
周礼疑义辨证 / 陈衍 撰
《铎书》校注 / 孙尚扬 肖清和 等校注
韩愈志 / 钱基博 著
论语辑释 / 陈大齐 著
《庄子·天下篇》注疏四种 / 张丰乾 编
荀子的辩说 / 陈文洁 著
古学经子 / 王锦民 著
经学以自治 / 刘少虎 著
从公羊学论《春秋》的性质 / 阮芝生 撰

现代性与现代中国
现代性社会理论绪论
诗化哲学[重订本]
拯救与逍遥[修订本]
走向十字架上的真
西学断章

编修[博雅读本]
凯若斯：古希腊语文读本[全二册]
古希腊语文学述要
雅努斯：古典拉丁语文读本
古典拉丁语文学述要
危微精一：政治法学原理九讲
琴瑟友之：钢琴与古典乐色十讲

译著
普罗塔戈拉（详注本）
柏拉图四书

# 刘小枫集

民主与政治德性
昭告幽微
以美为鉴
古典学与古今之争[增订本]
这一代人的怕和爱[第三版]
沉重的肉身[珍藏版]
圣灵降临的叙事[增订本]
罪与欠
儒教与民族国家
拣尽寒枝
施特劳斯的路标
重启古典诗学
设计共和
现代人及其敌人
海德格尔与中国
共和与经纶

**经典与解释辑刊**

1 柏拉图的哲学戏剧
2 经典与解释的张力
3 康德与启蒙
4 荷尔德林的新神话
5 古典传统与自由教育
6 卢梭的苏格拉底主义
7 赫尔墨斯的计谋
8 苏格拉底问题
9 美德可教吗
10 马基雅维利的喜剧
11 回想托克维尔
12 阅读的德性
13 色诺芬的品味
14 政治哲学中的摩西
15 诗学解诂
16 柏拉图的真伪
17 修昔底德的春秋笔法
18 血气与政治
19 索福克勒斯与雅典启蒙
20 犹太教中的柏拉图门徒
21 莎士比亚笔下的王者
22 政治哲学中的莎士比亚
23 政治生活的限度与满足
24 雅典民主的谐剧
25 维柯与古今之争
26 霍布斯的修辞
27 埃斯库罗斯的神义论
28 施莱尔马赫的柏拉图
29 奥林匹亚的荣耀
30 笛卡尔的精灵
31 柏拉图与天人政治
32 海德格尔的政治时刻
33 荷马笔下的伦理
34 格劳秀斯与国际正义
35 西塞罗的苏格拉底

36 基尔克果的苏格拉底
37 《理想国》的内与外
38 诗艺与政治
39 律法与政治哲学
40 古今之间的但丁
41 拉伯雷与赫尔墨斯秘学
42 柏拉图与古典乐教
43 孟德斯鸠论政制衰败
44 博丹论主权
45 道伯与比较古典学
46 伊索寓言中的伦理
47 斯威夫特与启蒙
48 赫西俄德的世界
49 洛克的自然法辩难
50 斯宾格勒与西方的没落
51 地缘政治学的历史片段
52 施米特论战争与政治
53 普鲁塔克与罗马政治
54 罗马的建国叙述